세상을 변화시키는 52주 구역공과

주님으로 새 힘을 얻는 구역

편찬위원회 지음

아가페문화사

주님으로 새 힘을 얻는 구역

구역부흥은 교회부흥

구역

이름

주소

교회 전화

주님으로 새 힘을 얻는 구역
성장하는 교회

교육 이념

1. 하나님의 영광을 높이는 구역

2. 하나님의 교회를 섬기는 구역

3. 하나님의 사랑을 실천하는 구역

4. 행복한 가정을 이룩하는 구역

5. 변화하는 시대를 선도하는 구역

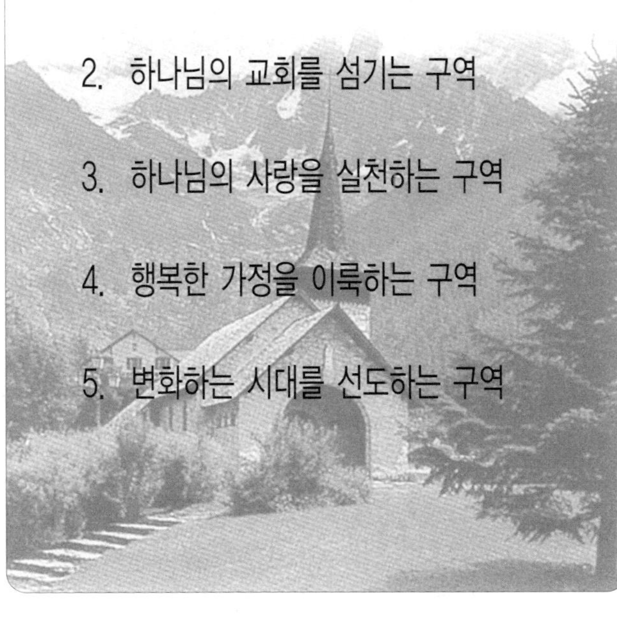

구역공과 일러두기

교회의 양적부흥은 질적 부흥의 텃밭입니다. 교회 성장은 계속되어야 합니다. 초대 예루살렘 교회는 핍박을 받을수록 광풍에 민들레 홀씨가 흩날리듯 가는 곳마다 성령의 역사와 함께 복음이 뿌리를 내리고 열매를 맺어 부흥되었습니다. 오늘날 속회나 구역운영은 교회부흥 전략의 모판이며, 그 요건은 바로 '믿음, 소망, 사랑이 넘치는 구역' 으로 만들어 가야합니다.

본 구역공과 교재는 초교파 구역공과요. 연구실에서 쓴 공과가 아니라, 일선 목회자가 목회현장에서 필요 충족을 위해 만들어진 공과입니다. 따라서 중 · 소 · 대교회마다 쉽게 적용할 수 있는 '참 좋은 구역공과' 입니다. 바로 '사랑으로 위로하는 구역' 에 이어서, 구역 및 속회 원들을 새롭게 접근한 구역공과 '주님으로 새 힘을 얻는 구역' 이 출간되었습니다. 이 책을 펼치는 순간부터 영적생명이 움트고 믿음의 열정이 솟아나 놀랄만한 부흥 성장으로 이클어 줄 것입니다.

요즘 양적부흥이 주춤한 것 같지만, 구역부흥과 교회부흥의 원초적인 동력은 교회를 태동케 하신 '성령' 하나님께 있기에 간절이 부르짖고 사모해야 합니다.

교회 부흥은 한 마디로 '일꾼을 잘 키우고, 잘 세워 새 힘을 부어 파송하면' 반드시 부흥하게 될 것입니다. 저자는 그간 절찬리에 다루었던 '말씀의 생활화' 구현을 위한 12년 커리큘럼으로 성경통독을 유도하고, 주간 경건의 시간(Q. T) 본문을 설정하여, 연중 구역공과를 편찬했었습니다. 그것은 다음과 같습니다.

1「부흥」 · 2「생동」 · 3「전진」 · 4「결실」 · 5「일꾼을 키움」 · 6「파송」 · 7「건강」 · 8「화목」 · 9「치유」 · 10「칭송」 · 11「생명을 살림」 · 12「주님과 동행」 · 13「성령 충만」 · 14「섬김과 전도로 부흥」 · 15「사랑으로위로하는구역」입니다. 이 공과를 사용한 교회들은 큰 결실을 얻었으며, 귀한 '내실 성장' 의 계기로 만들어 주었습니다.

이제 '안정된 교회와 성장내실화' 를 위해서 구역 부흥과 교회성장을 위해 농사짓듯 사랑과 헌신적으로 돌보시기 바랍니다.

영적 풍년 농사는 첫째, 좋은 종자(복음福音). 둘째, 좋은 땅(마음誠心). 셋째, 꼼꼼한 보살핌의 손질(양육養育)이 필수적입니다. 현명하신 목회자들께서 구역이나 속회의 텃밭을 소중히 여기시고, 좋은 교재를 선택하여 말씀의 씨앗을 잘 준비하여, 셀 모임 · 구역에서 셀 리더 · 구역 인도자 · 속회 임원들을 잘 훈련시키십시오. 셀 모임이나 구역 · 속회가 활성화되어서 열심 전도! 구역 · 속회 원들을 교육 · 훈련 · 양육시키신다면, 한 해의 영적인 농사는 틀림없이 안정과 내적 성장을 보장해 줄 것입니다. 그룹 리더들에게 '내가 곧 교회부흥의 주역이다' 라는 책임감을 심어 주시는 것이 중요합니다. 아래는 '구역리더 지침' 입니다.

첫째, 하나님의 말씀을 날마다 겸손히 듣고(행 10:33),
둘째, 말씀을 매일 양식처럼 먹으며(신 17:19),
셋째, 말씀을 체계적으로 공부하십시오(행 17:11; 딤후 2:15).
넷째, 요절 성구를 암송하십시오(시 119:11).
다섯째, 성경본문을 깊이 묵상하십시오(수 1:8).

말씀을 잘 듣고, 읽고, 공부하고, 암송하여 생활에 적용하크 실천하게 하는 '말씀의 생활화'가 중요합니다. 그래서 본 교재는 평신도 지도자가 목회하는 심정으로 일 년 열 두 달 매월 신앙성장목표를 설정하여, "한 주간의 묵상 자료"(Q.T. 가정 예배 자료)와 교회절기, 가정예식 공과를 통해 기독교문화를 선도해가도록 시도한 최초의 구역공과입니다. 교재 사용 시 인명, 지명, 고사 성어 등 주석을 실어 내용을 심화했습니다. 이 공과는 신년 · 고난절 · 부활절 · 감사절 · 중추절 · 성탄절, 임종 · 입관 · 장례식 · 하관 · 추모예배 등 교회절기 자료와 가정 예식, 가정예배자료를 총망라했습니다. 각 구역 · 가정에서 쉽고 간편하게 인도자와 온 구역원이 함께 사용하도록 집필했고, 혹 출타시에나 직장, 병원에서 예배자료 준비를 할 때, 이 책 한권이면 해결될 수 있게 했습니다. 이 교재를 통하여 말씀의 생활화로 '성경을 배워, 예수님의 좋은 일꾼'으로 성장시키시기를 기도드립니다.

2014년 11월

구역공과 편찬위원회 책임위원 신소섭 목사

구역공과 교재 사용법

– 찬송 · 묵도 · 신앙고백(사도신경) · 찬송 · 기도 –

1. 먼저 '성경' 본문을 찾아 함께 읽으십시오.
2. '요절'을 3회 큰 소리로 함께 읽고 암기합시다.
3. 공과 '교재의 목표'를 읽고 마음에 새기십시오.
4. '시작하는 말'은 구역 인도자가 읽음으로 함께 이해하십시오.
5. '오늘의 말씀'은 한 대지씩 구역원이 돌아가면서 읽으십시오.
6. '함께 읽어요'는 모든 구역원이 한 목소리로 읽으십시오.
7. '정리하는 말'은 구역장이 읽으십시오.
8. 구역원 모두에게 성령께서 함께 하사 기도로서 말씀을 우리의 생활에 적용할 수 있도록 하십시오.

–합심기도, 헌금, 가정을 위한 기도, 새 구역원 소개, 찬송, 주기도문
–※ **상기 사용법 4, 5, 6, 7번은 각 교회의 구역지침에 따라 진행하십시오.**

구역부흥은 교회부흥

성공적인 구역 운영 요령

1. 효과적인 개인전도 7가지 방법

- 영혼을 사랑하는 마음을 가져라.
- 전도 대상자를 확실히 정 하라
- 상대를 위하여 충분한 기도로 준비하라.
- 인격적인 교제를 가져라.
- 상대에게 무엇이 필요한가를 파악하라.
- 문제점에 대하여 간증으로 권유하라.
- 결신 후 최소한 3개월간을 영적으로 보살펴라.

2. 구역배가를 위한 5가지 기도제목

- 믿지 않는 가족을 위한 기도
- 병든 자를 위한 기도
- 개인이나 가정의 문제 해결을 위한 기도
- 각자의 소원 응답을 위한 기도
- 성령 충만을 위한 기도

3. 효과적인 구역원 상담의 5가지 방법

- 상대에게 되도록 많이 말할 기회를 주라
- 관심을 주변 환경에서 신앙생활로 전환시켜라
- 말씀에 입각하여 근원적인 해답을 제시하라
- 함께 기도하고 상담을 마무리 하라
- 확신을 갖고 말로 시인케 하라

4. 구역 운영 3가지 주의사항

- 이단 사설에 현혹됨을 예방하라
- 성도간의 금전 문제에 주의 하라
- 신앙적인 이야기 외에 무익하고 부덕한 말을 피하라

구역공과 교육과정(제 1, 2학기)

학기	월	목표	과	제 목	본 문	요 절	경건의 시간
1학기	1	새힘사모의달	1	예배로 만나는 하나님	사 1 : 1-20	사 1 : 18	사 1 : - 7 :
			2	하나님은 나의 구원이라	사 12 : 1- 6	사 12 : 2	사 8 : - 14 :
			3	주가 경영한 것 이루리라	사 14 : 1-31	사 14 : 24	사 15 : - 21 :
			4	주여! 새 힘을 주옵소서!	사 25 : 1-12	사 40 : 31	사 2 2: - 28 :
	2	치유간구의달	5	하나님을 기다리자	사 32 : 1-20	사 32 : 15	사 29 : - 35 :
			6	위로하시는 하나님	사 40:1-11, 27-31	사 40 : 1	사 36 : - 42 :
			7	나는 네 하나님이라	사 43 : 1-21	사 43 : 3	사 43 : - 49 :
			8	우리는 나음을 받았도다!	사 53 : 1-12	사 53 : 5	사 50 : - 56 :
	3	생명전도의달	9	구원의 아름다운 소식	사 61 : 1-11	사 61 : 8	사 57 : - 63 :
			10	부르기 전에 응답하리라	사 65 : 17-25	사 65 : 24	사 64 : - 렘 4 :
			11	여호와 앞에 예배 하리	사 66 : 1- 24	사 66 : 22	렘 5 : - 11 :
			12	생수의 근원, 의뢰하라	렘 17 : 1- 18	렘 17 : 13 하	렘 12 : - 18 :
			13	나는 그들의 하나님되리라	렘 24 : 1-10	렘 24 : 7	렘 19 : - 25 :
2학기	4	영적충전의달	14	미래와 희망을 주소서!	렘 29 : 1-14	렘 29 : 7	렘 26 : - 32 :
			15	내게 부르짖어라	렘 33 : 1-26	렘 33 : 15	렘 33 : - 39 :
			16	여호와께 기도해 주소서!	렘 42 : 1-22	렘 42 : 4	렘 40 : - 46 :
			17	여호와를 찬양하라	렘 51 : 15-32	렘 51 : 15	렘 47 : -애 1 :
	5	가족우애의달	18	지도자 모세의 임종	신 3 : 1-29	신 3 : 27	신 1 : - 7 :
			19	네 부모를 공경하라	신 5 : 1-21	신 5 : 16	신 8 : - 14 :
			20	절기를 지켜 예배하라	신 16 : 1-20	신 16 : 16	신 15 : - 21 :
			21	먹어 배부르게 하라	신 26 : 1-19	신 26 : 12	신 22 : - 28 :
			22	나라가 복 받는 길	신 30 : 1-20	신 30 : 14	신 29 : -수 2 :
	6	애국애족의달	23	항상 주를 경외하라	수 4 : 1-24	수 4 : 24	수 3 : - 9 :
			24	태양아, 달아, 멈추어라	수 10 : 1-14	수 10 : 12	수 10 : - 16 :
			25	스스로 개척하라	수 17 : 1-18	수 17 : 18	수 17 : - 23 :
			26	오직 여호와만 섬겨라	수 24 : 2-18	수 24 : 18	수 24 : -마 6 :
교회절기	신년절		53	보라! 새것이 되었도다	고후 5 : 11-21	고후 5 : 17	고후 5 : -11 :
	고난절		54	십자가의 예수 바라보라	마 16 : 21-28	마 16 : 24	마 10 : - 16 :
	부활절		55	부활 신앙을 갖자	막 16 : 1-18	막 16 : 9	막 10 : - 16 :
	감사절		56	감사함을 넘치게 하라	골 2 : 1-7	골 2 : 7	골 1 : - 살전 3 :
	중추절		57	중추절 이렇게 감사하라	살전 3 : 6-13	살전 3 : 9	살전 1 : -살후 2 :
	성탄절		58	아기 예수 탄생을 축하한 사람들	마 2:1-12; 눅 2:8-20	마 2 : 2	말 3 : - 마 4 :

* 교회 절기 교육내용은 분문내용의 마지막 부분에 있습니다.

구역공과 교육과정(제 3, 4학기)

학기	월	목표	과	제 목	본 문	요 절	경건의 시간
3 학기	7	교육실천의 달	27	기도의 단계 익히기	마 7 : 7- 27	마 7 : 8	마 7 : - 13 :
			28	네 믿음이 크도다!	마 15 : 21-39	마 15 : 28	마 14 : - 20 :
			29	말세 비유를 통해 배우라	마 24 : 3-51	마 24 : 14	마 21 : - 27 :
			30	가르쳐 지키게 하라	마 28 : 16-20	마 28 : 20	마 28 : - 막 6 :
	8	건강증진의 달	31	부르짖으매 고치셨도다!	막 9 : 14-29	막 9 : 29	막 7 : - 13 :
			32	온갖 병자를 고치심	눅 4 : 31-44	눅 4 : 39	막 14 : - 눅 4 :
			33	과부의 아들을 살리심	눅 7 : 1-17	눅 7 : 14	눅 5 : - 11 :
			34	네 병에서 놓였도다!	눅 13 : 1-21	눅 13 : 13	눅 12 : - 18 :
			35	영안이 열려 건강해야	눅 24 : 13-49	눅 24 : 39	눅 19 : -요 1 :
	9	말씀실천의 달	36	제자들이 그를 믿으니라	요 2 : 1-12	요 1 : 12	요 2 : - 8 :
			37	나는 선한 목자라	요 10 : 1-18	요 10 : 27	요 9 : - 15 :
			38	내 양을 먹이라	요 21 : 15-25	요 21 : 17	요 16 : - 행 1 :
			39	하나님께 순종하라	행 5 : 12-42	행 5 : 29	행 2 : - 8 :
4 학기	10	선교실천의 달	40	세계 선교의 비전과 확신	행 11 : 1-18	행 11 : 18	행 9 : - 15 :
			41	너와 네 집 구원을 받으리라	행 16 : 16-40	행 16 : 31	행 16 : - 22 :
			42	아그립바 왕에게 전도하다	행 26 : 1-29	행 26 : 23	행 23 : - 롬 1 :
			43	믿으매 의로 여기셨다	롬 4 : 1-25	롬 4 : 3	롬 2 : - 8 :
	11	풍성한 감사의 달	44	예배와 약속에 감사	롬 9 : 1-29	롬 9 : 4	롬 9 : - 15 :
			45	성령의 능력에 감사	고전 2 : 1-16	고전 2 : 5	롬 16 : - 고전 6 :
			46	성령의 은사에 감사	고전 12 : 1-31	고전 12 : 13	고전 7 : - 13 :
			47	향기 나타내심에 감사	고후 2 : 1-17	고후 2 : 14	고전14 :-고후4 :
			48	하나님께 전폭적인 감사	고후 9 : 1-15	고후 9 : 15	고후 5 : - 11 :
	12	한해결산의 달	49	바울의 인생 결산	고후 11 : 5-33	고후 11 : 5	고후 12 : -갈 5 :
			50	성령으로 영생 결실	갈 6 : 1-18	갈 6 : 8	갈 6 : - 엡 6 :
			51	구원을 이루는 일생	빌 2 : 1-18	빌 2 : 12	빌 1 : - 골 3 :
			52	하나님을 기쁘시게 하라	살전 4 : 1-17	살전 4 : 1하	골 4 :- 살후1 :
가정 의례	임종예배		59	성도의 복된 죽음	요 14 : 1-3	요 14 : 1	요 14 : - 20 :
	입관예배		60	주안에서 가치 있는 죽음	딤후 4 : 6-8	딤후 4 : 7	딤후 1 : - 딛 3 :
	장례예배		61	변화 후 영원한 세상으로	고전 15 : 50-58	고전 15 : 52	고전10 :-고전16 :
	하관예배		62	낮은 곳에서 높은 곳 향하여	계 14 : 13	요 6 : 47-48	계 12 : - 17 :
	추모예배		63	부활 생명 주셨으니 감사	요 5 : 17-30	요 5 : 29	요 5 : - 요 11 :

* 가정 의례 교육내용은 분문 내용의 마지막 부분에 있습니다.

주님으로 새 힘을 얻는 구역
성장하는 교회

주님으로
새 힘을 얻는 구역

주님으로 새 힘을 얻는 구역

구역부흥은 교회부흥

제1과

예배로 만나는 하나님

찬송 / 314, 315, 317 / 통일 511, 512, 353
성경 / **이사야 1:1-20**
요절 / **이사야 1:18**

"여호와께서 말씀하시되 오라 우리가 서로 변론하자 너희의 죄가 주홍 같을지라도 눈과 같이 희어질 것이요 진홍같이 붉을지라도 양털 같이 희게 되리라."

목표 / 새해는 하나님을 만나 충전된 새 힘으로 살아가도록 한다.

시작하는 말

웃시야 왕의 통치 말기와 그의 아들 요담 왕의 통치 기간으로, 52년 동안 유다 백성들은 번영과 안정을 누렸으나, 배가 부르자 교만해져서 하나님을 잊고 우상을 숭배했습니다. 이방인의 길을 좇아 세상의 삶에 빠져 타락하고 말았습니다. 지도층의 심각한 상태가 우리의 현실을 보는 것 같습니다. 해결의 실마리는 여호와 하나님께 있습니다. 하나님께 우리인생을 맡기고, 세상에서 주님으로 '새 힘을 얻고' 살아가시기를 바랍니다.

오늘의 말씀

1. 하나님과의 계약을 깨뜨린 이스라엘이었습니다(사 1:1~9).

이사야서 1장은 하나님께서 자신과 맺은 계약을 위반한 유다와 이스라엘의 죄악에 대하여 고발하고 소송하는 법정을 연상케 합니다. 이스라엘은 출애굽 시키시고 시내산에서 계약을 맺은 하나님을 버리고 거역했습니다. 심지어 하나님을 알지 못하고 멀리하는 그들에게 "범죄 한 나라요, 허물진 백성이요, 행악의 종자요, 행위가 부패한 자식이로다"라고 책망하고 고발했습니다. 피고가 된 이스라엘의 비참한 상태는 ① 상처투성이요, ② 황폐한 이스라엘이었습니다. 그렇지만 하나님은 그들을 버리지 아니 하시고 상처를 감싸 주시며 긍휼히 여기사 치유해 주셨습니다.

· 함께 읽어요 : 이사야 1장 6절
"발바닥에서 머리까지 성한 곳이 없이 상한 것과 터진 것과 새로 맞은 흔적뿐이거늘 그것을 짜며 싸매며 기름으로 부드럽게 함을 받지 못하였도다."

2. 유다와 이스라엘의 형식적인 예배를 책망하십니다(1:10~14).

그들의 신앙 상태는 형식적인 예배로 부끄러워할 줄 모르고 회개를 모르는 백성이었습니다. 본문 11절을 함께 읽겠습니다. "여호와께서 말씀하시되 너희의 무수한 제물이 내게 무엇이 유익하뇨 나는 숫양의 번제와 살진 짐승의 기름에 배불렀고 나는 수송아지나 어린 양이나 숫염소의 피를 기뻐하지 아니하노라." 하나님을 경홀히 여김은 죄악입니다. 오늘날 우리의 예배 헌물도 진의를 망각한 채 양적인 면만을 자랑하며 교만에 빠져있습니다. 하나님은 거짓됨과 허례허식을 거부하고 신령과 진정의 예배를 원하신다는 사실을 명심하시기 바랍니다.

사랑하는 성도 여러분! 우리의 신앙을 세상이 아닌 하나님께 맞춰야 합니다. 교회마다 종탑만 높이고 매머드 교회당 건물의 외형만 중시하하는 복음의 본질을 망각한 채 형식적인 예배를 드리고 있지는 않습니까? 이런 예배는 허공을 치는 무효한 예배입니다. 성령의 역사 하에 말씀과 예배가 살아있어야 성도가 새 힘과 위로로 소생하는 것입니다.

· 함께 읽어요 : 히브리서 12장 2절
"믿음의 주요 또 온전하게 하시는 이인 예수를 바라보자 그는 그 앞에 있는 기쁨을 위하여 십자가를 참으사 부끄러움을 개의치 아니하시더니 하나님 보좌 우편에 앉으셨느니라."

3. 성령과 진리의 예배로 새 힘을 얻으시기 바랍니다(사 1:15~20).

신앙생활 중에 내용이 없는 열심, 형식적인 예배는 무서운 결과를 낳습니다. 이사야는 "하늘이여 들으라. 땅이여 귀를 기울이라." 여호와께서 자식을 양육했는데, 그들이 거역했다고 통탄하십니다. 형식적인 제사와 예배에 익숙해진 유다 백성들을 보고 하늘이여! 땅이여! 좀 들어보라고 호소합니다. 그들이 거룩하게 드렸다고 하나, 그들의 형식적인 예배는 하나님의 분통을 사기에 충분했습니다. 2~4절에서 보면 '거역 하였도다', '깨닫지 못하는 도다', '슬프다'라고 토로하고 있습니다.

가장 고귀한 인간의 모습이 점점 천하고 보잘 것 없는 존재로 전락해 갑니다. 행복의 찬가와 진선미는 추악한 육체적 쾌락의 도구가 되고 맙니다. 안타깝습니다. 우리 인간은 하나님이 주시고 행복을 위해 창조한 세상을 인간 욕심을 채우기 위한 경쟁 장으로 바꾸어 놓고 있습니다.

사랑하는 성도 여러분! '한 시간의 진실 된 예배'가 인생을 바꿉니다. 여러분들은 하나님의 최고의 걸작품답게 '성령과 진리의 예배'로 하나님을 만나 행복과 안식을 누리며 살아가시기 바랍니다. 타락한 예배가 하나님을 멀리 떠나게 하고 인간의 모습조차 추하게 만듭니다.

구약시대의 '제사'는 예배의 핵심으로 하나님께서 요구하시고 기뻐하신 것이었으나, 본문에서 유다 백성들의 제사는 가증하고 하나님을 분노케 했습니다. 오늘날에도 우리의 예배에 ① 경외와 순종 ② 회개와 감사 ③ 헌신과 봉사 ④ 성령과 진리 ⑤ 희생과 충성이 없다면, 결코 하나님께 상달될 수 없습니다. 전지전능하신 하나님께 신령과 진정으로 참된 예배를 드려, 새 힘을 얻는 여러분이 되시기를 바랍니다.

· 함께 읽어요 : 이사야 40장 31절

"오직 여호와를 앙망하는 자는 새 힘을 얻으리니 독수리가 날개 치며 올라감 같을 것이요 달음박질하여도 곤비하지 아니하겠고 걸어가도 피곤하지 아니하리로다."

정리하는 말

성도 여러분! 하나님은 이스라엘의 형식적인 예배와 죄악을 책망하고 꾸짖으시나 반성할 줄 몰랐습니다. 그러나 그들을 긍휼히 여기사 징계하지 아니하시고, 사랑으로 끝까지 회개하고 다시 돌아오기를 촉구하고 있습니다. 여러분! 금년에도 하나님과의 약속을 지키며, 참된 '예배 회복'으로 새 힘을 얻어 형통의 복을 누리시며 살아가시기를 간절히 소원합니다.

평가와 결심

1. 유다와 이스라엘의 잘못 첫째가 무엇입니까?
   (사 1 : 1~9, 하나님과의 약속을 깨뜨림이었음)
2. 유다와 이스라엘의 잘못 둘째가 무엇입니까?
   (사 1:10~14, 형식적인 제사 즉 형신적인 예배를 드림)
3. 그들의 형식적인 예배의 결과가 무엇입니까?
   (사 1:15~20, 하나님께서 그들의 기도를 듣지 않으심)

주간 경건의 시간 <1> · 날마다 말씀과 함께

요일 / 내용	주일/월(Mon)	화(Tue)	수(Wed)	목(Thu)	금(Fri)	토(Sat)
찬송	37동 / 36동	78 / 75	205 / 236	237 / 226	243 / 224	260 / 194
성경	사 1: / 사 2:	사 3:	사 4:	사 5:	사 6:	사 7:
적용	헛된 제물/ 여호와의 날	예루살렘 멸망	여호와의 싹	포도원의 노래	이사야 지 소명	처녀가 잉태하여

* 나의 힘은 그리스도께서 주신 것이요. 그의 사랑은 인간에게 줄 수 있는 가장 큰 능력이다. <존포스터>

* 매일 찬송 숫자에서, 앞 숫자는 『새 찬송가』 / 그 옆은 『통일찬송가』 장수이다. 숫자 다음 '동'자가 첨부된 것은 새 찬송가 장수와 통일찬송가 장수가 같다는 뜻.

1단원 새 힘 사모의 달

제2과

하나님은 나의 구원이라

찬송 / 68, 260, 262 / 통 32, 194, 196
성경 / **이사야 12:1-6**
요절 / **이사야 12:2**

"보라 하나님은 나의 구원이시라 내가 신뢰하고 두려움이 없으리니 주 여호와는 나의 힘이시며 나의 노래시며 나의 구원이심이라."

목표 / 하나님은 우리의 구원이시니 믿고 두려워하지 아니하는 태도를 기른다.

시작하는 말

이사야서에서 강조되어 자주 나오는 말은 '구원'이란 말입니다. 유다와 이스라엘을 향한 타들어가는 마음은 '내가 자식을 양육하였거늘'(1:2)이라는 말에서 잘 나타나고 있습니다. 그들이 여호와 하나님을 거역하고 죄악으로 인하여 멸망의 길로 달려갈 때 하나님은 그들에게 '임마누엘'의 약속(사 7:14)과 열국에 대한 심판, 이새의 줄기에서 나올 메시야의 위대한 구원사역(11:1, 6~10)을 말씀하시고, 12장에서는 '구원에 대한 감사 찬송'을 하라고 명하십니다. 하나님의 구원이 아니고는 해결의 방법과 실마리가 보이지 않기 때문입니다. 오직 하나님이 구원해 주십니다.

오늘의 말씀

1. 하나님의 구원에 대하여 감사 찬송을 드립시다(사 12:1~3).

이사야 11장 마지막 부분에서는 압제자 앗수르에게서 이스라엘을 건져내신 하나님의 구원 사역이 출애굽 사건에 비유되어 묘사되었습니다.

출애굽 한 이스라엘 백성이 하나님께 감사 찬양을 드림 같이, 이제 앗수르에서 해방된 감격적인 구원으로 인해 하나님께 기쁨과 감사의 찬양을 드려야 합니다.

왜 그렇습니까? ① 주의 진노가 돌아섰고, ② 하나님께서 안위하시기 때문입니다(사 12:1). 그러므로 '보라! 하나님은 나의 구원이시라'고 고백합니다. 이것이 감사 찬송인 것입니다. 이 사실을 구원의 우물을 긷는 것에 비유하면서 시적詩的인 방식으로 묘사했습니다. 예수 그리스도를 삶의 주主로 삼고 끊어지지 않는 교제와 찬송으로 살아야 합니다.

· 함께 읽어요 : 요한복음 4장 14절
"내가 주는 물을 마시는 자는 영원히 목마르지 아니하리니 내가 주는 물은 그 속에서 영생하도록 솟아나는 샘물이 되리라."

2. 하나님의 구원을 온 세계에 선포해야 합니다(사 12:4~6).

여러분! 전쟁의 깊은 상처는 진정한 평화를 갈망하게 만듭니다. 하나님의 구원을 선포함에 있어서 본문 1절은 '그날에 네가', 즉 개인적으로 시작된 반면 3절에서는 '그러므로 너희가 기쁨으로'라고 복수로 이스라엘 국가에게 강조하고 있습니다. 이사야는 "하늘이여 들으라, 땅이여 귀를 기울이라"고 외치더니 이제는 하나님께서 이루어 주신 구원을 국가적으로 선포하도록 권면하고 있습니다. 왜 그렇습니까?

온 세계에 하나님을 선포해야 하는 이유는 그분께서 우리에게 '극히 아름다운 일을 하셨기' 때문입니다(5절). '극히 아름다운 일'이란 '눈에 띄게 탁월한 것'(excellent things), '구원해 주신 것'을 가리킵니다. 곧 하나님께서 이스라엘에게 행하신 일은 너무나도 탁월하고 아름다운 일이기 때문에 경탄해 맞이하며 영광과 감사의 찬양으로 온 세상에 선포해야 합니다.

· 함께 읽어요 : 이사야 12장 5절
"여호와를 찬송할 것은 극히 아름다운 일을 하셨음이니 이를 온 땅에 알게 할지어다."

3. 하나님을 소리 높여 찬양해야 합니다(사 12:6).

이 본문 마지막 부분에서 찬송의 관심의 초점이 하나님께 모아졌음을 봅니다. 구원 받은 백성들, 곧 '시온의 거민들'이 소리 높여 찬양할 대상은 하나님이십니다. 곧 '이스라엘의 거룩하신 자'입니다. 구원 받은 백성이 온 세계에 하나님을 널리 알리는 궁극적인 목적도 땅의 모든 백성으로 하여금 이스라엘의 거룩하신 자 하나님을 찬양하게 하기 위해서입니다. 인간을 창조하신 목적도 하나님을 찬송하게 하려 함입니다(43:21).

이스라엘(시온의 거민)을 통해 열방을 구원하는 것이 최종적인 목적이 아니라 이스라엘을 비롯해서 구원 받은 열방이 다함께 모여 '**하나님께 찬양하고 그분께 영광을 돌리는 것**'이 궁극적인 목적인 것입니다.

이스라엘이나 열방 모두 하나님께 찬양함으로써 오직 하나님께 영광을 돌리는 것이 그 목적인 것입니다. 우리도 그 찬양에 동참해야 합니다.

성경 말씀은 하나님의 사랑으로 인간의 구원에 대하여 계속적으로 강조하고 있습니다. 하지만 그것이 최종적인 목표일까요. 하나님의 모든 섭리의 최종 목적은 그분이 영광을 받으시는 것입니다. 믿는 자들이라면 '하나님 중심의 사고'를 깨달아야 합니다. 다시 말해 하나님을 중심으로 모든 것을 새롭게 생각하고 바라보아야 한다는 것입니다.

그것이 피조물 된 인간이 창조주 되시는 하나님께 대하여 마땅히 가져야 할 자세입니다. 백성의 구원을 위하여 하나님께서 존재하는 것이 아니고, '하나님의 영광을 위하여' 인간이 존재하고 구원의 역사가 이루어진다는 사실을 깨달을 때, 우리는 하나님과의 올바른 관계 속에서 진정한 생의 기쁨과 행복을 누릴 수 있습니다. 큰 소리로 이렇게 기도해 보십시오. "오! 하나님 하나님의 영광을 위하여 저를 지으셨습니다."

· 함께 읽어요 : 이사야 43장 7절

"내 이름으로 불려지는 모든 자 곧 내가 내 영광을 위하여 창조한 자를 오게 하라 그를 내가 지었고 그를 내가 만들었느니라."

정리하는 말

사랑하는 여러분! 본문에서 여호와의 행하신 것을 선포하라고 반복해서 강조하는 것은, 하나님께서 이스라엘을 구원하신 궁극적인 목표가 이스라엘의 구원을 통해 열방을 구원의 길로 인도하는 것이라는 사실을 가르쳐 줍니다. 먼저 구원을 체험한 여러분들을 통하여 창조주 하나님께서 감사와 찬송과 영광을 받으시도록 하십시오. 오늘도 하나님께서 주신 구원으로 말미암아 영광과 찬양을 돌리고 '여호와로 새 힘을 얻어' 여러분 모두 형통의 복을 누리시는 성도님들 되시기를 소원합니다.

평가와 결심

1. 본문에서 무엇에 대하여 감사 찬송을 드리라고 합니까?
   (사 12:1~3, 하나님의 구원하심에 대하여)
2. 하나님께서 이루신 구원을 어떻게 하라고 하셨습니까?
   (사 12:4~5, 온 세계에 선포하라고 하심)
3. 구원 얻은 백성들이 해야 할 일이 무엇이겠습니까?
   (사 12:5~6, 구원하신 하나님을 소리 높여 찬양해야함)

주간 경건의 시간 <2> · 날마다 말씀과 함께

요일 / 내용	주일/월(Mon)	화(Tue)	수(Wed)	목(Thu)	금(Fri)	토(Sat)
찬송	36동 / 39동	549 / 431	570 / 453	542 / 340	543 / 342	569 / 442
성경	사8: / 사9:	사 10:	사 11:	사 12:	사 13:	사 14:
적용	이사야 아들/ 평강의 왕	하나님 도구인 앗수르	평화의 나라	감사 찬송	바벨론 경고	포로 귀환

* 실무 능력이 없는 자에게는 성공도 없다. < 미상 >

1단원 새 힘 사모의 달

제3과

주가 경영한 것 이루리라

찬송 / 302, 341, 342 / 통 408, 367, 395

성경 / **이사야 14:1-31**

요절 / **이사야 14:24**

"만군의 여호와께서 맹세하여 이르시되 내가 생각한 것이 반드시 되며 내가 경영한 것을 반드시 이루리라."

목표 / 주님께서 경영한 것 반드시 이루심을 아는 믿음의 태도를 가진다.

시작하는 말

이사야 13장 1절에서 시작된 바벨론에 대한 하나님의 심판의 말씀은 14장 23절까지 계속됩니다. 본문은 열국의 영광으로 행세한 바벨론 제국에 대한 심판 중 '바벨론 왕에 대한 심판'입니다. 그 왕에 대한 심판, 곧 바벨론 왕의 교만과 몰락에 초점을 두고 있습니다. 14장 1~21절은 구약에서 가장 뛰어난 시詩 가운데 하나로서 바벨론 왕의 몰락을 풍자적으로 비웃는 조롱의 시입니다. 새 힘을 주시는 하나님만이 인류 역사의 생사화복과 흥망성쇠를 주관하시는 분이심을 깨달으시기 바랍니다.

오늘의 말씀

1. 바벨론 왕을 비웃는 조롱의 노래입니다(사 14:4~21).

여기서 노래의 대상인 바벨론 왕은 장차 출현할 느브갓네살이나 역사적 실제 인물이든지, 바벨론 제국을 대표하는 의미이든지, 세상의 악한 권세, 궁극적으로는 사단의 권세를 가진 '악한 세력'일 수 있습니다.

① 본문에서 열방을 압제하던 바벨론 왕의 포악한 압제가 끝났습니다(4~6절). 열국을 침공하고 숱한 백성들에게 포악하게 굴더니, 망하고 말았구나! 라고 경멸과 조롱에 찬 내용의 노래입니다.
② 온 땅이 바벨론 왕의 몰락과 죽음을 기뻐합니다(7~8절).
③ 바벨론 왕이 죽어서 음부에 떨어졌다는 것입니다(9~11절).
④ 생전에 지극히 교만하더니 이제 비참하게 몰락해 버렸다는 것입니다(12~15절).
⑤ 매장되지 않은 채 치욕적인 주검인 바벨론 왕입니다(16~19절).
⑥ 바벨론 왕의 후손들이 받을 치욕과 저주입니다(20~21절).

· 함께 읽어요 : 이사야 14장 22절
"만군의 여호와께서 말씀하시되 내가 일어나 그들을 쳐서 이름과 남은 자와 아들과 후손을 바벨론에서 끊으리라 나 여호와의 말이니라."

2. 바벨론 왕과 그 왕국에 대한 하나님의 판결입니다(14:22~23).

본문 두 구절은 바벨론 왕의 몰락과 죽음에 대한 노래의 결론입니다. 전체적으로 보면 13:1~14:21절까지의 결론 부분이기도 합니다. 그래서 바벨론 통치 하에 있는 바벨론 제국 전체가 심판의 대상으로 나타납니다. 침묵하시던 하나님은 마침내 최종 판결을 위해 자리에서 일어난 법정의 재판장처럼 묘사되어있습니다. 22절을 보세요. "만군의 여호와께서 말씀하시되 내가 일어나 그들을 쳐서 이름과 남은 자와 아들과 후손을 바벨론에서 끊으리라 나 여호와의 말이니라." 하나님은 그들을 '대적하는 판결'을 내리시기 위해 행동을 취하셨고, 반드시 그렇게 하겠다는 것입니다. 그래서 22절, 23절에서 '나 여호와의 말이 니라'고 강조합니다.

· 함께 읽어요 : 이사야 14장 23절
"내가 또 그것이 고슴도치의 굴혈과 물웅덩이가 되게 하고 또 멸망의 빗자루로 청소하리라 나 만군의 여호와와의 말이니라 하시니라."

3. 앗수르와 블레셋에 대한 하나님의 심판의 말씀입니다(사 14:24~32).

본문은 열방에 대한 하나님의 심판의 말씀 가운데, 앗수르(24~27절)와 블레셋(28~32)에 대한 예언입니다. 당시에 앗수르는 강대한 제국으로서 열방의 중심적인 역할을 하고 있었습니다. 블레셋는 앗수르의 위협에서 벗어나 새로운 도약을 준비하고 있었습니다.

이와 같이 큰 도약을 꿈꾸고 있던 때에, 이사야는 앗수르에 대해서는 파멸을, 블레셋에 대해서는 소멸을 예언했던 것입니다. 당시로서는 아무도 두 나라의 몰락을 생각할 수 없었습니다. 그러나 하나님의 계획은 달랐습니다. 온 세상을 경영하시는 하나님의 섭리 안에서 앗수르와 블레셋에게 파멸이 예언 되었던 것입니다. 그러므로 이 메시지는 열방에 대한 하나님의 통치와 주권을 보여주는 것입니다. 본문을 요약하면?

① 앗수르에 대한 심판의 메시지(사 14:24~27).

② 블레셋에 대한 심판의 메시지(사 14:28~32).

여기서 강조되고 있는 메시지는 "**하나님의 생각과 경영은 반드시 이루어진다**"는 말씀입니다.

사랑하는 성도 여러분! 한국교회는 그간에 '성공 지상주의'에 홀려 살아왔습니다. 그러나 하나님의 심판은 큰 교회의 수장이라고 예외가 될 수 없습니다. 우리 교회의 작금을 보면, 지도자들이 줄줄이 세상 법정에 서서 복음의 문을 막고 은혜롭지 못한 모습을 보여주고 있습니다.

여러분! 오늘 여러분은 어떤 꿈과 생각을 가지고 세상을 살아가십니까? 힘을 얻는다는 것은 세상의 권력이나 경제권을 거머쥔다는 의미가 아닙니다. 종교지도자들이 타락하여 세상을 시끄럽고 혼란스럽게 하는 현실을 경계하십시오. 사도 바울이 후계자 디모데에게 주신 말씀을 꼭 기억하면서 정직하신 성령으로 새 힘 얻어 살기를 간절히 부탁드립니다.

· 함께 읽어요 : 디모데전서 1장 19절

"믿음과 착한 양심을 가지라 어떤 이들은 이 양심을 버렸고 그 믿음에 관하여는 파선하였느니라."

정리하는 말

오늘날 세상 사람들이 살아가는 행태를 보면, 보통 사람들이지만 잘 나가는 탤런트나 금메달 선수처럼 살아가기를 열망하고 있습니다. 우리가 언제부터 그렇게 잘 살았습니까? 작은 교회가 아름답고, 충성과 헌신만을 강조하던 때가 엊그제 같은데, 왜 이렇게 변질되었습니까?

생사화복과 천륜! 세상만사를 하나님께서 통치하시고 경영하신다는 평범한 진리를 잊지는 않았는지? 낮은 곳에서 섬김과 봉사를 실천하는 신앙의 건강이 새 힘을 솟아나게 하는 줄 믿고 감사하시기 바랍니다.

평가와 결심

1. 인류의 흥망성쇠를 주관하시는 분은 누구이십니까?
   (사 14:3, 바벨론과 앗수르의 심판과 멸망을 선포하는 하나님)
2. 바벨론과 앗수르의 심판과 멸망을 선포하시는 분은?
   (사 14:27, 경영하시는 분 주 만군의 하나님 여호와)
3. 낮은 곳에서 평범한 섬김과 봉사에서 얻는 유익이 무엇입니까?
   (사 14:24~32, 신앙의 건강과 새 힘을 얻음)

주간 경건의 시간 <3> · 날마다 말씀과 함께

요일 / 내용	주일/월(Mon)	화(Tue)	수(Wed)	목(Thu)	금(Fri)	토(Sat)
찬송	89동 / 74동	264 / 198	265 / 199	273/ 331	279 / 337	280 /338
성경	사15: / 사16:	사 17:	사 18:	사 19:	사 20:	사 21:
적용	모압 심판/ 모압의 통곡	다메섹 멸망	구스에게 말씀하심	애굽에 임하심	벗은 선지자	바벨론 멸망 묵시

* 하나님의 일을 하는 사람에게는 하나님의 능력이 생긴다. 그 능력은 전지전능한 하나님이 그 종에게 주시는 것이다. < 토머스 칼라일, 1795~1871, 영국 사상가 역사가>

1단원 새 힘 사모의 달

제4과

주여! 새 힘을 주옵소서!

찬송 / 347, 267, 268 / 통 382, 201, 202
성경 / 이사야 25:1-12
요절 / 이사야 40:31
"오직 여호와를 앙망하는 자는 새 힘을 얻으리니 독수리가 날개 치며 올라감 같을 것이요 달음박질하여도 곤비하지 아니하겠고 걸어가도 피곤하지 아니하리로다."
목표 / 주님께서 주시는 새 힘으로 승리를 확신하며 살아간다.

시작하는 말

오늘날 건강을 위해서 아낌없이 투자하며 살아가는 사람들이 부쩍 늘었습니다. 건강이 필요한 것임에 틀림없지만 막연한 건강은 힘의 남용으로 삶을 해롭게 합니다. 금년에는 "불우하고 가난한 한 가정을 도울 힘을 주옵소서." 이런 목표를 세우고 살아보십시오. 분명히 여러분들의 삶이 건강해 지고 가정적으로도 행복함을 누리게 될 것입니다.

본문은 종말에 있을 하나님의 세계적인 심판을 언급한 24장과 이어지는 본문으로, 하나님께서 위대한 능력으로 행하신 기사, 즉 심판과 구원을 찬양하는 내용입니다.

오늘의 말씀

1. 포학한 세상 권세를 심판하시는 하나님을 찬양합니다(25:1~5).

선지자는 모든 성도를 대표하여 1인칭 화법으로 하나님을 찬양합니다. 그 것은 하나님께서 원수들의 성읍을 파멸시키시고 포학 자들의 기세를 꺾으심으로써 자기 백성을 구원해 주신 것을 감사 찬양하는 내용을 3가지로 말씀합니다. ① 기사를 행하셨다는 말은 '경이롭고 불가사의한 일을 행하셨다'는 말입니다. ② 옛적의 정하신 뜻대로 행하셨다는 말은 변하지 않는 하나님의 계획대로 행하셨다는 말입니다. ③ 성실함과 진실함으로 행하셨으니 찬송할 수밖에 없는 것입니다.

· 함께 읽어요 : 민수기 23장 19절
"하나님은 사람이 아니시니 거짓말을 하지 않으시고 인생이 아니시니 후회가 없으시도다 어찌 그 말씀하신 바를 행하지 않으시며 하신 말씀을 실행하지 않으시랴."

2. 만민을 위한 구원의 잔치가 이루어집니다(사 25:6~8).

오늘날 종말 신앙이 실종된 것은 매우 안타깝게 생각합니다. 그러나 진실한 신앙에는 하나님께서 종말의 심판과 자기 백성들을 구원하시는 분으로 분명히 믿는 진실 된 성도들이 남아 있다는 사실입니다.

전 세계적인 최후 심판을 통해 원수의 세력을 멸하실 때에 시온 산과 예루살렘에서 왕이 되시고(24:23), 만민을 위해 풍성한 구원의 잔치를 베푸실 것입니다. 구원의 감격과 기쁨의 이 잔치에 대해서는 후일에 예수 그리스도께서도 비유로 언급하셨고(마 22:1~14), 사도 요한도 환상 속에서 이 잔치에 관한 이야기를 들었습니다(계 19:6~10).

① 만민을 위해 잔치가 풍성하게 베풀어질 것입니다(6절).
② 민족의 얼굴을 가린 가리개와 열방의 휘장이 제해 질 것입니다(7절).
③ 사망이 멸해지고 수치가 제거될 것입니다(8절).

· 함께 읽어요 : 계시록 21장 4절
"모든 눈물을 그 눈에서 닦아 주시니 다시는 사망이 없고 애통하는 것이나 곡하는 것이나 아픈 것이 다시 있지 아니하리니 처음 것들이 다 지나갔음 이러라."

3. 원수의 파멸로 인해 기뻐할 것입니다(사 25:9~12).

불교에서는 우주의 순환과 윤회설을 주장하지만, 기독교의 세계관은 분명히 직선으로 창조에서부터 시간이 시작 되었고 주님의 재림으로 종말이 임할 것이며, 인생의 오는 길과 가는 길이 분명합니다. 성경은 분명히 내세와 미래가 있다고 강조합니다. 오늘날 시한부 종말론 자들이나 지상 천국을 주장하는(여호와의 증인) 자들의 이론은 성경적인 기독교 신앙의 내세관을 혼란스럽게 하고 있습니다. 여기에 미혹되지 마시기 바랍니다.

선지자는 다시 심판의 주제로 돌아와 언약 백성을 대적하는 세력을 대표하는 모압의 파멸에 관해 선포했습니다. 원수의 파멸은 구원 잔치에 기쁨과 즐거움으로 참여할 자들이 누구인지 밝힙니다. 여기서 하나님의 백성들의 최후 승리를 확신하도록 해 주시는 것입니다.

① 하나님을 기다린 자들은 그 날에 베풀어질 구원으로 기뻐하고 즐거워할 것입니다(9절).
② 모압이 거름더미 속의 초개 같이 밟힐 것입니다(10절).
③ 모압의 교만이 짓눌려 낮아질 것입니다(11~12절).

최후 심판의 날에 퇴비더미 속에 짓밟힐 지푸라기같이 비참한 신세가 된 '모압'(10절), 곧 언약 백성의 원수들은 그 교만함이 꺾이고 낮아지게 될 것입니다. 그들의 교만이 성벽의 높은 보장으로 상징되었습니다. 이제 성벽이 허물어져 그 성은 계명성처럼 떨어지고 무너져 함락될 것입니다. 이들의 파멸로 하나님의 구원자들은 기뻐할 것입니다. 이것이 하나님의 뜻이요, 섭리인 것입니다.

· 함께 읽어요 : 이사야 14장 13~14절

"[13] 네가 네 마음에 이르기를 내가 하늘에 올라 하나님의 뭇별 위에 내 자리를 높이리라 내가 북극 집회의 산 위에 앉으리라 [14] 가장 높은 구름에 올라가 지극히 높은 이와 같아지리라 하는 도다."

정리하는 말

오늘날 성도들이 혼란스러워 하는 것은 "왜 믿는 다고 하는 자들이 세상 사람들에게 짓눌려야 하는가?"하는 것입니다. 그것은 하나님의 백성으로서 당당하게, 진실하고 정직하게 살아가면 될 텐데, 그렇게 살지 못하기 때문입니다. 여러분! 세상을 이기는 것은 돈이나 명예나 권력이 아닙니다. "세상을 이기는 승리는 이것이니 우리의 믿음이니라"(요일 5:4) 말씀합니다. 말씀과 믿음을 지키며 승리하시기를 소원합니다.

평가와 결심

1. 하나님의 백성들이 하나님 찬양해야할 이유가 무엇입니까?
   (사 25:5~6, 궁극적으로 포학한 세상 권세를 반드시 심판하시기 때문입니다.)
2. 최후 심판 날에 어떤 일이 있을 것입니까?
   (사 25:6~8, 만민을 위한 구원 잔치가 이루어질 것임)
3. 성도가 세상을 이기는 것은 무엇입니까?
   (요일 5:3~4, 계명들을 지키는 믿음임)

주간 경건의 시간 <4> · 날마다 말씀과 함께

요일 / 내용	주일/월(Mon)	화(Tue)	수(Wed)	목(Thu)	금(Fri)	토(Sat)
찬송	27동 / 25동	338 / 364	393 / 447	95 / 82	246 / 221	268 / 202
성경	사 22: / 사 23:	사 24:	사 25:	사 26:	사 27:	사 28:
적용	환상 골짜기/ 두로 시돈 경고	땅을 벌하심	찬송	승리를 주시리라	그 날	시험한 돌

* 지능은 능력과는 다른 것으로 이해가 빠른 것을 말하며, 능력은 이해된 것에 따라 현명하게 행동하는 역량을 말한다. < 알프레드 노스 화이트헤드 >

2단원 치유 간구의 달

제5과

하나님을 기다리자

찬송 / 40, 32, 355 / 통 43, 48, 386
성경 / **이사야 32:1-20**
요절 / **이사야 32:15**
"마침내 위에서부터 영을 우리에게 부어 주시리니 광야가 아름다운 밭이 되며 아름다운 밭을 숲으로 여기게 되리라."
목표 / 기도하고 간구하며 응답을 기다리는 삶의 태도를 가진다.

시작하는 말

여러분은 요즘 살아가면서 불안함을 느끼지 않습니까? 불안은 건강상 아주 좋지 않다고 합니다. 영적으로도 늘 불안에 시달리는 성도들이 있습니다. 세상은 너무 변화가 심하기 때문에 변화의 템포에 따라가기란 쉽지 않습니다. 그럴 때 올바른 처방은 바로 기도하고 간구하면서 하나님의 응답을 기다리는 것입니다. 맹목적이고 무작정으로 기다리는 것이 아니라 간구하고 기다려야 합니다. 하나님의 약속은 더딜지라도 정한 때가 되면 반드시 이루시고 응답하셔서 보여주실 것입니다.

오늘의 말씀

1. 메시야가 통치하는 새 시대가 올 것입니다(사 32:1~8).

이스라엘 백성들에게는 어렵고 힘든 시대에 메시야를 약속하셔서 희망을 주셨습니다. 사랑하는 성도 여러분! '세월이 약이라'는 말이 있습니다. 오늘날 불안하고 힘든 세월을 살아가는 우리 크리스천들에게 하나님의 보장된 약속이 기다리고 있다는 사실이 진정한 희망이 됩니다. 선지자는 1절에서 '보라'는 말로서 장차 도래할 '한 왕'에게 시선을 집중 시킵니다. 그 메시야가 다스리는 나라는 ① 의와 공평으로 지배하게 될 것이며(1절), ② 가난하고 곤고한 자들이 쉼을 얻게 되고(2절), ③ 백성들이 신령한 진리를 깨닫게 될 것이며(3~4절), ④ 올바른 도덕적 가치관이 정립될 것입니다(5~7절). 사랑하는 성도 여러분! 평화의 왕 메시야가 곧 오실 것입니다. 예고 없이 찾아오시는 새 왕을 기다리며 맞을 준비를 철저히 하시기 바랍니다.

· 함께 읽어요 : 이사야 32장 1절
"보라 한 왕이 공의로 통치할 것이요. 방백들이 정의로 다스릴 것이며"

2. 당시의 안일한 부녀들과 염려 없는 딸들에게 경고합니다(사 32:9~14).

예수 그리스도의 말씀과 가치 기준이 적용되지 않는 세상에서는 가치관의 왜곡과 혼동이 있을 뿐입니다. 선지자는 특히 안일한 부녀와 염려를 모르는 딸들에 대하여 경고의 메시지를 선포합니다. 유다가 곧 심각한 국가적 위기와 재난이 닥칠 것을 알고 있었기 때문입니다. 선지자는 이에 대해 대비하라고 강력히 경고한 것입니다.

그 재난으로 인해 유다는 ① 당황하고, ② 포도 수확이 없어지고, ③ 열매를 거두는 기한이 지나게 된다고 합니다. 이는 곧 전쟁으로 인하여 농작물이나 밭작물의 열매를 거두어 들일 여유가 없을 것이라는 의미입니다(9~10절).

경고의 내용은 재난을 대비하라는 것입니다(11~14절). 재난이 닥쳤을 때 그들은 ① 떨고, ② 당황하고, ③ 옷을 벗어 몸을 드러내고 베로 허리를 동여야 할 것을 예고하고 있습니다. 전쟁의 결과는 참혹하여 좋은 밭과 열매가 풍성했던 포도나무는 폐농이 되어 가슴을 칠 것이고, 형극과 질려가 성읍과 집에 날것이며, 궁전이 폐한 바 되고 인구 많던 성읍이 적막하게 될 것이라는 경고입니다(11~12절).

· 함께 읽어요 : 이사야 32장 11절

"너희 안일한 여자들아 떨지어다. 너희 염려 없는 자들아 당황할 지어다 옷을 벗어 몸을 드러내고 베로 몸을 동일 지어다."

3. 성령이 충만한 메시야 왕국의 복된 상태가 올 것입니다(사 32:15~20).

선지자는 안일과 사치 속에 빠진 유다 백성들을 향하여 다가올 전쟁을 경고(9~14절)하는 것으로 그치지 않고, 먼 장래에 도래할 메시야 왕국의 복된 상태를 선포함으로써 백성을 위로하고 그들에게 새로운 소망을 심어 주었습니다. 그 위로와 소망의 주제는 '위에서 부어질 성령'입니다.

① 자연계가 비옥하게 변할 것입니다(15절).

② 온 땅에 공평과 의가 충만할 것입니다(16절).

③ 백성들이 화평과 평안과 안전을 누릴 것입니다(17~19절). 그러나 19절에서 갑작스런 전환이 일어납니다. 메시야 시대에 구원과 축복을 선포하는 가운데서도 재난과 파괴가 언급되고 있습니다. 이는 회개와 심판을 경고하고 있기 때문입니다.

④ 복이 있을 것입니다(20절). 메시야 왕국의 상태는 한 마디로 '복 될 것'입니다. 그 왕국의 백성들은 모두 복된 삶을 누릴 것입니다. 물이 풍부하고 땅이 기름져 푸른 초장에 가축들이 방목되어 자유롭게 풀을 뜯을 것입니다. 복이 표현 될 때, 구약시대에는 '물질적인 복'으로 표현되고, 반면에 신약 시대에는 마태복음 5장의 경우처럼 '팔복', 즉 '영적인 복'이 강조되고 영적 표현으로 나타납니다.

우리는 복된 하나님의 왕국을 사모하며 준비하고 기다려야 합니다.

· 함께 읽어요 : 이사야 32장 20절

"모든 물가에 씨를 뿌리고 소와 나귀를 그리로 모는 너희는 복이 있느니라."

정리하는 말

오늘날 신자들이나 불신자를 막론하고 너무 성급합니다. 기다림의 여유가 없습니다. 그러나 우리 성도들은 주님의 재림을 바라보면서 현실의 삶이 어렵고 힘들더라도 참고 메시야의 도래를 기다려야 합니다. 영원한 복락의 나라를 기도와 간구로 바라보면서 기다리는 행복과 여유를 가지시기 바랍니다. 메시야를 통해 주실 복음과 구원과 소망, 진리와 자유, 믿음과 성령 충만, 사랑과 희락과 평강을 받아 누리시기 바랍니다.

평가와 결심

1. 메시야가 통치하는 시기는 어떻게 될 것을 말씀합니까?
   (사 32:1~8, 의와 공평, 곤고한 자의 쉼, 신령한 진리 깨달음)
2. 당시의 안일한 부녀들에게 주신 경고 내용이 무엇입니까?
   (사 32:9~14, 앗수르의 침략으로 당할 참상과 재난을 대비하라)
3. 한 왕과 함께 임할 메시야 왕국의 복된 상태는 어떤 것입니까?
   (사 32:15~20, 자연계 회복, 온 땅에 공평과 의가 충만할 것임, 백성들은 화평과 평안과 안전을 누릴 것임)

주간 경건의 시간 <5> · 날마다 말씀과 함께

요일 / 내용	주일/월(Mon)	화(Tue)	수(Wed)	목(Thu)	금(Fri)	토(Sat)
찬송	88동 / 36동	212 / 347	211 / 346	219 / 279	265 / 199	263 / 197
성경	사29: / 사30:	사 31:	사 32:	사 33:	사 34:	사 35:
적용	아리엘이여 / 맹약의 헛됨	여호와의 불과 풀무	한 왕의 통치	은혜구하는 기도	원수들 벌하심	거룩한 길

* 자기 영혼을 기도 속에다 듬뿍 적신 사람들은 모든 고민을 조용히 견딜 수 있다. <리챠드 밀른스, 1809~1885, 영국 정치가>

2단원 치유 간구의 달

제6과

위로하시는 하나님

찬송 / 273, 320, 325 / 통 331, 350, 359
성경 / **이사야** 40:1-11, 27-31
요절 / **이사야** 40:1
"너희의 하나님이 이르시되 너희는 위로하라 내 백성을 위로하라."
목표 / 하나님 백성으로서 위로와 새 힘을 얻어 살아가는 태도를 기른다.

시작하는 말

이사야서는 1~35장까지는 유다와 열국에 대한 책망과 심판을 선포하시고, 36~39장까지는 히스기야 왕 치세 시대의 중요한 역사적 사건 기록이이며, 본문이 시작하는 40장부터 66장 마지막까지는 하나님의 백성들에게 주시는 위로와 구원의 메시지를 선포하고 있습니다.

어린 아이들이 왜 웁니까? 배고프면 젖을 먹여주고, 자고 싶으면 재워달라고 엄마에게 안위를 요청하는 것입니다. 하나님의 백성도 위로의 하나님께 맡기고, 울며 기도하면, 위로와 새 힘을 주실 것입니다.

오늘의 말씀

1. 내 백성을 위로하고 여호와의 길을 예비하라(사 40:1~5).

하나님의 명령을 전한 선지자들은 종종 자기 백성들에게 심판과 파멸을 전해야 했습니다. 그러나 본문은 "**내 백성을 위로하라**"라고 위로의 메시지가 선포되고 있습니다. 선지자의 메시지는 하나님께로부터 나온 것이며 그 대상은 하나님의 백성(내 백성)인 예루살렘, 즉 시온백성들입니다. 왕이신 여호와께서 광야와 사막에 오셔서 전하는 소식은 "**여호와의 길을 예비하라**", "**우리 하나님의 대로를 평탄케 하라**"는 것입니다. 이 말씀은 신약에서 세례요한을 통해 그대로 이루어집니다. 그 평탄케 한 길로 주님께서 오신 것입니다(5절). 우리를 위로하시고 구원하시고 새 힘을 주시기 위함입니다.

· 함께 읽어요 : 이사야 40장 3절
"외치는 자의 소리여 이르되 너희는 광야에서 여호와의 길을 예비하라 사막에서 우리 하나님의 대로를 평탄하게 하라."

2. 하나님의 전능하심과 아름다운 소식을 전파하라(사 40:6~11).

6절 이하는 먼저 인간의 연약함을 외치라는 것입니다. 베벨론 포로에서의 귀환소식! 놀랍고 위대한 소식이었습니다. 인간의 힘으로는 결코 성취할 수 없음을 깨우치도록 "모든 육체는 풀이요 그의 모든 아름다움은 들의 꽃과 같으니"(6절 하반절)라고 외치라는 것입니다.

인생의 연약함을 노래한 다음 '하나님의 전능하심'과 함께 '아름다운 소식을 전하라'고 합니다. 바벨론과 같은 강력한 세력의 압제로부터 벗어나는 것은 하나님의 능력뿐입니다. 인간을 얽어매고 있는 죄악의 세력으로부터 해방되는 일은 인간의 힘으로는 결코 이룰 수 없습니다. 풀은 마르고 꽃은 시듭니다. 그러나 하나님의 말씀은 영원히 설 것입니다. 하나님의 전능하심과 아름다운 소식을 세계만방에 전하시고, 이것이 내 자신의 신앙고백이 되게 하시길 주님의 이름으로 축원합니다.

· 함께 읽어요 : 이사야 40장 7~8절
"[7] 풀은 마르고 꽃이 시듦은 여호와의 기운이 그 위에 붊이라 이 백성은 실로 풀이로다. [8] 풀은 마르고 꽃은 시드나 우리 하나님의 말씀은 영원히 서리라 하라."

3. 오직 새 힘을 위해 여호와 하나님만 앙망해야 합니다(사 40:27~31).

오늘날 많은 사람들이 아무리 먹어도 배부르다 하지 않습니다. 많이 마셔도 더 마시려 합니다. 욕망에 사로잡혀 이성을 잃은 짐승 같습니다. 사도 요한은 "이는 세상에 있는 모든 것이 육신의 정욕과 안목의 정욕과 이생의 자랑이니 다 아버지께로부터 온 것이 아니요 세상으로부터 온 것이라"(요일 2:17)고 지적합니다. 야곱의 우물 곁에 온 사마리아 여인처럼 이 세상 어떤 것으로도 갈증을 해결할 수 없습니다. 오직 '생수이신 예수 그리스도'만이 이 갈증을 해결하고 새 힘을 줄 수 있는 것입니다.

목회자도 지쳐 있고, 장로도 집사도 힘을 잃고, 기진맥진해 있으니 과연 누가 주님 앞에 나갈 수 있으며, 주님의 사명을 감당할 수 있겠습니까?

선지자는 외칩니다. "야곱아 어찌하여 네가 말하며 이스라엘아 네가 이르기를 내 길은 여호와께 숨겨졌으며 내 송사는 내 하나님에게서 벗어난다 하느냐?"(사 40:27). 야고보 5장에 이렇게 질책합니다. "[1] 들으라 부한 자들아 너희에게 임할 고생으로 말미암아 울고 통곡하라 [2] 너희 재물은 썩었고 너희 옷은 좀먹었으며 [3] 너희 금과 은은 녹이 슬었으니 이 녹이 너희에게 증거가 되며 불같이 너희 살을 먹으리라 너희가 말세에 재물을 쌓았도다"(약 5:1~3). 이사야 1장에서도 "하늘이여 들으라. 땅이여 귀를 기울이라. 여호와께서 말씀하시기를 내가 자식을 양육하였거늘 그들이 나를 거역하였도다"(사 1:2)라고 불신을 질책합니다. 이 세상 그 무엇, 그 어디에도 희망은 없습니다. 오직 여호와만을 앙망해야 새 힘을 얻을 수 있는 것입니다.

· 함께 읽어요 : 이사야 40장 31절

"오직 여호와를 앙망하는 자는 새 힘을 얻으리니 독수리가 날개 치며 올라감 같을 것이요 달음박질 하여도 곤비하지 아니하겠고 걸어가도 피곤하지 아니하리라."

정리하는 말

선지자 이사야 시대나 우리가 살고 있는 현 세대나 사정은 비슷합니다. 너 나 할 것 없이 맥이 없고 힘이 빠져 지쳐있긴 마찬가지입니다. 그러나 이사야 선지자의 위로의 메시지와 외침은 삶에 지친 오늘 우리에게 새 힘을 충전 시켜 주는 보약인 것입니다. 우리 영혼의 갈급함을 축이며 생명을 주는 생수와 같은 말씀이 본문에 나타납니다. 가정이나 교회나 오직 여호와를 앙망함으로 새 힘을 얻으시기를 간절히 소원합니다.

평가와 결심

1. 선지자의 첫 번째 외침이 무엇입니까?
   (사 40:1~3, 내 백성을 위로하라 여호와의 길을 예비하라)
2. 선지자의 두 번째 외침이 무엇입니까?
   (사 40:6~11, ① 하나님의 전능하심과 ② 아름다운 소식을 전파하라)
3. 어렵고 힘든 세상 모든 문제의 유일한 해결책이 무엇입니까?
   (사 40:27~31, 오직 여호와를 앙망함으로 새 힘을 얻는 길임)

주간 경건의 시간 <6> · 날마다 말씀과 함께

내용 \ 요일	주일/월(Mon)	화(Tue)	수(Wed)	목(Thu)	금(Fri)	토(Sat)
찬송	88동 / 29동	252 / 184	251 / 137	265 / 199	264 / 198	278 / 336
성경	사 36:/사 37:	사 38:	사 39:	사 40:	사 41:	사 42:
적용	앗수르협박/히스기야왕	히스기야 발병회복	바벨론에서 온 사자들	희망의 말씀	여호와가 응답하리라	주의 종

* 인간의 마음이 벙어리일 때도 하늘은 결코 귀머거리가 된 때는 없다.
< 프랜시스 콸스, 1592~1644, 영국 작가>

제7과

나는 네 하나님이라

찬송 / 254, 234, 235 / 통 186, 220, 222
성경 / **이사야 43:1-21**
요절 / **이사야 43:3 상반절**
"대저 나는 여호와 네 하나님이요 이스라엘의 거룩한 이요 네 구원자임이라."
목표 / 하나님만이 유일한 구원자이심을 믿고 섬기는 태도를 기른다.

시작하는 말

이사야서 전체의 주제가 '구원'이듯이 본문 메시지의 중심 주제도 '하나님의 구원'입니다. 하나님의 구원은 선지자들의 입술로 이미 수없이 여러 번 약속되었고, 그 약속이 이루어졌기에 이방인에게도 구원의 빛이 비추어져 오늘 우리들에게도 생명의 구원이 전해진 것입니다.

만물 위에 교회의 머리이신 그리스도께서 허물과 죄로 죽었던 우리(엡 2:1절)를 살리셨으니 만 왕의 왕이시요. 만 주의 주이신 것입니다.

사랑하는 성도 여러분!

메마른 광야에 솟아오르는 샘의 한 줄기 생수처럼 '구원과 치유의 생수'를 말씀과 기도와 찬송으로 길어 올려 살아가시기를 축복합니다.

오늘의 말씀

1. 하나님께서 구원을 확인시켜 주셨습니다(사 43:1~7).

하나님의 말씀에 대해 소경이나 귀머거리 같은 존재인 이스라엘은 마땅히 버림을 당해야 했습니다. 그러나 하나님께서는 그렇게 하지 않으셨습니다. 오히려 이스라엘에게 자신의 보배로운 존재임을 알려 주시면서, 구원을 네 가지로 확인시켜 주셨습니다.

① 구속하였고 지명하여 불렀습니다(1절).

② 함께할 것입니다(2절).

③ 애굽을 속량물로, 구스와 스바를 대신으로 주셨습니다(3~4절).

④ 오게 하여 모을 것입니다(5~7절).

· 함께 읽어요 : 이사야 43장 7절

"내 이름으로 불려지는 모든 자 곧 내가 내 영광을 위하여 창조한 자를 오게 하라 그를 내가 지었고 그를 내가 만들었느니라."

2. 하나님은 이스라엘의 참된 구원자 이십니다(사 43:8~13).

선지자는 이제 자신의 메시지를 송사라는 재판의 형태로 제시하고 있습니다. 하나님께서 이스라엘(8절)과 열방을 소집해 놓으시고(9절), 이스라엘의 참된 구원자가 누구인지를 가리라는 것입니다.

① 참된 구원자를 가리기 위해 재판이 열립니다(8~9절).

② 구원의 증인으로서의 이스라엘입니다(10절).

③ 여호와 하나님은 유일하신 구원자이십니다(11절).

④ 구원자의 3가지 사역(고하였음, 구원하였음, 보였음)입니다(12절)

⑤ 구원자의 능력입니다(13절).

그렇습니다. 이스라엘의 구원자이신 여호와 하나님께서 영적 이스라엘인 우리에게도 '참된 구원자'가 되신다는 것을 확신하시기 바랍니다.

· 함께 읽어요 : 이사야 48장 11절

"나는 나를 위하여 나를 위하여 이를 이룰 것이라 어찌 내 이름을 욕되게 하리요 내 영광을 다른 자에게 주지 아니하리라."

3. 하나님은 우리의 구원을 끝까지 책임지십니다(사 43:14~21).

열방의 우상들과는 달리, 참되고 유일하신 이스라엘의 하나님 여호와께서는 자기 백성의 미래사를 분명하게 밝히셨습니다. 그것은 이스라엘의 구원에 관한 구체적인 방법에 관한 것입니다. 본문을 통해 이스라엘이 장차 어떻게 구원받을 수 있는지를 알 수 있습니다. 이스라엘의 구원을 위하여 여호와 하나님께서 말씀하십니다. '너희의 구속자요 이스라엘의 거룩한 이 여호와'가 말씀하십니다.

① 바벨론을 몰아내고 구원할 것이다(14절).

② 광야에 길을 내고 사막에 강을 내어 인도할 것이다(15~21절).

바벨론을 몰아내고 이스라엘을 구원하신 하나님께서는 자기 백성들이 본국으로 무사히 귀환할 수 있도록 또 다시 놀라운 구원사역을 베푸실 것입니다. 그것은 '광야에 길을 내고, 사막에 강을 냄으로써' 이스라엘이 도중에 실족 당하지 않게 하실 것이라는 말씀입니다.

출애굽의 위대한 구원 사건을 언급하신 하나님께서 이제는 그 일을 기억하지 말라고 하십니다(18절). 이 말은 앞으로 베풀어주실 새롭고 놀라운 구원에 대한 강조로서 과거의 사건에 집착하지 말고, 보다 더 영광스러운 미래의 구원 사역을 기대하라는 말씀입니다.

이전에 애굽에서 가나안으로 향하는 길은 '바다'(홍해) 길이었다면, 장차 바벨론에서 예루살렘으로 돌아오는 길은 메마르고 척박한 '광야와 사막의 길'이 될 것입니다. 따라서 바다의 물을 말려 이스라엘을 인도하신 하나님께서는 이제는 풍부한 물을 제공하셔서 인도하실 것입니다. 광야에 물을, 사막에 강들을 내어 물을 보내심은 '내 백성', '나의 택한 자'로 마시게 하실 것입니다(20절). 이제 하나님께서 창조하신 백성을 끝까지 책임지시고 이들을 통해 '여호와를 찬송하게 하려함'입니다.

· 함께 읽어요 : 이사야 43장 21절
"이 백성은 내가 나를 위하여 지었나니 나를 찬송하게 하려 함이니라."

정리하는 말

사랑하는 성도 여러분! 찬송은 창조주 하나님을 인정하는 행위이기도 합니다. 오늘 여러분들은 하루에 몇 장이나 찬송을 부르십니까? 시편 기자는 이렇게 전합니다. "너희 의인들아 여호와를 즐거워하라 찬송은 정직한 자들이 마땅히 할 바로다"(시 33 : 1). 찬송은 구원받은 우리 성도들이 마땅히 할 바입니다. 하루를 시작하는 아침에 찬송을 부르십시오. 놀라운 일이 생길 것입니다. 찬송으로 새 힘을 얻으시기를 바랍니다.

평가와 결심

1. 새 힘 잃은 이스라엘 백성들에게 하나님은 어떻게 하셨습니까?
   (사 43:1~7, 구원을 확인시켜 주심)
2. 누가 이스라엘의 참된 구원자이십니까?
   (사 43:8~13, 여호와 하나님만이 참된 구원자이심)
3. 하나님께서 구원하시는 방법이 무엇이었습니까?
   (사 43:14~21, ① 바벨론 몰아내심 ② 광야에 길과 사막에 강을 내심)

주간 경건의 시간 <7> · 날마다 말씀과 함께

요일 / 내용	주일/월(Mon)	화(Tue)	수(Wed)	목(Thu)	금(Fri)	토(Sat)
찬송	89동 / 27동	380 / 424	401/ 457	415 / 471	413 / 470	411 / 473
성경	사43: / 사44:	사 45:	사 46:	사 47:	사 48:	사 49:
적용	구원의 약속/ 다른 신 없음	고레스 세우심	시온에 구원을	바벨론 심판	새 일을 약속	이방의 빛 이스라엘

* 인간의 삶은 궁핍의 연속이므로 끊임없이 간구함이 당연하다.

<사무엘 오스굿, 1812~1850, 미국 목사, 비평가>

제8과

우리는 나음을 받았도다!

찬송 / 299, 356, 355 / 통 418, 396, 386
성경 / **이사야** 53:1-12
요절 / **이사야** 53:5
"그가 찔림은 우리의 허물 때문이요 그가 상함은 우리의 죄악 때문이라 그가 징계를 받으므로 우리는 평화를 누리고 그가 채찍에 맞으므로 우리는 나음을 받았도다."
목표 / 하나님의 독생자 때문에 나음을 받고 생명을 얻었음을 알게 한다.

시작하는 말

본문에는 고난 받는 여호와의 종 메시야의 모습이 구체적으로 묘사되고 있습니다. 본문 53장은 메시야의 고난을 다룬 후에 그분의 승귀[1]를 언급합니다. 성도가 세상에서 고난과 역경을 이겨낼 수 있는 힘은 그리스도께서 승귀昇貴하신 것처럼, 우리의 육신의 장막이 무너진 후에 부활의 영체를 입을 때 이루어진다는 사실입니다(욥 19:25~26). 이것을 전적으로 믿으시고 위로와 참된 평강을 얻으시기를 바랍니다.

오늘의 말씀

1. 우리를 위해 고난 받는 여호와의 종의 모습입니다(사 53:1~3).

본문에는 고난 받는 여호와의 모습이 다음과 같이 잘 그려지고 있습

1) 그리스도의 승귀昇貴란 신분이 가장 낮은 인간의 위치로 비하하셔서 구속사역을 수행하신 후 다시 신적神的 본래의 위치로 돌아가심을 가리킨다. 승귀의 단계는 부활→승천→하나님 우편에 앉으심→재림이다.

니다.

① 백성들이 불신不信합니다(1절).

② 여호와의 종의 진정한 아름다움이 감춰지고 있습니다(2절).

③ 여호와의 종의 멸시 당함입니다(3절).

· 함께 읽어요 : 사 53장 3절
"그는 멸시를 받아 사람들에게 버림 받았으며 간고를 많이 겪었으며 질고를 아는 자라 마치 사람들이 그에게서 얼굴을 가리는 것 같이 멸시를 당하였고 우리도 그를 귀히 여기지 아니하였도다."

2. 여호와의 종이 당한 고난의 의미는 영혼 구원에 있습니다(사 53:4~6).

여호와의 종이 왜 그토록 비천하게 되었고, 멸시와 천대를 받았는지가 언급됩니다. 본문은 여호와의 종이 왜 고난을 받았는지 그 이유를 밝힙니다.

① 사람들의 그릇된 생각입니다(4절). 자신의 죄나 허물 때문에 멸시와 고통을 받으신 것이 아닙니다.

② 사람들의 그릇된 상태입니다(6절). 목자를 잃은 양 같고, 각각 제 길로 갔으니, 길을 잃고 방황하며 결국 사나운 짐승에게 삼키게 됩니다.

③ 사람들의 죄악과 허물을 담당하신 여호와의 종입니다(4~6절). 하나님께서는 목자 없는 양 같이 방황하는 인생의 죄악을 그에게 담당시키셨습니다. 사랑하는 성도 여러분! 광야에서 길을 잃어 헤매는 양떼 같은 우리를 구속救贖(대속代贖, 4~5절)하시고, 평화를 누리고 나음을 입도록 하셨습니다. 믿으시기 바랍니다. 아멘!

· 함께 읽어요 : 이사야 53장 5절
"그가 찔림은 우리의 허물 때문이요 그가 상함은 우리의 죄악 때문이라 그가 징계를 받으므로 우리는 평화를 누리고 그가 채찍에 맞으므로 우리는 나음을 받았도다."

3. 하나님의 뜻을 따라 끝까지 고난을 감당하셨습니다(사 53:7~9).

여호와의 종이신 하나님의 아들 독생자가 당한 고난의 의의意義가 밝혀진 데 이어 그가 그 고난의 짐을 어떻게 감당하셨는지가 묘사됩니다.

① 끝까지 침묵하셨습니다(7절). 그 종은 죄 없이 고난을 받았음에도 불구하고 자신의 무죄를 주장하시지 않았습니다.

② 저항하지 않으시고 순종하셨습니다(8절). 여호와의 종은 온갖 곤욕과 심문에도 저항하지 않으시고 순종으로 잔을 마셨습니다.

③ 온전히 온유하셨습니다(9절). 자신의 사명을 기꺼이 수행하시는 종의 모습은 '온유함'의 본보기이셨습니다.

그 고난의 결과(53:10~12절) 여호와의 종이 당한 고난은 여호와 하나님의 뜻 안에서 뚜렷한 목적을 가지고 계획된 것이었습니다(10절).

여호와의 종이 그 고난을 통해 많은 사람을 의롭게 하셨습니다(11절). 여호와의 종은 그 고난을 통해 승리의 분깃을 얻은 것입니다(12절). 곧 존귀한 자와 함께 분깃을 얻게 되고, 강한 자와 함께 탈취한 것을 나누게 하리라는 말씀을 이룬 것입니다.

사랑하는 성도 여러분! 믿는 자들은 세상에서 때로 실족하고 때로 범죄한다고 할지라도 끝내 멸망에 이르지 않습니다. 결국 구원을 얻게 되는 것은 우리의 영원한 중보자 되시는 그리스도께서 계속 중보의 기도를 드리고 계시기 때문입니다. 과거와 현재 미래에도 우리가 하나님 앞에 설 수 있는 것은, 오직 예수 그리스도의 중보의 은혜와 그 공로 때문인 줄 아시고 감사와 찬양을 소리 높여 드리시기를 바랍니다.

· 함께 읽어요 : 히브리서 7장 24~25절

"24 예수는 영원히 계시므로 그 제사장 직분도 갈리지 아니하느니라. 25 그러므로 자기를 힘입어 하나님께 나아가는 자들을 온전히 구원하실 수 있으니 이는 그가 항상 살아 계셔서 그들을 위하여 간구하심이라."

정리하는 말

사랑하는 성도 여러분! 오늘 우리가 힘들고 어렵기에 믿음 안에서 새 힘을 얻어 살아야 합니다. 만 왕의 왕 그리스도께서 우리를 위하여 십자가를 지시고 대속의 죽음을 죽으셨습니다. 그로 인해 우리의 영혼은 나음을 받았으며, 구원을 받았습니다. 오늘도 주님은 우리를 위해 끊임없이 중보의 기도를 하고 계십니다. 여러분! 대제사장의 중보기도와 복 빎을 여러분들의 복으로 받아 누릴 수 있도록, 주는 나의 구주시요, 내 삶의 전부임을 고백하며 바른 신앙을 생활화 하시기를 소원합니다.

평가와 결심

1. 여호와의 종의 모습이 어떠하다고 했습니까?
   (사 53:7, ① 백성들이 불신하고 ② 여호와의 종 모습 감춰짐 ③ 종이 멸시 당함)
2. 여호와의 종이 어떤 일을 행했다고 했습니까?
   (사 53:4~6, 양 같은 우리를 대속하셔서 평화와 나음을 얻게 함)
3. 고난 받으신 종의 자세는 어떠하셨습니까?
   (사 53:~27, 침묵하시고, 순종하시고, 온유하심)

주간 경건의 시간 <8> · 날마다 말씀과 함께

요일 / 내용	주일/월(Mon)	화(Tue)	수(Wed)	목(Thu)	금(Fri)	토(Sat)
찬송	146동 / 39동	374 / 423	375 / 421	417 / 476	436 / 493	450 / 376
성경	사50: / 사51:	사 52:	사 53:	사 54:	사 55:	사 56:
적용	학자의 혀/ 위로의 말씀	예루살렘 구속하심	종의 고난	영원하신 자비	하나님의 긍휼	여호와께 연합

* 기도는 모든 유혹을 물리치는 효능을 가지고 있다.

<성 베르나르, 1019~1153, 프랑스 성직자>

제9과

구원의 아름다운 소식

찬송 / 456, 356, 354 / 통 509, 396, 394
성경 / **이사야 61:1-11**
요절 / **이사야 61:8**
"무릇 나 여호와는 정의를 사랑하며 불의의 강탈을 미워하여 성실히 그들에게 갚아주고 그들과 영원한 언약을 맺을 것이라."
목표 / 구원의 아름다운 소식을 전하여 생명 얻게 하는 삶의 태도를 가진다.

시작하는 말

여러분은 요즘 살아가면서 희망이 보이십니까? 하는 일마다 되는 일이 없고 하루에도 몇 번씩 왜 내가 살아야 하나? 하고 생각하지는 않습니까? 본문은 장차 이루어질 일에 대해 말하고 있습니다. 이사야는 여기서 시온의 영광이 성취될 주체인 메시야(Messiah)에 대하여 예언하고 있습니다. 메시야의 사역을 통한 축복을 다루고 있습니다. 구원의 아름다운 소식입니다. 여러분들의 가정과 교회와 직장에 이런 귀한 복이 임하시기를 기원합니다.

오늘의 말씀

1. 시온을 위한 메시야의 사명이 있습니다(사 61:1~3)

본문에서 말씀하시고 계시는 자는 '여호와의 종'이신 메시야이십니다. 이 메시야가 시온을 위해 감당할 사명을 말씀합니다.

첫째, 복음전파입니다(1~2절). 1절에 '주 여호와의 영'이 예수께 임하셨으니 여호와께서 기름을 부으사 '아름다운 소식'을 전하게 하려 하심이라고 했습니다. '구원'과 '은혜'와 '자유'와 '해방'과 같은 소식을 전하기 위해 오신 것입니다.

둘째, 병든 육체와 심령을 치유하십니다(1~2절).

메시야는 '고치고'(1절), '놓아주고'(해방)(1절), '위로'(2절)하러 오셨습니다. 이제 병들고 상처 입고 눌린 자들의 메시야이심을 믿으시고 여러분도 치유함 받으시기 바랍니다.

셋째, 영혼의 구원과 성장입니다(3절). 주님은 모든 슬픈 자들의 영혼을 구원하고 그 영혼이 하나님 앞에 바로 서도록 성장시키십니다.

· 함께 읽어요 : 이사야 61장 2절

"여호와의 은혜의 해와 우리 하나님의 보복의 날을 선포하여 모든 슬픈 자를 위로하되"

2. 시온을 위한 메시야의 사역은 회복시키는 것입니다(사 61:4~9).

메시야가 오셔서 메시야의 구원으로 인해 황폐된 시온은 이전보다 배나 회복되고 번영할 것이며, 그로 인해 열방 중에 '여호와께 복 받은 자손'으로 널리 인정받게 될 것입니다. 본문에는 이러한 사실이 이스라엘이 바벨론 포로귀환에 비유되어 선포 되고 있으나 궁극적으로 신약시대에 메시야의 사명 완수로 '교회의 회복과 영광'이 나타날 것입니다.

시온의 황폐한 성읍이 중수될 것입니다(4절). 주전 586년 시드기야 왕 때 느브갓네살의 침공으로 이스라엘은 멸망했고, 그 후 70년 동안 방치되어 무너졌던 성읍을 '다시 쌓고', '일으키며', '중수할 것'입니다.

· 함께 읽어요 : 이사야 61장 9절

"그들의 자손을 뭇 나라 가운데에, 그들의 후손을 만민 가운데에 알리리니 무릇 이를 보는 자가 그들은 여호와께 복 받은 자손이라 인정하리라."

3. 시온의 감사와 찬송은 하나님께 드리고 있습니다(사 61:10~11).

이제 시온은 자신들에게 임한 회복과 구원의 은혜로 인해 기쁨으로 감사와 찬송을 드립니다. 하나님은 어떤 분이십니까?

첫째, 감사와 찬송의 대상입니다. 본문을 보면 "내가 **여호와**로 말미암아 크게 기뻐하며 내 영혼이 **나의 하나님**으로 말미암아 즐거워하리니"(10절)라고 고백했습니다.

찬송을 하는 주체는 예루살렘 곧 시온입니다. 시온은 자신들에게 임한 회복과 영광의 은혜가 너무도 커서 주체할 수 없는 기쁨으로 감사 찬송을 하고 있는 것입니다. 모든 영광과 찬송을 받으실 대상은 '여호와', '나의 하나님'이신 것입니다. 이러한 삶의 고백은 매우 중요합니다. 감사의 조건들을 깨닫지 못하거나 망각한다면, 그들에 임한 모든 감사의 조건들이 사라져버릴 것입니다. 잊지 말아야 할 것은 감사할 조건들을 주신 분이 누구신가 하는 것입니다. 감사는 또 다른 감사를 창조합니다. 복을 주신 분을 바로 깨달아 여러분 인생에 감사가 떠나지 않게 하시기 바랍니다.

둘째, 감사와 찬송의 원인입니다(10절). "이는 그가 구원의 옷을 내게 입히시며 공의의 겉옷을 내게 더하심이 신랑이 사모를 쓰고 신부가 자기 보석으로 단장함 같게 하셨음이라." 시온이 영혼 깊숙이에서 감사할 이유들을 잘 설명해 주고 있습니다.

셋째, 감사 찬송의 원천입니다(11절). '주 여호와께서 공의와 찬송을 모든 나라 앞에 솟아나게' 하신 다는 것입니다. 감사의 원천은 주 여호와 하나님이신 줄 믿으시기 바랍니다. 할렐루야!

· 함께 읽어요 : 이사야 61장 11절

"땅이 싹을 내며 동산이 거기 뿌린 것을 움 돋게 함 같이 주 여호와께서 공의와 찬송을 모든 나라 앞에 솟아나게 하시리라."

정리하는 말

성도 여러분! 하는 일마다 꼬이고, 직장에서 터지고, 가정에서 꾸지람도 들으십니까? 그래도 마음 한 구석에 전능하신 '하나님'이 남아 계시지 않습니까? 하나님만이 감사와 영광을 받으실 분이십니다. 그 하나님께서 여러분들의 가정과 심령에 기쁨이 샘솟도록 역사해 주실 것입니다. 그 분이 바로 우리를 고쳐주시고, 위로해 주실 것입니다. 주님과 함께 항상 평강을 누리시기 바랍니다.

평가와 결심

1. 시온을 위한 메시야의 사명이 무엇입니까?
   (사 61:1~3, ① 복음전파 ② 병든 육체와 심령 치유 ③ 영혼 구원과 성장)
2. 시온을 위한 메시야의 사역의 결과가 무엇입니까?
   (사 61:4~9, 무너졌던 성읍을 '다시 쌓고' '일으키며' '중수될 것'임)
3. 감사와 찬송의 대상은 누구며, 그 원천은 누구입니까?
   (사 61:11~11, 주 여호와 우리의 하나님이심)

주간 경건의 시간 <9> · 날마다 말씀과 함께

요일 / 내용	주일/월(Mon)	화(Tue)	수(Wed)	목(Thu)	금(Fri)	토(Sat)
찬송	91동 / 89동	196 / 174	363 / 479	378 / 430	420 / 212	438 / 495
성경	사57: / 사58:	사 59:	사 60:	사 61:	사 62:	사 63:
적용	우상숭배 규탄/ 기뻐하시는 금식	죄악 규탄	예루살렘 받을 영광	아름다운 소식	거룩한 백성	여호와의 승리

* 십자가에 못 박힌 그리스도를 전파하려는 자는 자신도 반드시 십자가에 못 박힌 사람이 되어야 한다. < 찰스 엘 꾸털 >

3단원 생명 전도의 달

제10과

부르기 전에 응답하리라

찬송 / 273, 320, 325 / 통 331, 350, 359
성경 / **이사야 65:17-25**
요절 / **이사야 65:24**
"그들이 부르기 전에 내가 응답하겠고 그들이 말을 마치기 전에 내가 들을 것이며"
목표 / 부르기 전에 응답하시는 하나님께 기도하며 위로 받는 태도를 기른다.

시작하는 말

본문은 이스라엘 백성들을 대표하여 구원을 호소한 선지자의 기도에 대한 하나님의 결론적인 응답입니다. 악인들이 모두 제거된 이후, 구원받은 자들이 누리게 될 새 하늘과 새 땅에 관한 비전을 제시해 주고 있습니다. 본문의 특징은 '현세적'인 동시에 '종말적'인 색체를 강하게 띠고 있다는 점입니다. 본문은 일차적으로는 포로귀환 이후 이스라엘 백성들의 삶을 배경으로 하지만 궁극적으로는 종말에 메시야로 인해 실현될 하나님의 나라를 의미하고 있습니다. 여러분! 어려운 현실만 바라보지 말고 부르기 전에 응답하시는 주님을 바라보시기 바랍니다.

오늘의 말씀

1. 남은자는 기쁨과 생명이 보장됩니다(사 65:17~20).

'남은 자'들 곧 하나님께 구원받은 백성들은 장차 펼쳐질 새 하늘과 새 땅에서 영원한 기쁨과 영생의 삶을 보장 받게 될 것입니다.

첫째는 모든 것이 새롭게 되어질 것입니다(17절).

장차 구원 받은 자들이 살아갈 삶의 터전의 특징은 '새롭다'는 것입니다. 여기서 '**새로움**'은 이전 것의 개조나 회복과는 전혀 다른 것으로, '새롭게 조성된 질서'입니다. 17절과 18절에서 '창조하다'(ברא; 바라)라는 말은 창세기 1장에서 사용된 단어로 '아무 것도 없는 무의 상태에서 유를 만들어내는 것'을 의미합니다.

둘째는 영원한 기쁨과 즐거움이 있을 것입니다(18절).

구원받은 백성들이 누리게 될 새 하늘과 새 땅의 특징은, 새로운 질서의 기쁨과 즐거움입니다. 하나님께서 재창조하신 그곳에는 기뻐하고 즐거워할 원인들로 가득 차 있으며, 그 삶이 영원하다는 것입니다.

· 함께 읽어요 : 이사야 65장 17절

"보라 내가 새 하늘과 새 땅을 창조하나니 이전 것은 기억되거나 마음에 생각나지 아니할 것이라."

2. 고통이 없고 생명이 보장 될 것입니다(65:19~20).

새 하늘과 새 땅에서의 삶이 영원한 기쁨과 즐거움이라면, 그 곳에는 당연히 슬픔과 고통을 찾아 볼 수 없을 것입니다. 우는 소리와 부르짖는 소리가 들리지 아니할 것입니다. 오직 기쁨과 즐거움만이 있다는 사실을 강조하기 위해서, 더 이상 슬픔과 고통은 없다는 사실을 다시 한 번 언급한 것입니다(19절).

새롭게 창조된 새 하늘과 새 땅에서 또 하나의 특징은 '장수'長壽의 삶일 것입니다. 세상에서의 장수는 눈물 근심이요, 슬픔뿐이겠지만 저 하늘나라에서는 감격에 찬 영원한 축복이 될 것입니다.

· 함께 읽어요 : 이사야 65장 20절

"거기는 날 수가 많지 못하여 죽는 어린이와 수한이 차지 못한 노인이 다시는 없을 것이라 곧 백세에 죽는 자를 젊은이라 하겠고, 백세가 못되어 죽는 자는 저주 받은 자이리라."

3. 새 하늘과 새 땅에서는 안정과 번영이 보장 될 것입니다(사 65:21~25).

구원받은 자들이 누리게 될 새 하늘과 새 땅에서의 삶은 기쁨과 생명이 보장된 삶일 뿐만 아니라, 안정과 번영의 삶이기도 할 것입니다. 그곳에는 대적의 침략이나 자연의 재난이 없이 번성하는 중에 수고의 열매를 먹는 축복된 삶을 누릴 것입니다.

첫째는 안정과 평화를 누릴 것입니다(21~22절).

하나님께서는 불순종하는 자들에 대해 경고하시면서 자기 수고의 열매를 자신이 먹지 못하고 대적의 손에 빼앗길 것이라고 했습니다(신28:30). 그러나 새 하늘과 새 땅에서는 하나님의 백성들은 더 이상 그와 같은 슬픔과 고통을 당하지 아니할 것입니다.

① 자신이 건축한 곳에 타인이 거주하는 일이 없을 것입니다. 대적이 침략하여 가옥이 탈취 당하지 않을 것입니다. ② 자신이 재배한 포도원의 열매를 타인이 먹는 일이 없을 것입니다. 수고한 대가를 누릴 수 있고 진정한 행복을 맛볼 것입니다. ③ 모든 사람들이 나무의 수명과 같이 충분한 수명을 누릴 것입니다.

둘째는 번영을 누린다는 것입니다. 자기 자신이 노력한 만큼 벌리고, 쌓고, 누릴 수 있으니 자연히 번영하게 된다는 것입니다.

셋째는 하나님과의 온전한 교제가 이루어집니다. 불행의 원인이 제거되어 영원한 천국백성으로 행복한 삶을 살아간다는 것입니다.

· 함께 읽어요 : 이사야 65장 24절
"그들이 부르기 전에 내가 응답하겠고, 그들이 말을 마치기 전에 내가 들을 것이며"

정리하는 말

여러분! 기도할 때에 바로 응답이 되십니까? 아니면 오래 기다려서 응답이 옵니까? 그러면 언제 응답을 주시는 것이 가장 좋겠습니까?

하나님은 "그들이 부르기 전에 내가 응답하겠고, 그들이 말을 마치기 전에 내가 들을 것이며"라고 말씀합니다. 이와 같이 여러분들의 간구와 기도를 응답하시고 들어주실 것입니다. 우리는 오직 간절한 마음으로 하나님의 나라를 사모하며 부르짖으면 됩니다. 여러분! 하나님이 재창조하신 새 하늘과 새 땅에서 영원한 기쁨과 즐거움을 누리시기 바랍니다.

평가와 결심

1. 하나님께 구원 받은 백성들은 첫째 무엇이 보장됩니까?
   (사 65:17~18, 기쁨과 생명이 보장됨)
2. 하나님께 구원 받은 백성들은 둘째 무엇이 보장됩니까?
   (사 65:19~20, 고통이 없고 생명이 보장됨)
3. 하나님께 구원 받은 백성들은 셋째 무엇이 보장됩니까?
   (사 65:21~25, 안정과 번영이 보장됨)

주간 경건의 시간 <10> · 날마다 말씀과 함께

내용 \ 요일	주일/월(Mon)	화(Tue)	수(Wed)	목(Thu)	금(Fri)	토(Sat)
찬송	23동 / 91동	252 / 184	251 / 137	455 / 507	264 / 198	278 / 336
성경	사 64:/사 65:	사 66:	렘 1:	렘 2:	렘 3:	렘 4:
적용	주는 토기장이/ 새 하늘과 새 땅	민족들을 심판	끓는 가마	생수의 근원	유다 음란과 행악	돌아오라 하심

* 내가 복음을 전하지 않으면 지옥에 가리라.

< 윌리엄 A.(빌리) 선데이, 1863~1935, 미국 전도자 >

제11과

여호와 앞에 예배 하리

찬송 / 42, 44, 54 / 통 11, 56, 61

성경 / **이사야 66:1-24**

요절 / **이사야 66:22**

"내가 지을 새 하늘과 새 땅이 내 앞에 항상 있는 것 같이 너희 자손과 너희 이름이 항상 있으리라 여호와의 말이니라."

목표 / 인간 최고의 행위인 하나님께 예배하고 섬기는 태도를 기른다.

시작하는 말

사랑하는 성도 여러분! 예배시간이 즐겁습니까? 아니면 지겹습니까? 오늘날 예배의 형태가 많이 변하고 있습니다. 성경적인 방법보다는 인간들의 취향에 따라 인간을 즐겁게 하는 예배형태로 말입니다. 여러분들은 하나님이 원하시는 참된 예배를 소망하며 드리고 계십니까? 특히 주일은 어떻게 보내고 계십니까? 하루 종일 교회에서 봉사에 빠져있습니까? 아니면 가끔 나들이도 가시면서 가정 중심으로 보내고 있습니까? 하나님께서 원하시는 예배를 드리시면서 살아가시기를 바랍니다.

오늘의 말씀

1. 불경건한 자들을 향한 경고와 책망입니다(사 66:1~4).

선지자는 본국으로 귀환한 백성들이 새롭게 성전을 건축하고 거기서 예배드리는 광경을 조망하면서 과연 하나님께서 원하시는 참된 예배는 무엇인지를 밝히고, 하나님께서 배격하시는 형식적 예배에 대해 경고하고 있습니다. 곧 불경건한 자들에 대한 심판의 경고와 경건한 자들을 향한 구원의 약속, 그리고 장차 하나님께서 그 백성들을 위해 이루실 새 하늘과 새 땅에서의 참된 예배 등을 다루고 있습니다.

① 위대하신 하나님께 드리는 참된 예배를 말씀합니다(1~2절)

② 거짓 예배에는 심판이 따를 것입니다(3~4절). 거짓 예배란 '자기 길을 택하는 것'과 '가증한 것을 기뻐하는 마음으로 드리는 것'입니다.

· 함께 읽어요 : 이사야 66장 3절 하반절~4절

"3……그들은 자기의 길을 택하며 그들의 마음은 가증한 것을 기뻐한 즉 4 나 또한 유혹을 그들에게 택하여 주며 그들이 무서워하는 것을 그들에게 임하게 하리니 이는 내가 불러도 대답하는 자가 없으며 내가 말하여도 그들이 듣지 않고 오직 나의 목전에서 악을 행하며 내가 기뻐하지 아니하는 것을 택하였음이라 하시니라."

2. 경건한 자들을 향한 위로와 격려입니다(사 66:5~14).

본문은 진정한 경외와 회개 없이 거짓 된 예배를 드리는 불경건한 자들과는 달리 '여호와의 말씀을 인하여 떠는 자들', 곧 여호와의 말씀에 경외심을 가지고 순종하는 자들을 향한 위로와 격려의 메시지입니다.

① 그들의 대적이 수치를 당할 것입니다(5~6절). ② 그들의 나라가 순탄히 세워질 것입니다(7~9절). ③ 그들은 위로 받고 기쁨을 누릴 것입니다(10~14절). 경건한 자들에게 약속된 기쁨과 만족은 오늘날 믿는 자들이 예수 그리스도 안에서 실제적으로 누릴 수 있는 것입니다. 예수 그리스도의 몸인 교회에서 순전하고 신령한 젖을 나누는 모든 자들에게 이 약속과 축복은 주안에서 이미 이루어진 것입니다.

· 함께 읽어요 : 이사야 66장 13절

"어머니가 자식을 위로함 같이 내가 너희를 위로할 것인즉 너희가 예루살렘에서 위로를 받으리니."

3. 모든 대적에 대한 심판과 새 시대가 올 것입니다(사 66:15~24).

경건한 자들이 회복된 새 예루살렘에서 평강과 번영을 길이 누리기 위해서는 먼저 선행되어야 할 일이 있습니다. 그것은 경건한 자들의 평강과 번영을 방해하는 모든 대적의 세력을 소멸시키는 일입니다(15~17절). 곧 우상 숭배자들이 심판을 당할 것입니다. 본서의 대단원을 이루는 이 부분은 종말에 이루어질 새 시대를 바라보면서 열방의 모든 민족 중 경건한 자들이 새 예루살렘에 모여 하나님께 경배를 드리는 광경을 묘사합니다.

하나님의 심판으로 시온의 대적들이 모두 멸망당함으로써 하나님의 영광은 온 땅의 열방에 전파될 것입니다. 이로써 하나님의 영광을 소망하고 그 능력을 믿는 열방의 회심 자들은 하나님의 성령으로 모두 올라와 하나님께 예물을 드릴 것입니다. 이렇게 온 땅의 열방과 민족들이 하나 되어 형성된 교회는 하나님의 보호 아래 영원토록 지속되면서 기쁨과 감사 찬송과 경배를 드리게 될 것입니다. 유대인과 이방인이 하나 된 새 공동체인 교회는 영원히 존속될 것입니다. 그 영속성이 하나님께서 새롭게 창조하실 '새 하늘과 새 땅'의 영속성에 비유되었습니다. 하나님께서 이전 창조하신 하늘과 땅은 그 종말이 도래할 것이지만(벧후 3:10; 계21:1), 하나님께서 새롭게 창조하실 두 번째 하늘과 땅, 곧 새 하늘과 새 땅은 영원히 존속할 것입니다(계 22:1~5). 마찬가지로 그곳에서 살아갈 구원받은 백성들 역시 영원히 존속하는 존재가 될 것입니다(22절). 그러나 믿지 않는 교회의 대적 자들은 영원히 멸망할 것입니다.

· 함께 읽어요 : 마태복음 25장 41절
"또 왼편에 있는 자들에게 이르시되 저주를 받은 자들아 나를 떠나 마귀와 그 사자들을 위하여 예비 된 영원한 불에 들어가라."

정리하는 말

사랑하는 성도 여러분! 하나님의 말씀은 양면성이 있습니다. 예언의 말씀을 순종하여 지키는 자들에게는 영원한 생명의 나라가 예비 되었습니다. 그러나 죄악을 물마시듯이 악하게 살아가는 자들에게는 영원히 꺼지지 않는 불구덩이에 던져지게 될 것입니다. 예배는 구속받은 성도들이 깊은 신앙의 표현으로 마땅히 드려야 할 바입니다. 하루를 천년같이 기다리시는 하나님께 돌아와 생명의 양식을 날마다 공급받으며, 열두 달 다달이 결실의 열매를 맺으며 새 힘을 얻으시기를 바랍니다.

평가와 결심

1. 분문에서 불경건한 자들을 어떻게 규정하고 있습니까?
   (사 66:1~7, 형식적인 예배 즉 거짓 예배를 드리는 자들)
2. 참된 예배를 드리는 경건한 자들에게 주실 복이 무엇입니까?
   (사 66:5~14, 위로와 격려를 주심)
3. 하나님께서 모든 대적을 벌하신 후 도래할 것은 무엇입니까?
   (사 66:15~24, ① 새 하늘과 새 땅 ② 새 시대가 도래 할 것임)

주간 경건의 시간 <11> · 날마다 말씀과 함께

요일 / 내용	주일/월(Mon)	화(Tue)	수(Wed)	목(Thu)	금(Fri)	토(Sat)
찬송	89동 / 93동	205 / 236	216 / 356	215 / 354	255 / 187	314 / 511
성경	렘 5: / 렘 6:	렘 7:	렘 8:	렘 9:	렘 10:	렘 11:
적용	허물과 반역/ 벌 받을 예루살렘	여호와의 말씀 들으라	공중의 학	눈물 근원이 될꼬	참 하나님 여호와	언약의 말

* 모든 일에 신중 하라 그리고 어느 것에 대해서도 의심스러워 할 필요가 없게 하라. < 웰링턴, 1769~1852, 영국 장군, 공작>

3단원 생명 전도의 달

제12과

생수의 근원, 의뢰하라

찬송 / 280, 279, 179 / 통 338, 337, 167
성경 / **예레미야 17:1-18**
요절 / **예레미야 17:13 하반절**
"무릇 여호와를 떠나는 자는 흙에 기록이 되오리니 이는 생수의 근원이신 여호와를 버림이니이다."
목표 / 생수의 근원이신 여호와만 온전히 섬기는 태도를 기른다.

시작하는 말

본문에는 유다 백성들의 죄를 비난하는 특별한 주제를 다루기보다 삶과 관련된 중요한 가르침을 주고 있습니다. 즉 유다 백성들의 죄악이 얼마나 심각한 것인지, 하나님을 떠나간 자의 운명이 어떠한 것인지(17:5~8), 그리고 사람의 깊은 곳을 살피시는 하나님의 통찰력에 관해 말해 줍니다. 본문의 중심내용은 '하나님을 의뢰하는 자는 복을 받을 것임'을 분명하게 말해 주고 있습니다(17:7).

오늘의 말씀

1. 유다의 심각한 죄악을 말합니다(렘 17:1~4).

선지자는 유다의 죄악과 관련해서 세 가지 메시지를 선포합니다. 그 메시지의 내용은 유다의 죄악이 왜 지워질 수 없는지, 지워질 수 없는 그 죄악은 무엇인지, 그리고 그러한 심각한 죄악의 결과는 무엇인지에 관한 것이었습니다.

① 유다의 죄는 지워질 수 없습니다(1절). 유다 백성들의 죄악은 그들의 마음 판에 새겨져 양심이 그것을 증거 한다는 것입니다.

② 유다의 죄는 우상 숭배입니다(2절).

③ 유다에 심판의 불이 내렸습니다(3~4절). 그 결과 노략을 당하고, 추방을 당하고, 대적을 섬기게 될 것입니다.

· 함께 읽어요 : 예레미야 17장 1절
"유다의 죄는 금강석 끝 철필로 기록되되 그들의 마음 판과 그들의 제단 뿔에 새겨졌거늘"

2. 하나님을 떠난 자와 하나님을 의뢰하는 자의 결과입니다(렘 17:5~8).

지우려 해도 도저히 지워질 수 없는 유다의 죄악을 지적한 예레미야는 하나님을 떠난 자는 '사막의 떨기나무'요, 하나님을 의뢰하는 자의 삶은 '물가에 심겨진 나무'로 비교하여 인생을 설명하고 있습니다.

결론적으로 ① 하나님을 떠난 자는 저주를 받습니다(5~6절).

② 하나님을 의뢰하는 자는 복을 받을 것입니다(7~8절).

하나님을 의뢰하는 자는 뿌리를 강변에 뻗치고 더위가 올지라도 두려워 아니합니다. 잎이 청청하고 가물이 심해도 걱정이 없습니다. 그 결과 결실이 그치지 아니할 것입니다(시1:3). 이것이 믿는 자의 축복입니다.

· 함께 읽어요 : 시편 1편 1~3절
"[1]복 있는 사람은 악인들의 꾀를 따르지 아니하며 죄인들의 길에 서지 아니하며 오만한 자들의 자리에 앉지 아니하고 [2]오직 여호와의 율법을 즐거워하여 그 율법을 주야로 묵상하는 도다 [3]그는 시냇가에 심은 나무가 철을 따라 열매를 맺으며 그 잎사귀가 마르지 아니함 같으니 그가 하는 모든 일이 다 형통하리로다."

3. 사람의 마음을 살피시는 하나님을 전적으로 의뢰하라(렘 17:9~18).

성경은 두 가지 길을 소개합니다. 하나는 '멸망의 길'이요, 또 하나는 '생명의 길'입니다. 다시 말하면 저주와 축복의 길이 분명한데도 사람들은 왜 축복을 길을 버리고 저주의 길을 택하는지 모릅니다. 그 이유는 사람의 마음이 거짓되고 부패했기 때문입니다. 사람의 이 같은 거짓된 마음을 사람들은 알 수 없지만, 하나님께서는 각 사람의 마음을 살피셔서 그대로 보응하실 것입니다.

① 마음을 살펴 그 행실대로 보응하십니다(9~10절). 선지자는 만물보다 거짓되고 심히 부패한 것은 **마음**[1])이라고 하십니다.

② 불의로 치부하는 자는 어리석은 행동입니다. 사람의 깊은 곳까지 살펴 그대로 보응하시는 하나님의 심판과 관련해서 예레미야는 실제적인 비유를 전합니다. "불의로 치부하는 자는 자고새가 낳지 아니한 알을 품음 같아서 그의 중년에 그것이 떠나겠고, 마침내 어리석은 자가 되리라"(11절).

사랑하는 성도 여러분! 불의로 치부하는 자의 어리석음은 그의 번영이 한순간에 사라져 간다는 사실을 모릅니다. 이런 탐욕은 그 마음에 하나님이 없다는 것을 드러내는 행위입니다. 그는 하나님을 전혀 인식하지 않았기에 불의로 치부하고도 두려워하지 아니하는 것입니다.

자신의 불의를 심판하실 하나님을 전혀 생각지 못하고, 선악 간에 그 행위를 심판하실 분이 계시다는 사실을 모른다는 것만큼이나 어리석은 일이 어디 있겠습니까? 여러분은 어리석은 자가 되지 말고 하나님을 전적으로 의뢰하시기 바랍니다.

· 함께 읽어요 : 시편 14편 1절

"어리석은 자는 그의 마음에 이르기를 하나님이 없다 하는 도다. 그들은 부패하고 그 행실이 가증하니 선을 행하는 자가 없도다."

---

1) 마음(לֵב; 레브)은 한 인간의 생각과 행위의 원천으로서 바로 그것이 모든 만물 중에서 가장 거짓되고 부패하다는 것입니다.

정리하는 말

사랑하는 성도 여러분! 세상을 살면서 우리가 어디서 와서 어디로 가는지를 모른다면 불행한 일입니다. 불의를 모르고 행하다가 행복의 길을 떠나 허탄한 낭떠러지로 떨어진다는 것은 참으로 어리석은 일입니다. 그러나 그렇게 세상을 살아가는 사람들이 의외로 많다는 것입니다. 바른 길을 가다가 흑암의 길로 떨어지지 않기를 간절히 소원합니다.

평가와 결심

1. 지워도 지워지지 않는 유다의 죄와 그 결과가 무엇입니까?
   (렘 17:1~4, ① 우상 숭배의 죄요 ② 그 결과는 심판의 불입니다)
2. 하나님을 떠난 자와 하나님을 의뢰하는 자의 결과는 무엇입니까?
   (렘 17:5~8, ① 떠난 자 저주 받고 ② 의뢰하는 자는 복을 받음)
3. 사람의 마음을 살피시는 하나님이 무엇을 하십니까?
   (렘 17:9~11, 마음을 살피셔서 행위대로 보응하심)

주간 경건의 시간 <12> · 날마다 말씀과 함께

요일 / 내용	주일/월(Mon)	화(Tue)	수(Wed)	목(Thu)	금(Fri)	토(Sat)
찬송	25동 / 73동	383 / 433	382 / 432	387 / 440	386 / 439	388 / 441
성경	렘 12: / 렘 13:	렘 14:	렘 15:	렘 16:	렘 17:	렘 18:
적용	예레미야 질문/ 유다의 교만	칼과 기근	네 가지로 벌하심	백성에게 할 말	유다의 죄와 벌	토기장이 비유

* 소망이 없다면 노력도 없다.
  <사무엘 존슨, 1709~1784, 영국 저술가, 사전 편집인, 담화가>

3단원 생명 전도의 달

제13과

나는 그들의 하나님 되리라

찬송 / 300, 301, 317 / 통 406, 460, 353
성경 / **예레미야 24:1-10**
요절 / **예레미야 24:7**
"내가 여호와인줄 아는 마음을 그들에게 주어서 그들이 전심으로 내게 돌아오게 하리니 그들은 내 백성이 되겠고, 나는 그들의 하나님이 되리라."
목표 / 전심으로 하나님의 백성으로 살아가는 태도를 기른다.

시작하는 말

본문의 배경은, 유다를 향한 예레미야의 심판의 경고가 실제적으로 성취되어 두 차례에 걸친 바벨론 침공과 그로 인한 바벨론 유수幽囚[2]가 있은 후, 유다 왕국의 최후가 될 3차 바벨론 침공을 앞두고 유다 백성들은 깊은 절망감에 사로잡혀 있었습니다. 이러한 시기에 하나님께서는 예레미야에게 두 무화과 광주리의 환상을 보여주셨습니다. 사랑하는 성도 여러분! 가장 절망의 시기에 무엇을 바라보아야 하겠습니까?

오늘의 말씀

1. 환상 중에 무화과 두 광주리를 보았습니다(렘 24:1~3).

깊은 절망감에 빠진 유다 백성들에게 하나님께서는 예레미야에게 다시 환상을 보여주셨습니다. 그 내용은 무화과 두 광주리, 곧 좋은 무화

2) 유수(幽囚)란 잡아 가두는 것을 말함. 바벨론 포로 되어 졌음을 가리킴.

과 한 광주리와 나쁜 무화과 한 광주리였습니다. 이 환상의 뜻은 이것입니다. ① 나쁜 무화과로 상징된 것은 유다 땅에 남아있는 자들을 멸절하실 것이고, ② 좋은 무화과로 상징된 포로 된 자들은 본토로 귀환시켜 회복시키시리라는 것입니다. 그러므로 이 환상은 때가 되면 좋은 무화과로 비유된 남은 자들을 통하여 유다가 다시 회복 될 것이라는 메시지입니다. 이로 인해 유다 백성들에게 위로와 소망을 주실 것입니다.

· 함께 읽어요 : 렘 24장 3절
"여호와께서 내게 이르시되 예레미야야 네가 무엇을 보느냐 하시매 내가 대답하되 무화과이온데 그 좋은 무화과는 극히 좋고 그 나쁜 것은 아주 나빠서 먹을 수 없게 나쁘니 이다 하니"

2. 좋은 무화과가 담긴 광주리는 포로 된 자들입니다(렘 24:4~7).

먼저 보여주신 좋은 무화과에 대한 의미는 하나님께서 옮겨 갈대아인의 땅에 이르게 한 유다 포로를 이 좋은 무화과같이 좋게 할 것이라는 뜻입니다(4~5절).

아주 놀라운 이야기는 ① 바벨론에 포로로 끌려간 자들은 약속의 땅에서 쫓겨난 자신들이 하나님께 버림을 받았다고 생각했고, ② 유다 땅에 남은 자들은 스스로 복된 자들이라고 생각했습니다. 사실 예레미야 자신도 유다 땅에 남은 상태였습니다. 그러나 당시에 바벨론에 포로 된 자들 중에 다니엘과 세 친구들 및 에스겔, 모르드개, 에스더, 스룹바벨, 에스라, 느헤미야 등과 같은 신실한 자들이 많았습니다. 실상 그들이 거하던 유프라테스 강 지역은 비옥하여 살기 좋았습니다.

· 함께 읽어요 : 예레미야 24장 6절
"내가 그들을 돌아보아 좋게 하여 다시 이 땅으로 인도하여 세우고 헐지 아니하며 심고 뽑지 아니하겠고"

3. 나쁜 무화과 광주리는 유다 땅에 남은 자들입니다(렘 24:8~10).

이 환상에서 두 번째 나오는 악하여 먹을 수 없는 극히 악한 무화과는 유다 땅에 남은 자들을 의미합니다. 실제로 유다 왕 시드기야와 그 방백들은 바벨론의 제3차 침공 때(주전 588~586년) 모두 죽임을 당했습니다. 그리고 포로 됨을 면하고 그때까지 유다 땅에 남아 있던 자들 역시 대부분 포로로 끌려가고 말았습니다(왕하 25:1~21). 이들 외에도 애굽 땅에 거하는 자들이 있었는데 아마도 이들은 1차(주전 605년)와 2차(주전 597년) 바벨론 침공 때에 애굽 땅으로 피한 친 애굽파 사람들일 것입니다.

이후 3차 바벨론 침공으로 예루살렘이 함락된 이후에도(주전 586년) 일단의 무리들은 예레미야의 권고를 무시하고 애굽 땅으로 피신했습니다. 그것은 불신앙적인 행동으로서 그들에게는 버림당하리라는 예언이 선포되었습니다. 어느 시대를 막론하고 하나님의 예언의 경고성 메시지를 받고도 무시無視한 자들은 그 말씀대로 망하거나 사라짐을 당했습니다.

사랑하는 성도 여러분! 이 예언의 말씀을 업신여기다가 바벨론뿐 아니라 전 세계로 흩어질 것을 암시해 주고 있습니다. 예언의 말씀은 '칼과 기근과 염병'으로 벌하신다는 것입니다. 어디에든 깊숙이 숨은 곳까지 따라가 벌하신다는 말입니다. 칼을 피한 자는 기근과 염병으로 벌하십니다.

왜 포로로 끌려가지 아니한 자들이 포로로, 끌려간 자들보다 더 비참한 운명이 되리라는 예언을 들어야 했습니까? 이유는 그들이 두 차례나 전쟁의 화를 당하고도 회개하지 않고 더 강퍅해졌기 때문입니다. 경고를 받고도 회개하지 않는 자들에게는 더 이상 은혜가 베풀어지지 않습니다. 그들에게는 철저한 파멸만이 있을 뿐입니다.

· 함께 읽어요 : 이사야 55장 6~7절

"6너희는 여호와를 만날만한 때에 찾으라. 가까이 계실 때에 그를 부르라 7악인은 그 길을, 불의한 자는 그의 생각을 버리고 여호와께로 돌아오라 그리하면 그가 긍휼히 여기시리라 우리 하나님께로 돌아오라 그가 너그럽게 용서하시리라."

정리하는 말

사랑하는 성도 여러분! 영적으로 볼 때 구약, 신약, 약 중에 최고의 효능을 가진 약은 회개라는 약의 처방입니다. 사랑의 하나님께서 회개하는 자 앞에서는 그리스도의 십자가의 대속代贖의 은혜로 용서와 화평을 주십니다. 여러분 모두 회개하는 복으로 평안을 누리시기 바랍니다.

평가와 결심

1. 유다의 국가적인 절망 중에 예레미야가 본 환상이 무엇입니까?
   (렘 24:1~3, ① 나쁜 무화과 한 광주리 ② 좋은 무화과 한 광주리를 봄)
2. 좋은 무화과 한 광주리는 무엇을 의미합니까?
   (렘 24:4~7, 바벨론 포로 잡혀간 백성들을 회복시키실 것임)
3. 나쁜 무화과 한 광주리는 무엇을 의미합니까?
   (렘 24:8~10, 유다 땅에 남아 있는 백성들을 버리고 흩으실 것임)

주간 경건의 시간 <13> · 날마다 말씀과 함께

요일 / 내용	주일/월(Mon)	화(Tue)	수(Wed)	목(Thu)	금(Fri)	토(Sat)
찬송	89동 / 73동	214 / 349	325 / 359	324 / 360	329 / 267	363 / 479
성경	렘19: / 렘20:	렘 21:	렘 22:	렘 23:	렘 24:	렘 25:
적용	깨진 옹기/ 제사장 바스훌	생명과 사망의 길	유다 왕의 집에 선언	미래의 왕 메시아	좋은 무화과	70년 동안 바벨론섬김

* 완고한 사람은 의견을 수렴하지 않아 의견이 그를 수용해 버린다.
<조셉 버틀러, 1692~1752, 영국 교회 주교>

4단원 영적 충전의 달

제14과

미래와 희망을 주소서!

찬송 / 550, 552, 580 / 통 248, 358, 371
성경 / **예레미야 29:1-14**
요절 / **예레미야 29:7**
"너희는 내가 사로잡혀 가게 한 그 성읍의 평안을 구하고 그를 위하여 여호와께 기도하라 이는 그 성읍이 평안함으로 너희도 평안할 것임이라"
목표 / 사로잡혀 가게 한 성읍의 평안을 구하는 태도를 기른다.

시작하는 말

여러분! 살아가기가 참 불안하십니까? 암의 근본 원인이 불안에서 온다고 합니다. 그런데 유다 백성들은 바벨론 포로생활에서의 적응을 하지 못하고 있었는데, 그 이유는 예루살렘에서와 마찬가지로 포로지에서도 거짓 선지자들이 일어나 바벨론은 속히 멸망할 것이고 포로 된 백성들은 곧 본토로 귀환하게 될 것이라고 거짓예언을 했기 때문입니다.

이런 상황에서 예레미야는 포로생활을 하고 있는 백성들에게 편지를 써서 그런데 미혹되지 말라고 하면서 포로생활이 쉽게 끝나지 않을 것이니 그곳에서 잘 정착하라는 권유의 편지를 보냅니다.

오늘의 말씀

1. 바벨론 포로민들에게 진실을 알리고자 편지를 썼습니다(렘 29:1~3).

예루살렘에 있던 예레미야는 사로잡혀 간, 유다 포로 민民들이 거짓 선지자들의 말을 듣고 바벨론의 권세가 조만간 무너질 줄 알고 본국으로 귀환을 기대하고 있다는 소식을 접하고, 그것이 사실이 아님을 일깨워 주기 위해 편지를 보냅니다. 그때는 주전 597년 경 제2차 바벨론 포로기 이후요. 여호야긴 왕이 반 바벨론 정책을 고수하다가 그들의 침공으로 재위 3개월 10일 만에 폐위되어 바벨론으로 끌려간 때입니다. 이때 나라방백들 · 용사 7천명 · 목공 철공 기술자 1천명을 포함 1만 명 넘게 사로잡혀 갔습니다. 성경의 예언을 왜곡하여 소홀히 하거나 멸시하지 마시기를 바랍니다(살전 5:20절).

· 함께 읽어요 : 예레미야 29장 1절
"선지자 예레미야가 예루살렘에서 이 같은 편지를 느부갓네살이 예루살렘에서 바벨론으로 끌고 간, 포로 중 남아 있는 장로들과 제사장들과 선지자들과 모든 백성에게 보냈는데"

2. 진실한 예언을 청종하고 실천하라 말씀합니다(렘 29:4~9).

본문은 예레미야가 바벨론으로 가는 유다 사신들을 통해 포로 민들에게 보낸 이 편지의 내용이요. 엄중한 예언의 선포였습니다.

① 집을 짓고 그곳에 정착하라는 것입니다(5~7절). 그곳 거짓 선지자들은 곧 귀환될 것을 말했으나 정반대였으니 충격적이었을 것입니다. 예루살렘의 하나냐 같은 선지자는 '두 해가 차기 전에' 바벨론이 망하고 포로지에서 돌아올 것이라고 예언했습니다.

② 거짓 예언을 믿지 말라고 했습니다(8~9절). 그 당시에도 평안함을 예언해 백성들에게 안심을 주고 인기를 얻으려고 했을 것입니다.

· 함께 읽어요 : 예레미야 29장 8절
"만군의 여호와 이스라엘의 하나님께서 이와 같이 말하노라 너희 중에 있는 선지자들에게와 점쟁이에게 미혹되지 말며 너희가 꾼 꿈도 곧이듣고 믿지 말라."

3. 하나님은 택한 자에게 미래와 희망을 주실 것입니다(렘 29:10~14).

사랑하는 성도 여러분! 심판과 곤고한 날에 하나님께서 속히 그리고 더 빨리 용서해 주시고 회복시켜 주시면 얼마나 좋겠습니까? 만사가 다 때가 있는 법입니다. 이스라엘과 유다의 악한 왕들과 이에 편승해 우상숭배와 죄악을 일삼던 그들을 하나님께서는 바벨론 포로생활을 통해서 그들의 죄의 대가를 치르게 하고, 하나님의 진노를 잠깐 쉬게 하신 것입니다.

① 70년 후에는 회복되리라는 것입니다(10~11절). 아직 용서의 기간이 오랜 세월 남아있다는 것입니다. 바벨론의 권세가 오래도록 지속되지 않고 멸망하고 70년 후이면 유다는 해방되어 다시 돌아와 성벽을 다시 수축할 것이라는 예언입니다. 택한 백성에게 미래와 희망을 주신다는 말씀입니다.

② 전심으로 여호와를 찾으라는 것입니다(12~13절). 때로는 우리 앞에 하늘이 무너져 내리고 태산 같은 장벽이 가로막혀 공포와 전율의 세월이 있을 지라도, 하나님의 구원의 서광이 비출 것입니다. 그리고 백성들은 화평과 평안과 안전을 누릴 것입니다(14절). 구원의 하나님 여호와께서 성도들의 생사生死의 현장에 은혜의 손길로 찾아오실 것입니다. 그러므로 여호와를 전심으로 찾아 화평과 안전을 보장받으라는 것입니다.

예레미야는 포로 된 유다 백성들이 이렇게 징계를 인정하고 열심히 하나님을 찾고 간구할 때, 해방과 귀환의 소망도 이루어 질 것이라고 했습니다. 선지자의 이런 예언은 오늘날 우리들의 삶에도 동일하게 적용되는 줄 믿으시기 바랍니다.

· 함께 읽어요 : 예레미야 29장 14절

"이것은 여호와의 말씀이니라. 나는 너희들을 만날 것이며 너희를 포로 된 중에서 다시 돌아오게 하되 내가 쫓아 보내었던 나라들과 모든 곳에서 모아 사로잡혀 떠났던 그 곳으로 돌아오게 하리라 이것은 여호와의 말씀이니라."

정리하는 말

사랑하는 성도 여러분! 유다의 회복은 그들이 전심으로 회개할 때 비로소 이루어질 것입니다. 고난의 현장에서 벗어나려고만 몸부림만 치지 마십시오. 하나님께 맡기고 "주여! 우리에게 미래와 희망을 주소서." 부르짖으세요. 또한 말씀을 순종하며 정의와 공의로 살아가면 오늘 여러분들께도 반드시 미래와 희망을 주실 것입니다. 여러분의 가정과 교회에도 '영적으로 재충전'되어 미래와 희망을 누리며 살아가시기 바랍니다.

평가와 결심

1. 여호야긴 왕이 왜 폐위되었습니까?
(렘 29:1~3, 반 바벨론 정책을 펴다가 폐위됨)
2. 예레미야 선지자의 편지 중심 내용은 무엇입니까?
(렘 29:4~14, ① 집 짓고 정착하라 ② 거짓 예언 믿지 말라)
3. 예레미야 선지자의 편지 결론 부의 내용은 무엇입니까?
(사 32:15~20, ① 70년 후에 회복되리라
② 전심으로 여호와를 찾으면 살리라는 내용임)

주간 경건의 시간 <14> · 날마다 말씀과 함께

내용 \ 요일	주일/월(Mon)	화(Tue)	수(Wed)	목(Thu)	금(Fri)	토(Sat)
찬송	28동 / 29동	196 / 174	197 / 178	198 / 284	264 / 198	295 / 417
성경	렘26: / 렘27:	렘 28:	렘 29:	렘 30:	렘 31:	렘 32:
적용	네 길과 행위/ 거짓 선지자들 예언	하나냐의 거짓 예언	예레미야 편지	포로 귀환 소식	다시 세우고 지키심	여호와의 말씀대로

* 그 마음을 바르게 하려는 사람은, 먼저 그 행동을 성실케 한다.
< 자사, B. C. 492~432, 중국 전국시대 철학자 >

제15과

내게 부르짖으라

찬송 / 272, 320, 276 / 통 330, 350, 334
성경 / **예레미야 33:1-26**
요절 / **예레미야 33:15**
"그 날 그때에 내가 다윗에게서 한 공의로운 가지가 나게 하리니 그가 이 땅에 정의와 공의를 실행할 것이라"
목표 / 부르기 전에 응답하시는 하나님께 기도하며 살아가는 태도를 기른다.

시작하는 말

예레미야서는 1~25장까지는 유다에 대한 예언을 제시합니다. 26장부터 45장 5절까지는 예레미야의 생애를 다루고, 나머지 52장 마지막부분까지는 예루살렘의 함락과 포로 됨을 다루며, 유다의 멸망과 열방에 대한 예언과 성취를 다루고 있습니다. 오늘 본문은 위로의 말씀(30~33장) 중에서 강조되는 최종 결론 부분이라 할 수 있습니다.

예루살렘이 포위 되어 1년이나 지나 선지자나 백성들 모두 지칠 대로 지친 상태에서 하나님께서 위로와 새 힘을 주시는 말씀입니다.

오늘의 말씀

1. 임박한 심판과 미래의 회복을 예언합니다(렘 33:1~13).

선지자의 예언대로 예루살렘에 하나님의 심판이 닥쳐왔습니다. 바벨론 군대가 예루살렘을 에워싸 포위한 지 1년이 넘었을 때입니다.

① 하나님의 말씀이 예레미야에게 다시 임합니다(렘 33:1~3).

바벨론에 의해 예루살렘 함락과 시드기야 왕의 포로 될 것을 예언함으로 반역죄로 그는 시위대에 갇혀 있는 상태에서 하나님의 말씀대로 사촌의 땅을 매입했습니다. 그가 시위대 뜰에 있을 때(유다 왕 시드기야 10년, B. C. 587년경) 말씀이 그에게 다시 임합니다(1~2절).

② 예루살렘에 대한 하나님의 심판이 다시 확인 됩니다(4~5절).

③ 이스라엘과 유다가 처음과 같이 세워질 것입니다(6~9절).

④ 황폐했던 땅이 회복되어 활기가 넘칠 것입니다(10~13절).

· 함께 읽어요 : 예레미야 33장 2~3절

"[2] 일을 행하시는 여호와 그것을 만들며 성취하시는 여호와, 그의 이름을 여호와라 하는 이가 이와 같이 이르시도다. [3] 너는 내게 부르짖으라. 내가 네게 응답하겠고 네가 알지 못하는 크고 은밀한 일을 네게 보이리라."

2. 장차 다윗에게서 한 의로운 가지가 날 것입니다(렘 33:14~16).

본문은 메시야탄생 예언입니다. 분명히 하나님께서 이스라엘 집과 유다 집에 이르신 선한 말이 성취될 날이 이르리라는 것입니다.

① 장차 다윗에게서 한 의로운 가지가 날것이라는 예언입니다. 메시야는 다윗 혈통에서 날것입니다. 이 세상이 그의 통치로 공평과 정의가 온전히 시행될 것입니다.

② 유다가 구원을 얻고 예루살렘이 안전히 거할 것입니다.

③ 예루살렘이 '여호와 우리의 의'라고 불리게 될 것입니다.

· 함께 읽어요 : 예레미야 33장 6절, 9절

"[6] 그러나 보라 내가 이 성읍을 치료하며 고쳐 낫게 하고 평강과 진실이 풍성함을 그들에게 나타낼 것이며."

[9] 이 성읍이 세계 열방 앞에서 나의 기쁜 이름이 될 것이며 찬송과 영광이 될 것이요 그들은 내가 이 백성에게 베푼 모든 복을 들을 것이요 내가 이 성읍에 베푼 모든 복과 모든 평안으로 말미암아 두려워하며 떨리라."

3. 다윗 왕조와 레위 계통의 제사장이 영속될 것입니다(렘 33:17~18).

오늘날 사람들이 "구약의 예언이 어디 있느냐? 계시록의 예언들이 과연 이루어질 것이냐?"라고 하면서 예언들을 경홀히 여깁니다. 유다가 멸망할 그 당시 백성들도 그랬습니다. 그러나 하나님의 말씀은 일점일획도 어긋남 없이 다 성취되어졌고 성취될 것입니다(마 5:18).

하나님께서는 다윗에게 주신 영원한 왕권에 대한 레위 인에게 주신 제사장 직에 관한 언약이 영원토록 불변하리라는 사실을 자연 법칙을 예로 들어 강조했습니다. 20~21절을 함께 읽겠습니다. "[20]여호와께서 이와 같이 말씀하시니라 너희가 능히 낮에 대한 나의 언약과 밤에 대한 나의 언약을 깨뜨려 주야로 그 때를 잃게 할 수 있을진대 [21]내 종 다윗에게 세운 나의 언약도 깨뜨려 그에게 그의 자리에 앉아 다스릴 아들이 없게 할 수 있겠으며 내가 나를 섬기는 레위인 제사장에게 세운 언약도 파할 수 있으리라."

천지창조 된 이래로 그러한 주야의 약정, 즉 밤과 낮이 이어지는 자연 질서는 단 한 번도 변함없이 계속되어 왔고 또한 세상 끝 날까지 유지될 것입니다.

즉 자연 질서의 불변성에 근거해 '언약의 불변성'을 강조하고 있습니다. 같은 맥락에서 하늘의 뭇별들과 바다의 모래를 통해 다윗 자손과 레위 제사장들의 번성이 약속되어 집니다.

하나님께 반역한 북 왕국 이스라엘이 그 죄르 인해 앗수르에 의해 멸망되었고(주전 721년), 남 왕국 유다 역시 같은 죄로 인해 바벨론에게 멸망당했으나, 하나님은 여전히 이들을 버리지 아니하시고 신실하십니다.

· 함께 읽어요 : 예레미야 33장 26절

"야곱과 내 종 다윗의 자손을 버리고 다시는 다윗의 자손 중에서 아브라함과 이삭과 야곱의 자손을 다스릴 자를 택하지 아니하리라 내가 그 포로 된 자를 돌아오게 하고 그를 불쌍히 여기리라."

정리하는 말

세상은 언제나 하나님의 약속을 비웃고 그 말씀을 믿는 자들이 그 믿는 바에 대해 항상 회의를 품게 만듭니다. 이런 의도가 하나님의 약속의 말씀을 헛되게 할 수 없습니다. “내게 부르짖으라.”는 하나님의 약속을 믿고 의지해 영적 충전으로 힘 있는 생활을 영위하시기 바랍니다.

평가와 결심

1. 예레미야 선지자가 전하는 첫 번째 메시지가 무엇입니까?
   (렘 33:1~2, 임박한 심판과 미래를 예언으로 전함)
2. 선지자의 전하는 메시야 예언은 무엇입니까?
   (렘 33:15, 다윗에게서 한 의로운 가지가 나게 할 것임)
3. 자연법칙을 들어 설명한 예언의 내용이 무엇입니까?
   (렘 33:17~18, 다윗 왕조와 레위 계통의 제사장이 영속될 것)

주간 경건의 시간 <15> · 날마다 말씀과 함께

요일 / 내용	주일/월(Mon)	화(Tue)	수(Wed)	목(Thu)	금(Fri)	토(Sat)
찬송	83동 / 87동	219 / 279	246 / 221	245 / 228	254 / 186	258 / 190
성경	렘 33:/렘 34:	렘 35:	렘 36:	렘 37:	렘 38:	렘 39:
적용	유다의 회복/ 시드기야 왕	레갑 사람들	두루마리 낭독	시드기야 왕 삼음	구덩이에 갇힘	예레미야 석방

* 사랑을 말하려거든 적은 소리로 말하라.

<윌리엄 셰익스피어, 1564~1616, 영국 시인, 극작가>

제16과

여호와께 기도해 주소서!

찬송 / 365, 364, 362 / 통 484, 482, 481
성경 / **예레미야 42:1-22**
요절 / **예레미야 42:4**
"선지자 예레미야가 그들에게 이르되 내가 너희 말을 들었은즉 너희 말대로 너희 하나님 여호와께 기도하고 무릇 여호와께서 너희에게 응답하시는 것을 숨김이 없이 너희에게 말하리라."
목표 / 새 힘을 얻는 방법의 하나인 하나님께 기도하고 섬기는 태도를 기른다.

시작하는 말

사랑하는 성도 여러분! 누구를 위해 기도해 준다는 것은 쉽지 않습니다. 그들의 고통과 아픔을 몸소 체험하듯이 그들을 알아야만 진실한 기도를 해 줄 수 있는 것입니다. 바벨론 왕이 세운 그다랴 총독이 살해당함으로 백성들은 혼란에 빠졌습니다. 애굽으로 가고자 마음으로 결정하고 문제를 두고 선지자에게 묻기로 했습니다. 중대한 선택을 눈앞에 두고 여러분들은 어떻게 하시겠습니까? 사심 없이 하나님의 선지자를 통해 하나님의 뜻을 묻는 것은 바람직한 일일 것입니다.

오늘의 말씀

1. 애굽으로 가려던 자들이 예레미야에게 하나님의 뜻을 물었다(렘 42:1~6).

총독 그다랴를 살해한 이스마엘이 암몬으로 도망친 후 요하난과 군대 장관들을 비롯한 백성들은 바벨론의 보복을 두려워하여 베들레헴

근처에 머물면서 애굽으로 가고자 했습니다(41:17~18).

① 남은 자들이 애굽으로 가는 문제와 관련해 예레미야에게 기도를 요청했습니다(1~3절).

② 예레미야 선지자는 기도 요청을 받아드렸습니다(4절).

③ 하나님의 뜻에 순종할 것을 다짐했습니다(5~6절).

· 함께 읽어요 : 예레미야 42장 4절

"선지자 예레미야가 그들에게 이르되 내가 너희 말을 들었은즉 너희 말대로 너희 하나님 여호와께 기도하고 무릇 여호와께서 너희에게 응답하시는 것을 숨김이 없이 너희에게 말하리라."

2. 하나님께서 유다 땅에 남을 것을 명하셨습니다(렘 42:7~22).

애굽으로 가는 문제를 두고 하나님의 뜻을 구하는 백성들의 요청에 따라 하나님의 뜻을 구한 예레미야에게 하나님께서는 응답해 주셨습니다. 그것은 애굽으로 가지 말고 유다 땅에 계속 거주하라는 것입니다. 유다 땅에 거하면 그들을 보호하고 약속대로 회복시키실 것이나 그들이 불순종하여 애굽으로 내려간다면 재앙을 당하게 되리라는 것입니다.

① 예레미야에게 하나님의 말씀이 임했습니다(7~9절).

② 바벨론을 두려워하지 말고 유다 땅에 거하라고 명하셨습니다(10~12절).

③ 불순종하여 애굽 땅으로 들어갈 경우 당하게 될 화를 경고하셨습니다(13~17절). 하나님의 말씀은 내 뜻에 맞지 않는다고 내 뜻대로 행한다면 어떻게 될까요? 화를 당하게 될 것은 자명한 일입니다.

· 함께 읽어요 : 예레미야 42장 17절

"무릇 애굽으로 들어가서 거기에 머물러 살기로 고집하는 모든 사람은 이와 같이 되리니 곧 칼과 기근과 전염병에 죽을 것인즉 내가 그들에게 내리는 재난을 벗어나서 남을 자 없으리라."

3. 하나님의 뜻을 다시 강조합니다(렘 42:18~22).

하나님의 말씀을 따르지 않고 애굽으로 간, 결과 그들에게 미칠 재앙이 계속 선포됩니다.

① 애굽으로 내려가면 다시는 돌아오지 못할 것이라 했습니다(18절). 하나님께서는 자신의 뜻을 다시 강조하여 하나님의 노여움과 분을 예루살렘 주민에게 부은 것 같이, 애굽에 이를 때에 여호와 하나님의 분을 붓겠다는 것입니다. 그 결과는 '가증함과 놀램과 저주와 치욕거리가 될 것'이라 했습니다.

② 예레미야 선지자는 하나님의 뜻을 다시 강조합니다. 애굽으로 내려가지 말고 유다 땅에 머물라는 하나님의 뜻을 다시 한 번 강조합니다.

③ 예레미야가 백성들의 불순종을 강력히 질책합니다(20~22절).

예레미야가 백성들을 향해 그들이 맹세했던 내용을 상기시키시면서 불순종을 강력히 질책합니다. 20절을 함께 읽겠습니다. "너희가 나를 너희 하나님 여호와께 보내며 이르기를 우리를 위하여 우리 하나님 여호와께 기도하고 우리 하나님 여호와께서 말씀하신대로 우리에게 전하라 우리가 그대로 행하리라 하여 너희 마음을 속였느니라." 선지자에게 기도를 요청하면서 한 약속이 지금도 살아있는데, 왜 약속을 깨뜨리느냐고 추궁하는 것입니다.

오늘 우리도 마찬가지입니다. 어렵고 힘들 때 했던 그 약속을 왜 깨뜨리고서 하나님의 뜻을 저버리고 제 고집대로 행하면 어떻게 해서든지 피하려 했던 그 환난이 찾아와 당하게 될 것이라는 말씀입니다.

· 함께 읽어요 : 갈라디아서 6장 7절
"스스로 속이지 말라 하나님은 업신여김을 받지 아니하시나니 사람이 무엇으로 심든지 그대로 거두리라."

정리하는 말

사랑하는 성도 여러분! 하나님께서 결코 인간의 얄팍한 잔꾀나 간교함에 속지 않습니다. 유다 땅을 떠나 애굽으로 왜 내려가려 합니까? 그 가장 큰 이유는 더 이상 전쟁이나 그로 인한 환난을 겪지 않으려는 것이었습니다(14절). 하나님의 뜻을 저버리고 내 고집대로 행하며 불순종하면 피하려 했던 그 환난과 죽음이 찾아온다는 것을 명심해야 합니다.

평가와 결심

1. 예루살렘에 남은 자들이 예레미야에게 무엇을 요청했습니까?
   (렘 42:1~2, 남아있는 모든 자 위해 기도해 달라고 요청함)
2. 하나님께 받은 예레미야의 대답이 무엇이었습니까?
   (렘 42:10, 예루살렘에 눌러 앉아 살라고 하심)
3. 하나님께서 다시 강조한 뜻이 무엇입니까?
   (렘 42:15~16, ① 다시 돌아오지 못할 것임 ② 거기서 죽을 것임)

주간 경건의 시간 <16> · 날마다 말씀과 함께

요일 / 내용	주일/월(Mon)	화(Tue)	수(Wed)	목(Thu)	금(Fri)	토(Sat)
찬송	23동 / 25동	400 / 463	382 / 432	366 / 485	352 / 390	353 / 391
성경	렘40: / 렘41:	렘 42:	렘 43:	렘 44:	렘 45:	렘 46:
적용	총독 그다랴/ 그다랴 피살	예레미야에게 기도 요청	애굽의 신당	애굽 유다 백성에게	바룩에게 구원약속	애굽에 관한 말씀

* 사랑을 얘기하면 사랑을 하게 된다. < W. C. 베넘 >

제17과

여호와를 찬양하라

찬송 / 31, 182, 180 / 통 46, 169, 168
성경 / **예레미야 51:15-32**
요절 / **예레미야 51:15**
"여호와께서 그의 능력으로 땅을 지으셨고 그의 지혜로 세계를 세우셨고 그 명철로 하늘들을 펴셨으며"
목표 / 영적 충전의 필수 요소인 찬송·찬양을 생활화하는 태도를 기른다.

시작하는 말

본문은 당시 세계의 초강대국인 바벨론의 심판에 대한 예언입니다. 바벨론이 하루아침에 멸망했다는 사실 자체가 놀랍습니다. 무엇보다 바벨론의 멸망이 하나님의 백성인 이스라엘의 운명과 직접적인 관계가 있기 때문입니다. 바벨론을 택한 백성을 치는 채찍으로 삼으셨지만 이제 그들을 치심으로써 이스라엘에 회복의 길을 열어주셨습니다. 하나님의 궁극적인 관심은 택한 백성 유다와 이스라엘입니다. 영적인 이스라엘인 하나님의 백성들의 삶은 궁극적으로 찬송과 찬양인 것입니다.

오늘의 말씀

1. 여호와를 찬양해야 합니다(렘 51:15~19).

파멸되는 바벨론의 처지와 대조적으로 이스라엘은 전능하신 하나님의 기업이라는 사실입니다. 창세기 17장 8절에 하나님은 '아브라함'으로 개명改名해 주시면서 “내가 너와 네 후손에게 네가 거류居留하는 이 땅 곧 가나안 온 땅을 주어 영원한 기업이 되게 하고 나는 그들의 하나님이 되리라”고 약속하셨습니다. 이 말씀처럼 본문에서 이스라엘은 전능하신 하나님의 기업임을 다시 강조하십니다.

· 함께 읽어요 : 예레미야 51장 19절
“야곱의 분깃은 그와 같지 아니하시니 그는 만물을 지으신 분이요 이스라엘은 그의 소유인 지파라 그의 이름은 만군의 여호와시니라.”

2. 하나님의 철퇴로 쓰임 받던 바벨론이 멸망할 것입니다(렘 51:20~26).

역사적으로 제국 바벨론은 B. C. 3천년 이전에 정착한, 세계에서 가장 오래된 도시국가였습니다. 가장 유명한 왕은 함무라비(B.C. 1792~1750)요, 그는 엄격한 법전을 편찬했습니다. 느부갓네살 1세(B. C. 1124~1103)는 바벨론을 수도로 삼았습니다. 성경에서 앗수르와 남 유다와 애굽을 비롯해 고대 근동을 손아귀에 넣고 흔들었던 바벨론! 유다 왕국의 징치 기간인 70년이 끝나가면서 이제 하나님의 철저한 심판을 자초합니다.

하나님의 철퇴로 쓰임 받던 바벨론이 멸망당합니다. 그들의 행위는 경악할만한 것이었습니다. 남녀노소 구별 없이 예루살렘의 모든 주민들은 마구 살해당했으며, 성벽은 파괴되고 궁전을 불태워졌습니다. 심지어 하나님의 성전까지 불태웠고 파괴했으며, 성전 기명들을 모두 약탈했습니다. 이러한 행위는 하나님을 무시하는 교만 방자한 행위였습니다. 이제 그들은 완전히 폐허가 되어 다시 회복할 수 없게 된 것입니다. 하나님의 심판의 도구로 쓰임 받던 그들이 심판으로 멸망 받게 되었다는 것은 하나님의 일꾼들에게 중요한 교훈을 주고 있습니다.

· 함께 읽어요 : 예레미야 51장 26절

"사람이 네게서 집 모퉁잇돌이나 기촛돌을 취하지 아니할 것이요 너는 영원히 황무지가 될 것이니라. 여호와의 말이니라."

3. 하나님은 열방에게 바벨론을 공격하게 했습니다(렘 51:27~32).

바벨론에 대한 하나님의 보복은 열방을 통해 이루어집니다. 보십시오. 바벨론을 공격하기 위해서 기를 세우고 나팔을 불어서 열국을 예비시켜 그를 치며 아라랏과 민니와 아스그나스 등을 이에 포함시켰습니다. 이들은 현재의 알메니아 지역에 위치한 나라들로서 반(Van) 호수와 우르미아(Urmia) 호수 근처에 있었습니다. 이 나라들은 주전 6세기 초에 메데에게 정복되어 바벨론을 치는 메데 연합군에 합류되었습니다. 주목할 것은 이와 같은 역사적 사건의 배후에는 온 세상을 다스리시는 전능하신 하나님께서 주권적으로 개입하여 역사하셨다는 사실입니다.

바벨론이 철저하게 함락되고 무너져 그 땅이 황무하여 거민이 없게 될 것입니다. 성에 거하는 모든 거민들에게 큰 고통과 슬픔이 임하리라는 것입니다. 결국 하나님이 경영 하셔서 벌하신 결과인 것입니다.

역사에서 이제 피할 수 없는 바벨론의 비극적인 운명은 시작되었습니다. 이 또한 하나님의 작정하신 것이었습니다. 바벨론이 함락되고 황폐해질 것입니다. 이스라엘은 해방되어 여호와의 진노를 피해 그곳 우상의 도시를 떠나 고국산천 예루살렘으로 돌아가야만 하는 것입니다.

하나님을 믿는 택한 백성 이스라엘을 괴롭히던 바벨론은 패망하게 될 것입니다. 모든 거민은 울 기력이 없도록 통곡하며 애가를 부를 것입니다. 하나님의 택한 백성의 숨통을 조이며 고통을 준 만행을 이제 하나님께서 철저하게 보수하시는 것입니다. 이 교훈을 항상 잊지 말고 살기 바랍니다.

· 함께 읽어요 : 예레미야 51장 45절

"나의 백성아 너희는 그 중에서 나와 각기 여호와의 진노를 피하라."

정리하는 말

성도 여러분! 바벨론은 이스라엘을 벌하시는 하나님의 철퇴 노릇을 했으나 하나님의 백성을 극악무도하게 벌하다가 하나님의 진노를 사서 멸망의 구렁텅이에 던져졌습니다. 요한 계시록 18장 2절에 "무너졌도다 무너졌도다 큰 성 바벨론이여 귀신의 처소와 각종 더러운 영이 모이는 곳과 각종 더럽고 가증한 새들이 모이는 곳이 되었도다."라고 바벨론 패망을 노래합니다. 우리 성도들은 악을 멀리하고 하나님의 뜻을 깊이 생각하며 오직 창조주 하나님을 찬송 찬양하시기 바랍니다.

평가와 결심

1. 여러분! 왜 하나님께 찬양을 드려야 합니까?
   (렘 51:15~19, 여호와 하나님의 영원한 기업으로 삼아주셨기 때문)
2. 하나님의 철퇴로 쓰였던 바벨론을 왜 벌하십니까?
   (렘 51:20~24, ① 택한 백성을 경악할 만큼 벌함 ② 우상숭배의 죄)
3. 바벨론을 공략할 이방인 군대들의 배후에 누가 역사합니까?
   (렘 51:24, 만군의 여호와 하나님)

주간 경건의 시간 <17> · 날마다 말씀과 함께

요일 / 내용	주일/월(Mon)	화(Tue).	수(Wed)	목(Thu)	금(Fri)	토(Sat)
찬송	25동/ 28동	383 / 433	382 / 432	387 / 440	386 / 439	388 / 441
성경	렘47: / 렘48:	렘 49:	렘 50:	렘 51:	렘 52:	애 1:
적용	여호와의 칼/ 모압의 멸망	암몬이 받을 심판	바벨론 심판	여호와의 철퇴	시드기야의 죽음	예루살렘의 슬픔

* 습관은 이성보다 힘이 있다.

< 조지 산타야나, 1863~1952, 미국 철학자 >

제18과

지도자 모세의 임종

찬송 / 301, 356, 358 / 통 460, 396, 400
성경 / **신명기 3:1-29**
요절 / **신명기 3:27**
"너는 비스가산 꼭대기에 올라가서 눈을 들어 동서남북을 바라고 네 눈으로 그 땅을 바라보라 너는 이 요단을 건너지 못할 것임이니라."
목표 / 이스라엘 민족의 영도자 모세의 삶의 태도를 배우며 살아간다.

시작하는 말

이번 단원은 출애굽 1세대가 광야에서 묻히게 된 후의 일입니다. 모세는 다음 제 2세대들을 향하여 '신명기'(두 번째 율법)를 통해서 국가와 사회, 그리고 가정에 대한 의미심장한 교훈을 주고 있습니다. 모세는 출애굽 이스라엘 백성의 영도자로서, 한 민족의 건설자로서 파란만장한 삶 가운데서도 가정을 소홀히 여기지 않고 가장의 역할을 잘 감당했습니다. 여러분! 민족의 지도자 모세의 애국애족의 삶과 평범한 가장의 삶을 잘 배우셔서 가정에 잘 적용하시기 바랍니다.

오늘의 말씀

1. 대적들을 정복하게 하신 하나님을 기억해야 합니다(신 3:1~11).

영적 승리를 위해서는 대적을 정복한 이후의 여정을 기억해야 합니다. 이것은 믿는 자가 약속된 땅을 향해 행진할 때 경험하게 되는 영적

승리에 대한 생생한 모습입니다. 출애굽한 자 중 제 2세대들은 이미 큰 두 나라에 대하여 영광스러운 승리를 경험했습니다. 모세는 설교를 통해 아모리 왕 시혼과 바산 왕 옥을 이기도록 해주셨습니다. 두 차례의 큰 승리를 통해 하나님은 그분의 백성을 대적하는 원수들을 모두 정복할 수 있도록 도우신다는 확증을 보여주셨습니다. 그들은 이제 오직 하나님께 순종해야 하는 의무가 주어졌습니다. 오늘날에도 하나님께서는 순종하는 그의 백성들에게 위로와 소망과 미래를 보장해 주실 것입니다.

· 함께 읽어요 : 요한복음 14장 1절
"너희는 마음에 근심하지 말라 하나님을 믿으니 또 나를 믿으라."

2. 요단 동편에서 정복한 땅 분배역사를 기억해야 합니다(신 3:12~20).

요단 동편에서 정복한 땅을 분배한 것을 기억하면서 약속된 땅을 다 정복하기까지 스스로 만족하여 안주해서는 안 될 것을 암시하고 있습니다. 이스라엘은 여리고 도성의 바로 맞은편에 진을 치고 있습니다. 그들은 요단을 건너 약속된 땅으로 들어갈 준비를 끝내고 있었습니다. 저 강을 건너 넓은 땅을 정복한 후에도 위험한 유혹이 그들을 기다리고 있을 것입니다. 그러므로 일을 성취함에 있어서 항상 성공할 때나 실패할 때에도 방심해서는 안 된다는 것을 교훈하고 있는 것입니다. 우리는 앞으로 나아가 약속된 땅에 거하는 원수들을 정복하여야 합니다. 하나님은 자기만족에 취하여, 세상적인 안락, 안일함, 평안을 추구하지 말아야 할 것을 경고합니다. 여러분! 항상 깨어 최선을 다하시기 바랍니다.

· 함께 읽어요 : 신명기 3장 20절
"여호와께서 너희에게 주신 것 같이 너희 형제에게도 안식을 주시리니 그들도 요단 저쪽에서 너희의 하나님 여호와께서 그들에게 주시는 땅을 받아 기업을 삼기에 이르거든 너희는 각기 내가 준 기업으로 돌아갈 것이니라 하고"

3. 여호수아에게 주신 강한 확신과 명령을 기억해야 합니다(신 3:21~29).

요단 동편의 땅을 분배한 직후에 하나님의 종 모세는 자신의 일을 대신하게 될 젊은 여호수아를 격려합니다.

① 하나님께서 반드시 승리하게 할 것이라는 강한 확신을 줍니다(21절). 하나님의 임재와 승리케 하시는 권능이 그와 함께 하심으로 그는 이스라엘 백성들을 이끌고 나아가 약속된 땅을 정복하게 될 것입니다.

② 원수들을 두려워하지 말라고 강하게 명령합니다(22절). 모세는 여호수아에게 강력하게 경고합니다. 여호와 하나님께서 친히 그의 백성들을 위하여 싸우실 것이므로 원수를 두려워하지 말라는 것입니다.

③ 경고를 기억하라고 합니다(신 3:23~29). 하나님의 종 모세까지도 가나안 땅에 들어갈 수 없었음을 기억해야 할 것입니다.

24~25절에는 모세의 감동적인 기도가 나옵니다.

그의 기도에는 하나님에 대한 강한 사랑과 존경심이 표현되고 있습니다. '주 여호와 하나님'이라고 칭하며, 하나님께 호소합니다. 하나님께서 그의 마음과 삶 가운데서 일을 시작하셨을 뿐이며, 그분의 위대하심과 능력을 이제 그에게 나타내기 시작하였을 뿐이라는 사실을 붙잡고 호소합니다. 하나님만이 그와 같은 강력한 일들을 하실 수 있었습니다. 그리고 자신의 청인 '요단을 건너가서 약속된 땅을 보는 특권을 달라'고 요청했습니다. 그러나 하나님은 모세의 청을 물리치시고 '약속의 땅을 보이심'으로 대신하셨습니다. 모세의 사명은 거기까지였습니다.

그리고 후계자 여호수아에게 대과업을 위임하도록 하셨습니다. 그의 후계자를 통해서 가나안을 점령하고 배분하도록 하셨던 것입니다. 하나님의 뜻이 어디에 있는지 그 뜻을 찾아 살아야 할 것입니다.

· 함께 읽어요 : 신명기 3장 28절

"너는 여호수아에게 명하고 그를 담대케 하며 그를 강하게 하라 그는 이 백성을 거느리고 건너가서 네가 볼 땅을 그들이 기업으로 얻게 하리라 하셨느니라."

정리하는 말

사랑하는 성도 여러분! 요셉 때에 애굽에 내려가서 4대만에 영광의 탈출을 하고, 출애굽 하여 약속의 땅 가나안을 눈앞에 두고, 모세는 눈 감고 후계자 여호수아에게 중대한 일을 위임했습니다. 그는 하나님의 택한 백성들을 이끌고 요단을 건너 약속의 땅 가나안으로 들어가 평안을 누릴 것입니다. 우리도 소망된 가나안 복지를 사모하며 삽시다.

평가와 결심

1. 하나님의 군대가 영적승리를 위해서 해야 될 일이 무엇입니까?
(신 3:1~11, 대적을 정복한 이후의 여정과 하나님을 기억해야 함)
2. 영적승리를 위해서 하나님의 백성이 해야 할 둘째가 무엇입니까?
(신 3:12~20, 하나님께서 요단 동편 땅 분배하신 역사 기억해야 함)
3. 영적승리를 위해서 하나님의 백성이 해야 할 셋째가 무엇입니까?
(신 3:21~29, 여호수아에게 주신 강한 확신과 명령을 기억해야 함)

주간 경건의 시간 <18> · 날마다 말씀과 함께

내용 \ 요일	주일/월(Mon)	화(Tue)	수(Wed)	목(Thu)	금(Fri)	토(Sat)
찬송	36동 / 25동	214 / 349	325 / 359	324 / 360	329 / 267	363 / 479
성경	신 1:/ 신 2:	신 3:	신 4:	신 5:	신 6:	신 7:
적용	천배 많게/ 광야 40년	두 왕을 이김	하나님의 규례	십계명	명령과 규례 법도	택하신 민족

* 하나님 다음으로 귀한 분은 당신의 부모이다.
<윌리엄 펜, 1644~1718, 영국 퀘이커 교도, 미국 펜실베이니아 주 식민지 부설자>

5단원 가족 우애의 달

제19과

네 부모를 공경하라

찬송 / 559, 546, 563 / 통 305, 399, 411
성경 / **신명기 5:1-21**
요절 / **신명기 5:16**
"너는 네 하나님 여호와께서 명령한대로 네 부모를 공경하라 그리하면 네 하나님 여호와가 네게 준 땅에서 네 생명이 길고 복을 누리리라."
목표 / 부모를 공경하는 태도를 길러 실천하도록 한다.

시작하는 말

오늘날 자라는 청소년들은 법의 중요성보다는 자유와 창의를 더 중시합니다. 그래서인지 자라나는 청소년들을 볼 때마다 미덥지 못한 생각이 들 때가 많습니다. 우리가 살아가는 사회가 법과 질서가 무너지면 불의와 횡포가 판을 칩니다. 법은 사회의 기초이며 사람들의 행위를 규제하며 해야 될 일과 하지 말아야 될 일을 가르쳐 줍니다. 십계명 공부를 통해 사회에 질서와 가정 행복, 위로와 새 힘을 얻으시기 바랍니다.

오늘의 말씀

1. 율법의 중요성을 알고 실천해야 합니다(신 5:1~6).

오늘날 우리는 법의 신성함과 중요성을 잊고 살아가고 있습니다. 이 사회나 국가, 개인이 제대로만 법을 지켜 간다면 하나님의 사랑받는 사회가 되어질 것입니다. 북유럽의 선진국들은 먼저 정치, 경제, 사회에서 하나님의 율법을 서로가 지켜 가면서 상생相生의 정치, 경제, 사회를 이루고 있습니다. 신뢰가 국가 사회 전체를 묶어 잘 살 도록 되어 있습니다. 일하는 데도 어떻게 하면 더 잘사는 나라를 만들까? 하고 학업이나 직업이나 생의 목표를 거기에 두고 있습니다. 우리는 돈과 물질, 문명도 경쟁만하고 있는데 저들은 남에게 주고 또 개발하고, 성경의 질서대로 살아가는 사회를 만들어가니 참 부럽다는 생각이 들었습니다.

· 함께 읽어요 : 신명기 5장 3절
"이 언약은 여호와께서 우리 조상들과 세우신 것이 아니요 오늘 여기 살아 있는 우리 곧 우리와 세우신 것이라"

2. 제1~4계명까지는 하나님께 대한 의무를 다하라는 것입니다(신 5:7~15).

오늘날 우리 사회의 죄악문제는 극복할 수 없고 해답도 없는 것처럼 절망적으로 보이기도 합니다. 그러나 우리의 소망인 '복음'이 있습니다. 창조주 하나님께서는 수 천 년 전에 십계명을 주셔서 해답을 이미 마련하신 것입니다. 십계명의 토대는 반석이신 하나님이시기 때문에 인간의 어그러진 삶에 질서를 회복하게 하십니다. 인간에게 주신 의무를 잘 순종하고 이행할 때 행복한 국가와 사회가 이루어질 것입니다.

① 제1계명은 오직 한 분이신 하나님의 존재에 관한 것입니다(7절).

② 제2계명은 하나님을 섬기는 '예배'에 관한 것입니다(8~10절).

③ 제3계명은 하나님의 이름과 명예에 관한 것입니다(11절).

④ 제4계명은 하나님의 날에 대한 것입니다(12~15절). 곧 사신 우상을 만들거나 섬기지 말고, 오직 여호와 하나님께 예배드리라는 것입니다.

· 함께 읽어요 : 신명기 5장 10절
"나를 사랑하고 내 계명을 지키는 자에게는 천대까지 은혜를 베푸느니라."

3. 제5~10계명까지는 인간 상호간의 의무를 다하라는 것입니다(신 5:16~21).

세상에는 악이 횡행하고 있습니다. 이런 악들이 인간 삶의 모든 영역을 파괴시키고 있는 것입니다.

① 제5계명은 부모공경에 관한 법입니다(16절). 이 계명은 인간에 대한 첫 계명으로 '네 부모를 공경하라'는 것입니다. 부모에 대한 불경不敬은 가정의 파괴뿐만 아니라 남자와 여자, 그리고 아이들까지 파괴시킵니다.

② 제6계명은 생명에 관한 법입니다(17절). 살인은 삶의 위엄과 가치뿐만 아니라 인간 삶을 파괴시키며, 한 나라가 가지고 있는 가장 큰 자산인 시민들을 파괴시킵니다.

③ 제7계명은 가정에 관한 법입니다(18절). 간음은 가장 귀한 가치, 즉 사랑, 신뢰, 성실, 존경, 성취감, 인내, 관심, 그리고 자기 존중의 가치들을 파괴시킵니다.

④ 제8계명은 재산에 관한 법입니다(19절). 도적질은 가장 기본적인 권리들 중 하나인 재산권을 파괴시킵니다.

⑤ 제9계명은 말에 관한 법입니다(20절). 거짓말은 관계와 사회의 근간을 파괴시키며, 공동체와 그 구성원의 관계를 파괴시킵니다.

⑥ 제10계명은 욕구와 안전에 관한 법입니다(21절). 탐욕은 모든 것의 기초가 되는 온갖 권리들을 파괴시킵니다.

만약 우리가 '그 집이 내 집이라면, 그 아내가 내 아내라면, 그 재산이 내 것이라면!' 물론 이와 같은 말들은 자신과 자신의 상황에 불만을 품고 표현하는 것입니다. 이는 이웃에게 속한 것을 시기하는 말입니다. 하나님은 바로 이런 죄를 금하고 있습니다. 명심하시기 바랍니다.

· 함께 읽어요 : 신명기 5장 21절

"네 이웃의 아내를 탐내지 말지니라. 네 이웃의 집이나 그의 밭이나 그의 남종이나 그의 여종이나 그의 소나 그의 나귀나 네 이웃의 모든 소유를 탐내지 말지니라."

정리하는 말

해마다 5월 둘째 주간이면 대부분 교회들이 '어버이 주일'로 지킵니다. 그러면서 십계명에 대한 내용도 관심을 보입니다. 지나면 시들합니다. 왜 그렇습니까? 계명을 지키는 것이 부담스럽기 때문입니다. 여러분! 계명은 무거운 짐을 주는 것이 아닙니다. 오히려 성도 개인이나 가정, 사회, 국가의 윤리들을 잘 지키면 복 받는 줄 믿으시기 바랍니다.

평가와 결심

1. 하나님께서 십계명을 주신 이유가 무엇입니까?
   (신 5:1~6, 율법의 중요성을 알고 실천하라고 주신 것임)
2. 제1계명에서 제4계명까지의 내용이 무엇입니까?
   (신 5:7~15, 위로 하나님을 잘 섬기라는 내용임)
3. 제5계명에서 제10계명까지의 내용이 무엇입니까?
   (신 5:16~21, 인간 상호간의 의무를 잘 지키며 살아가라는 내용임)

주간 경건의 시간 <19> · 날마다 말씀과 함께

요일 / 내용	주일/월(Mon)	화(Tue)	수(Wed)	목(Thu)	금(Fri)	토(Sat)
찬송	23동 / 29동	143 / 141	205 / 236	213 / 348	214 / 349	295 / 417
성경	신 8: / 신 9:	신 10:	신 11:	신 12:	신 13:	신 14:
적용	만나 먹이심/ 백성의 불순종	다시 받은 십계명	주님 행하신 큰 일	택하신 예배 처소	꿈꾸는 자	금지된 애도 법

＊ 부모의 사랑을 이해하려면 자식을 길러보아야 한다. < 중국 격언 >

제20과

절기를 지켜 예배하라

찬송 / 66, 49, 590 / 통 20, 72, 309
성경 / **신명기 16:1-20**
요절 / **신명기 16:16**
"너의 가운데 모든 남자는 일년에 세 번 곧 무교절과 칠칠절과 초막절에 네 하나님 여호와께서 택하신 곳에서 여호와를 뵈옵되 빈손으로 여호와를 뵈옵지 말고"
목표 / 인간 최고의 행위인 절기예배로 섬기는태도를 기른다.

시작하는 말

사랑하는 성도 여러분! 예배시간은 하나님을 만나는 소중한 시간입니다. 나의 취향과 관계없이 신령과 진리로 예배를 드려야 합니다. 오늘날 예배의 형태가 많이 변하고 있습니다. 성경적인 방법보다는 인간들의 편의에 따라 인간을 즐겁게 하는 예배형태로 바뀌고 있다는 것입니다. 하나님이 원하시는 참된 예배로 드려져야 합니다. 특히 절기는 중요한 의미를 내포하고 있습니다. 절기, 절기마다 각자 다른 하나님의 섭리와 역사가 있기 때문입니다. 이 절기들을 어떻게 지켜야 할까요?

오늘의 말씀

1. 하나님의 구원하심을 기억하면서 지켜야 합니다(신 16:1~8).

하나님의 백성들은 유월절을 기억하여 지켜야 했습니다. 유월절은 하나님께서 이스라엘 백성들을 애굽으로부터 해방시켜 구원하신 것을 기념해 지키는 절기입니다. 하나님의 구원을 기억하라는 것입니다. 유월절의 양은 하나님의 어린양이신 예수 그리스도에 대한 상징입니다(요 1:29절). 이스라엘 역사에서 가장 위대한 사건이며 잊어서는 안 될 사건이 바로 해방을 기념하는 '유월절'입니다. 애굽의 종살이로부터 해방되어 구원받은 국경일입니다. 하나님의 백성들을 400년의 종살이로부터 해방시키신 사건은 하나님의 능력으로 이루신 것입니다.

① 아빕월에 지켜야 합니다(1절). ② 7일 동안 무교병을 먹어야 하고, 누룩이 보여서도 안 됩니다. 제사 드린 고기는 아침까지 남겨두지 말아야 합니다. 택하신 곳에서 유월절을 지켜야 합니다.

· 함께 읽어요 : 신명기 16장 3절
"유교병을 그것과 함께 먹지 말고 이레 동안은 무교병 곧 고난의 떡을 그것과 함께 먹으라 이는 네가 애굽 땅에서 급히 나왔음이니 이같이 행하여 네 평생에 항상 네가 애굽 땅에서 나온 날을 기억할 것이니라."

2. 칠칠절을 지켜 추수케 하신 은혜를 기억해야 합니다(신 16:9~12).

하나님의 백성들은 칠칠절을 기억하여 지켜야 했습니다. 추수하게 하신 하나님께 감사하는 것입니다. 칠칠절은 '맥추절'(출 23:16), 처음 익은 열매를 드린다고 해서 '초실절'(출 34:22)이라고도 부릅니다. 특히 70인역 성경에서는 '오순절'로 마가 다락방에 성령이 강림하셨을 때 일어났던 영혼들의 위대한 추수를 상징합니다(행 2:1). 이는 추수, 즉 한 사람의 삶을 하나님께 온전히 헌신하는 것을 축하하는 것이었습니다.

유월절 이후 50일째 자원하는 예물로 택하신 곳에서 드립니다(신 16:10~11절). 다른 사람들과 함께 하나님의 선하심을 찬양하고, 애굽에서 종 되었던 것을 기억해야 했습니다.

· 함께 읽어요 : 신명기 16장 12절
"너는 애굽에서 종 되었던 것을 기억하고 이 규례를 지켜 행할지니라."

3. 초막절을 지켜 광야에서의 방황과 시련을 기억해야 합니다(신 16:13~15).

'초막절'은 '장막절'이라고도 하는데, 이스라엘 백성들은 광야에서 방황하고 온갖 시련을 겪은 것을 기념하는 절기였습니다. 다시 말해 그것은 믿는 자가 하늘나라 약속된 땅으로 행진해 가는 과정을 상징했습니다.

이스라엘 백성들이 약속의 땅으로 가는 도중에 천막을 치고 살아야 했던 것을 기억하도록 했습니다. 초막절은 또한 연종年終에 곡식을 거두어들이는 일을 감사하는 절기입니다. 그러므로 이 절기는 추수에 대하여 하나님께 감사하는 '추수감사절'이기도 했습니다(출 23:16절).

하나님께서 시련들을 겪게 하면서, 그분을 따르며 계명들을 순종하도록 가르치는데 40년이 걸렸습니다. 이 기간 동안에 백성들은 천막 안에 거해야 했습니다. 광야는 그들의 영구적인 거주지가 될 수 없었습니다. 광야에서는 정착할 집을 지을 수 없었습니다. 정착하지 못하고 천막에서 생활하는 삶은 고달프고 괴로웠습니다. 초막절은 바로 그들의 방랑과 시련을 되새기는 것이었습니다. 그들은 7일 동안 다른 믿는 자들과 함께 하나님께서 택하신 예배 처소에서 지켜야 했습니다(신 16:13~14절).

하나님의 백성들은 매년 이 세 절기를 지켜야 했습니다. 이스라엘의 모든 남자들은 가족들이 세 번의 절기를 지키도록 해야 할 책임이 있었습니다. 모든 가정은 가족들이 이 특별한 절기들을 반드시 기억하도록 해야 했습니다. 그 가족이 어디에 있든지, 그들이 예배처소로부터 아무리 멀리 떨어져 살고 있다 할지라도 그 사람은 자기 가족 전부를 데리고 축제에 반드시 참석해야 했습니다. 주목할 것은 '빈 손'으로 와서는 안 되었던 것입니다. 그는 일년 동안 하나님께서 베푸신 은혜대로 헌물들을 가지고 와야 했습니다. 성경의 절기를 잘 지켜 하나님이 기뻐하시는 예배가 되게 합시다.

· 함께 읽어요 : 신명기 16장 17절
"각 사람이 네 하나님 여호와께서 주신 복을 따라 그 힘대로 드릴지니라."

정리하는 말

사랑하는 성도 여러분! 이스라엘 백성들은 광야 생활 40년 동안 하나님께서 직접 저들을 훈련시키셨습니다. 출애굽하여 가나안 까지는 640km로 자동차로 8시간, 도보로 2~3개월이면 갈 수 있었던 여정을 40년이나 걸린 것은 저들의 불순종을 '순종'으로 바꾸는데 걸린 시간이었던 것입니다. 사랑하는 성도 여러분! 불순종은 멀고도 먼 길입니다. 가족 모든 사람이 함께 예배하면서 축복을 누리며 새 힘을 얻으시기 바랍니다.

평가와 결심

1. 본문에서 절기를 지키라고 하신 이유가 무엇입니까?
   (신 16:1~8, 하나님의 구원을 기억하라는 것임)
2. 초실 절(맥추절, 오순절)을 지켜야 하는 의미가 무엇입니까?
   (신 16:9~12, 추수하게 하신 은혜를 기억하게 하려고)
3. 장막절(수장절, 초막절)을 지켜야 하는 의미가 무엇입니까?
   (신 16:13~15, 광야에서 겪은 방황과 시련을 기억하게 하려고 함)

주간 경건의 시간 <20> · 날마다 말씀과 함께

요일 내용	주일/월(Mon)	화(Tue)	수(Wed)	목(Thu)	금(Fri)	토(Sat)
찬송	21동 / 39동	205 / 236	216 / 356	215 / 354	255 / 187	314 / 511
성경	신15: / 신16:	신 17:	신 18:	신 19:	신 20:	신 21:
적용	기억하라 / 유월절	택하신 곳	제사장과 레위인 몫	도피성	적군과 싸울 때	죽인 자 부지 시

* 의심 많은 부모는 교활한 자식을 만든다.
  < 토머스 핼리버튼, 1796~1865, 노바 스코시아 해학가>

5단원 가족 우애의 달

제21과

먹어 배부르게 하라

찬송 / 280, 279, 286 / 통 338, 337, 218
성경 / **신명기 26:1-19**
요절 / **신명기 26:12**
"셋째 해 곧 십일조를 드리는 해에 네 모든 소산의 십일조 내기를 마친 후에 그것을 레위인과 객과 고아와 과부에게 주어서 네 성읍 안에서 먹고 배부르게 하라"
목표 / 십일조 드려 레위인과 객과 고아와 과부에게 먹고 배부르게 하도록한다.

시작하는 말

사랑하는 성도 여러분! 여러분들은 무엇에 가장 관심을 두고 살아가십니까? 쾌락이나 물질적 소유에 전적인 관심을 두고 있다면 그는 쾌락과 물질적 소유를 얻기 위해 힘쓸 것입니다. 그 삶이 무엇에 가치를 두고 있는가 하는 것은 그의 행동이나 삶을 보면 알 수 있습니다.

신앙고백이 그 사람의 영원한 운명을 결정해 준다는 것입니다. 여러분들은 객과 고아와 과부 극빈층에 관심을 가지고 있습니까? 사회복지가 올바르게 실현되는 국가가 되도록 기도하고 힘쓰시기 바랍니다.

오늘의 말씀

1. 첫 소산을 드리면서 할 신앙고백입니다(신 26:1~11).

이스라엘이 약속된 땅에 들어가서 첫 소산을 거두게 되었을 때 해야 할 신앙고백이 있었습니다. 그들은 첫 수확에 대해 하나님의 위대한 구원과 놀라운 축복을 감사하면서 선포해야 했습니다.

① 감사하고 찬양하라(1~2절). 첫 소산물의 일부를 예배 처소에 가지고 와서 하나님께 예물로 드리고 매우 특별한 신앙고백을 드려야 했습니다. 하나님의 임재를 상징하는 언약궤가 놓인 성소에서 예배합니다.

② 네 가지 신앙고백을 해야 합니다(3~10절).

첫째, 조상들에게 약속하신 땅에 정착하게 되었음을 선언해야 했습니다.

둘째, 첫 소산 예물을 광주리에 담아 제사장에게, 제사장은 그것을 제단 앞에 두어야 했습니다(4절).

셋째, 예배 자는 제사장과 다른 모든 사람들 앞에서 하나님의 놀라우신 구원을 선포해야 했습니다(5~9절).

넷째, 마지막으로 예배 자는 하나님께 대한 감사를 선포했습니다(10절).

③ 함께 즐거워하고 하나님께 감사의 예배를 드리라는 것입니다(11절).

· 함께 읽어요 : 신명기 26장 11절

"네 하나님 여호와께서 너와 네 집에 주신 모든 복으로 말미암아 너는 레위인과 너희 가운데에 거류하는 객과 함께 즐거워할지니라."

2. 셋째 해 십일조를 드릴 때에 해야 할 신앙고백입니다(신 26:12~15).

① 매 셋째 해마다 십일조를 드려야 합니다(12절; 신 14:22~29).

② 이때 하나님 앞에서의 해야 할 신앙고백입니다(13~15절).

첫째, 예배 자는 신실한 마음으로 십일조를 드려서 레위인, 가난한자들을 먹이라는 하나님의 명령에 순종했음을 고백합니다(13절).

둘째, 십일조 중 어느 것도 소홀히 하지 않았음을 선포합니다(14절).

셋째, 예배 자는 제사장과 다른 모든 사람들 앞에서 하나님의 놀라우신 구원을 선포합니다(5~9절).

넷째, 마지막으로 예배 자는 하나님께 대한 감사를 선포했습니다(10절).

· 함께 읽어요 : 신명기 26장 15절

"원하건대 주의 거룩한 처소 하늘에서 보시고 주의 백성 이스라엘에게 복을 주시며 우리 조상들에게 맹세하여 우리에게 주신 젖과 꿀이 흐르는 땅에 복을 내리소서 할지니라."

3. 하나님께 순종해야 할 의무가 있습니다(신 26:16~19).

모세는 하나님의 계명들과 율법에 관한 메시지들 곧 그의 설교의 결론을 맺고 있습니다. 그는 곧 하나님과 함께 할 본향으로 돌아가야 합니다.

따라서 그가 지금 선포하는 메시지는 다시 되풀이 할 수 없는 것으로서 매우 중요했습니다. 이러한 사실들을 잘 알고 있는 모세는 백성들이 자신이 선포하는 모든 말과 말에 집중해 주길 바라면서 강한 어조로 권면했습니다. 백성들은 이 명령에 절대적으로 순종해야 했습니다.

① 모든 율법을 순종해야 합니다(16절). 백성은 하나님의 모든 계명과 율법에 순종해야 했습니다.

② 순종이 필요한 이유 세 가지가 있습니다(17~19절).

첫째, 이스라엘은 순종을 약속했으므로 순종해야 합니다(17절).

둘째, 그들의 이러한 신앙고백으로 하나님께서는 그들과 언약을 체결하셨습니다(18절).

셋째, 만일 이스라엘이 약속한 대로 하나님의 계명들을 지킨다면 하나님께서는 그들을 이 땅의 모든 민족 위에 뛰어나게 하시고 위대한 나라로 만드실 것입니다. 그들은 칭찬과 명예와 영광으로 높임을 받을 것입니다. 그들은 하나님께 구별된 거룩한 백성이 될 것입니다.

· 함께 읽어요 : 요한복음 14장 23절

"예수께서 대답하여 이르시되 사람이 나를 사랑하면 내 말을 지키리니 내 아버지께서 그를 사랑하실 것이요 우리가 그에게 가서 거처를 그와 함께 하리라."

정리하는 말

사랑하는 성도 여러분! 세상을 살아가면서 교통질서 하나만 지키지 않아도 벌금을 물거나 처벌을 받습니다. 그렇다면 하나님께서 주신 율법과 계명들을 왜 지켜야 하는 것입니까? 우리가 잘되고 행복하기 위해서입니다. 천국백성이신 여러분! 예수 그리스도께서 산상보훈을 통해서 주신 천국시민의 법을 잘 지켜 풍성한 축복의 삶을 누리시기 바랍니다.

평가와 결심

1. 첫 소산을 하나님께 드리고 해야 할 신앙고백이 무엇입니까?
   (신 26:1~11, ① 감사 찬양 ② 4가지 신앙고백입니다)
2. 셋째 해에 무엇을 드려야 하고, 왜 드려야 합니까?
   (신 26:12~15, ① 십일조드림 ② 레위인 고아 과부 가난한 자 위해)
3. 이스라엘 백성이 왜 하나님께 순종해야 합니까?
   (신 26:16~19, ① 순종을 약속 ② 신앙고백으로 약속체결 ③ 복을 주심)

주간 경건의 시간 <21> · 날마다 말씀과 함께

요일 / 내용	주일/월(Mon)	화(Tue)	수(Wed)	목(Thu)	금(Fri)	토(Sat)
찬송	898동 / 93동	198 / 284	200 / 235	199 / 234	210 / 245	336 / 383
성경	신 22: / 신23:	신 24:	신 25:	신 26:	신 27:	신 28:
적용	순결 법 / 총회 입회 법	이혼 증서	계대 법	토지소산	돌에기록한 율법	순종해야 복 받음

* 우리가 우리 자녀의 교육에 대하여 말하고 있지만, 자녀들 역시 우리를 가르치고 있다는 것을 우리는 알고 있는가?

< 리디아 H. 시고니, 1791~1865, 미국 작가 >

제22과

나라가 복 받는 길

찬송 / 301, 315, 356 / 통 460, 512, 396
성경 / **신명기 30:1-20**
요절 / **신명기 30:14**
"오직 그 말씀이 네게 매우 가까워서 네 입에 있으며 네 마음에 있은 즉 네가 이를 행할 수 있느니라."
목표 / 가족들이 우애하며 나라 사랑실천으로 복받는 삶의 태도를 기른다.

시작하는 말

본문에서 이스라엘의 미래를 바라보면서 그들이 끔찍한 배교를 저지를 것을 말씀하십니다(참고; 신 28:1~68). 그러나 하나님께서는 그러한 이스라엘 흠만을 보시는 것이 아니고 이스라엘의 회복을 말씀하고 있습니다. 하나님의 심판을 받아서 디아스포라[1] 된 유대인들이 1948년에 팔레스타인으로 귀환함으로써 이 예언이 성취되었습니다.

오늘의 말씀

1. 이스라엘의 회복을 위한 조건이 무언지 알아야 합니다(신 30:1~2).

이스라엘의 회복이 완전히 충족되지 않은 것은 이스라엘의 전全공동체 혹은 민족으로서의 유대 백성들은 아직 하나님께 새롭게 헌신하지

1) 디아스포라Diaspora란 '흩어짐'의 뜻으로 팔레스타인 이외의 지역에 살면서 유대적 종교 규범과 생활관습을 유지하며 살아가는 유대인을 이르는 말임.

않았기 때문입니다. 본문은 회복을 위한 조건들을 설명하고 있습니다(1~2절). 모세는 이스라엘의 끔찍한 배교의 결과로 그들에게 미칠 하나님의 심판에 대해 말했습니다. 즉 이후에 이스라엘이 하나님을 버리고 거짓 신을 예배할 것이며, 알지 못하는 나라가 그들을 정복하고 이방나라로 쫓겨나 노예가 될 것이며, 그들에게 굴욕을 당하게 될 것입니다.

한편, 모세는 영광스러운 회복의 날이 오리라고 예언하고 있습니다.

그 요건은 ① 회개의 필요성을 느껴야합니다(1절). ② 여호와께 돌아와야 합니다(2절). ③ 전심으로 순종해야 합니다(2절).

· 함께 읽어요 : 신 30장 2절
"너와 네 자손이 네 하나님 여호와께로 돌아와 내가 오늘 네게 명령한 것을 온전히 따라 마음을 다하고 뜻을 다하여 여호와의 말씀을 청종하면"

2. 회복을 위한 약속들이 있습니다(신 30:3~10).

하나님께서는 그들을 용서하시고 받아주신다고 약속합니다. 그러므로 포로 된 이스라엘은 회개하고 하나님께 돌아와야 합니다. 이것이 그분을 따르는 모든 사람들에게 주신 축복의 약속입니다.

① 긍휼히 여기실 것입니다(3~5절). ② 번성케 하실 것입니다(5절). ③ 마음의 할례로 죄를 없게 하실 것입니다(6절). ④ 대적들에게 심판의 저주를 돌리실 것입니다(7절). ⑤ 계명에 순종하도록 일깨우실 것입니다(8절). ⑥ 축복의 약속을 주실 것입니다(9절). ⑦ 새 언약은 조건적입니다(10절). 즉 여호와 하나님과 그분의 계명에 순종해야 하고, 온 마음과 정성을 다해 회개하고 하나님께 돌아와야 합니다. 우리도 마찬가지입니다.

· 함께 읽어요 : 신명기 30장 6절
"네 하나님 여호와께서 네 마음과 네 자손의 마음에 할례를 베푸사 너로 마음을 다하며 뜻을 다하여 네 하나님 여호와를 사랑하게 하사 너로 생명을 얻게 하실 것이며"

3. 하나님에 대한 순종을 명령합니다(신 30:11~20).

회복의 약속에 이어 하나님을 사랑하고 언약에 순종하라는 명령이 주어지고 있습니다.

① 순종의 요구는 비합리적이거나 불가능한 일이 아닙니다(11~14절). 하나님의 말씀계시는 분명하게 계시되었으니 순종해야 합니다.

② 결단을 촉구하고 있습니다(15절). 다음 둘 중 하나만 선택해야 합니다. '삶과 죽음', 그리고 '선과 악' 중에 선택해야 합니다.

③ 언약의 요구를 정확히 설명합니다(16절). 즉 하나님을 사랑하는 것, 하나님의 방식대로 사는 것, 하나님의 계명을 지키는 것입니다.

④ 결단은 놀라운 삶의 결과를 얻게 합니다(16절). 순종으로 생명의 길을 선택한 사람은 충만하고 열매 맺는 삶을 살게 될 것입니다.

⑤ 언약 파기에 대한 마지막 경고입니다(17~18절). 언약을 파기하고 우상숭배와 절하는 것은 비참한 일, 즉 반드시 죽고 멸망할 것입니다.

⑥ 언약을 지키라는 마지막 호소입니다(30:19~20절). "생명을 택하라! 택하면 너와 네 자신이 살 것이다"라고 호소하고 있습니다.

그렇습니다. '하나님을 사랑하라', '하나님의 말씀에 순종하라', '하나님을 가까이 하라'고 하셨습니다. "생명을 택하라!"는 말씀은 '여호와 하나님이 그들의 생명'이시기 때문에 '여호와 하나님을 택하라'는 말씀입니다.

사랑하는 성도 여러분! '생명이 되시는 여호와 하나님'께로 돌아오면 생명을 얻을 줄 믿으시기 바랍니다.

· 함께 읽어요 : 신명기 30장 20절

"네 하나님 여호와를 사랑하고 그의 말씀을 청종하며 또 그를 의지하라 그는 네 생명이시요 네 장수이시니 여호와께서 네 조상 아브라함과 이삭과 야곱에게 주리라고 맹세하신 땅에 네가 거주하리라."

정리하는 말

사랑하는 성도 여러분! 여호와 하나님이 바로 우리들의 생명이기 때문에 그분께 순종해야 생명을 보존하고 생명을 회복할 수 있습니다. 주님은 우리의 영원한 생명을 주시기 위해 십자가에서 대속代贖의 죽음을 죽으시고 용서와 화평을 주셨습니다. 주님만 믿으시기 바랍니다.

평가와 결심

1. 회복의 조건들이 무엇입니까?
   (신 30:1~2, ① 회개 하고 ② 여호와께 돌아와 ③ 전심으로 순종해야함)
2. 회복을 위한 약속들이 무엇입니까?
   (신 30:3~10, 하나님께서 용서하고 받아 주신다는 약속임)
3. 순종에 대한 명령이 무엇입니까?
   (신 30:11~20, 하나님을 사랑하고 언약에 순종하라는 것임)

주간 경건의 시간 <22> · 날마다 말씀과 함께

요일 / 내용	주일/월(Mon)	화(Tue)	수(Wed)	목(Thu)	금(Fri)	토(Sat)
찬송	36동 / 144동	214 / 349	325 / 359	324 / 360	329 / 267	363 / 479
성경	신 29: / 신30:	신 31:	신 32:	신 33:	수 1:	수 2:
적용	모압 언약 / 복 받는 길	후계자 여호수아	모세의 노래	모세의 축복	강하고 담대 하라	정탐꾼 보냄

* 당신이 비열한 행동을 하고자 할 때 당신의 어린 아들의 존재를 생각하여 당신이 죄에 거꾸로 떨어지는 일이 없도록 하라.

< 유베날, 60~140, 로마 풍자시인>

제23과

항상 주를 경외하라

찬송 / 298, 325, 357 / 통 35, 359, 397
성경 / **여호수아 4:1-24**
요절 / **여호수아 4:24**
"이는 땅의 모든 백성에게 여호와의 손이 강하신 것을 알게 하며 너희가 너희의 하나님 여호와를 항상 경외하게 하려 하심이라 하라."
목표 / 하나님의 백성으로서 항상 주를 경외하는 태도를 가지도록 한다.

시작하는 말

이번 단원에서는 여호수아서를 통해 '애국애족'에 대하여 공부하게 됩니다. 요즘 글로벌시대에 무슨 애국이냐고 할지 모르나 이럴 때일수록 더 '애국 애족'愛國愛族해야 합니다. 하나님의 명령대로 언약궤를 앞세우고 요단강에 들어서자 흐르던 강물이 물 벽을 이루며 갈라졌습니다. 요단강 한 가운데서 돌 열둘을 취해서 기념하라고 했습니다. 하나님의 명령대로 순종해 이 돌들로 표징을 삼았습니다. 하나님의 명령에 잘 순종하는 것이 곧 하나님을 경외하는 것임을 깨달으시기 바랍니다.

오늘의 말씀

1. 하나님께서 여호수아에게 돌 열둘을 취하라고 명령합니다(수 4:1~9).

이스라엘 백성이 요단 강 건너기를 마치자, 하나님께서 여호수아에게 세 가지를 말씀하셨습니다.

① 각 지파에 한명씩 열두 사람을 택하라(2절). 이는 요단강을 건너기 전에 주어진 명령이기에 열두 사람은 미리 뽑혀서 준비된 상태였습니다(3:12). 각 지파에서 한사람씩 열둘 이들은 이스라엘 12지파의 대표들입니다. 곧 하나의 공동체이며 그들의 대표인 것입니다.

② 요단 가운데서 돌 열둘을 취하라(3~5절). 뽑혀진 열두 사람에게 "요단 가운데 제사장들의 발이 굳게 선 그곳에서 돌 열둘을 택하여 유숙할 곳에 두게 하라"고 했습니다. 왜 그랬을까요?

③ 이 돌들로 영원한 표징을 삼으라(6~7절). 요단강을 건넌 사건을 오래도록 생생하게 기억하게 하기 위해서였습니다.

④ 여호수아가 그 명령에 순종해 취한 돌 열둘을 기념비로 세웠습니다(4:8~9).

· 함께 읽어요 : 여호수아 4장 9절
"여호수아가 또 요단 가운데 곧 언약궤를 멘 제사장들의 발이 선 곳에 돌 열둘을 세웠더니 오늘까지 거기에 있더라."

2. 이스라엘백성들이 요단강을 건너자 물이 다시 흘렀습니다(수 4:10~18).

하나님이 명령하신 대로 궤를 멘 제사장들은 백성들이 건너기까지 요단강 가운데 서 있었습니다. 당시 요단강을 건넌 이스라엘 백성들의 수는 200만 가량이었습니다. 행군 폭을 1~2km로 잡는다 해도, 그들이 강을 모두 건너는 데는 족히 반나절은 걸렸을 것으로 봅니다. 제사장들은 요단강 가운데서 백성이 다 건너기까지 서있어야 했습니다. 맨 나중에 가나안 땅을 밟은 자들은 언약궤를 멘 제사장들이었습니다.

① 두 지파 반은 백성들보다 먼저 건너갔습니다(11~13절).
이때 하나님께서 백성들의 목전에서 여호수아를 세워 크게 보이도록 하셨습니다.[1)]

1) '크게 하다'(גדל, 가달)는 말은 지위나 명예나 인격적인 면에서 탁월하게 하는 것을 가리킴.

하나님께서 여호수아로 하여금 사람들의 존경과 사랑을 받게 하셨습니다. 이때 백성들이 다 건넌 후 제사장들이 건넜습니다.

② 여호수아의 명령에 따라 제사장들이 강에서 올라와 땅을 밟는 순간 요단 강물은 다시 흘러넘쳤습니다(4:15~18절).

요단 강물이 끊긴 사건은 자연 현상이 아니라 하나님의 생생한 이적입니다. 언약궤를 멘 제사장들의 발이 요단강물에 잠기자 흘러내리던 물이 멈춰 끊어졌었고, 그 강물이 다시 흐르기 시작한 것입니다.

· 함께 읽어요 : 여호수아 4장 18절

"여호와의 언약궤를 멘 제사장들이 요단 가운데에서 나오며 그 발바닥으로 육지를 밟는 동시에 요단 물이 본 곳으로 도로 흘러서 전과 같이 언덕에 넘쳤더라."

3. 영원한 기념비로 삼기 위해 길갈에 열두 돌을 세웠습니다(수 4:19~24).

숨을 조리면서 요단강에서 올라온 이스라엘백성은 길갈에 진을 치고 머무르며 요단강에서 가져온 열두 돌로 그 곳에 기념비를 세웠습니다.

그때 여호수아는 백성들에게 기념비를 세운 목적과 의미를 가르칩니다.

① 요단에서 올라와 길갈에 진을 쳤습니다(19절).

② 길갈에 열두 돌을 세웠습니다(20~24절). 이것은 하나님의 인도하심과 도우심으로 출애굽해서 이곳까지 왔음을 감사하는 신앙고백의 행위였습니다. 또한 이 사실을 아래와 같은 두 가지 이유로 알려야 했습니다.

첫째는 후손들에게 요단을 건넌 사실을 알리기 위함입니다(21~23절). 이는 주 하나님의 능력을 땅의 모든 백성에게 알리기 위함입니다.

둘째는 하나님만을 영원히 경외하게 하기 위함입니다. 하나님만이 경배의 대상이기에, 모든 분야에서 주권적으로 섭리하시는 하나님임을 널리 알려야 그분을 경외할 것이기 때문입니다(24절).

· 함께 읽어요 : 여호수아 4장 24절

"이는 땅의 모든 백성에게 여호와의 손이 강하신 것을 알게 하며 너희가 너희의 하나님 여호와를 항상 경외하게 하려 하심이라 하라."

정리하는 말

요단강물이 제사장들의 발이 잠기자 흐르기를 멈췄고, 다시 올라와 땅을 밟자 강물은 여전히 다시 흘러넘쳤습니다. 하나님은 전지전능하십니다. 그 하나님을 경외하시면서 형통의 복을 받으시고 감사드리십시오.

평가와 결심

1. 하나님께서 여호수아에게 명령한 세 가지가 무엇 무엇입니까?
   (수 4:2~7, ①각 지파에서 열둘을 택하라 ②열두 돌을 취하라 ③ 돌들로 영원한 표징 삼으라)
2. 맨 나중 법궤 멘 제사장들의 발이 육지에 닿자 일어난 일은?
   (수 4:15~18, 하나님이 제사장들의 발이 땅을 밟자 요단강물이 다시 흐름)
3. 길갈에 열두 돌을 세운 이유가 무엇입니까?
   (신 3:21~29, ①후손들에게 알리려고 ②하나님만 경외하게 하려고)

주간 경건의 시간 <23> · 날마다 말씀과 함께

요일 내용	주일/월(Mon)	화(Tue)	수(Wed)	목(Thu)	금(Fri)	토(Sat)
찬송	36동 / 93동	214 / 349	325 / 359	324 / 360	329 / 267	363 / 479
성경	수 3: / 수 4:	수 5:	수 6:	수 7:	수 8:	수 9:
적용	요단을 건넘/ 열두 돌 세움	할례를 행함	여리고 성 무너짐	아간의 범죄	아이 성 점령	기브온 주민

* 사랑보다 더 쉽게 자라나는 것은 없다.
<루시우스 아나이우스 세네카, B. C. 4~A. D. 65, 로마 스토아 철학자, 정치가>

6단원 애국 애족의 달

제24과

태양아, 달아, 멈추어라

찬송 / 358, 361, 383 / 통 400, 480, 433
성경 / **여호수아** 10:1-14
요절 / **여호수아** 10:12
"여호와께서 아모리 사람을 이스라엘 자손에게 넘겨주시던 날에 여호수아가 여호와께 아뢰어 이스라엘 목전에서 이르되 태양아 너는 기브온 위에 머무르라 달아 너도 아얄론 골짜기에 그리할지어다하매"
목표 / 태양과 달을 멈추게한 여호수아의 애국신앙을 본받아 살게 한다.

시작하는 말

이스라엘과 기브온 거민들과의 화친 조약으로 가나안 전쟁은 새로운 국면을 맞습니다. 가나안 거민들은 이제 기브온을 공격했습니다. 기브온 거민들의 배신으로 화가 났기 때문입니다. 이 당시에 가나안 남부에서 주도적인 역할을 해온 예루살렘 왕은 아도니세덱 이었습니다. 이를 중심으로 아모리 족속의 다섯 왕이 동맹을 맺고 기브온을 공략했던 것입니다. 이들에게 대항하기 위해 기브온은 이스라엘에게 구원요청을 보냈습니다. 전쟁의 승패는 하나님께 달려있음을 명심하시기 바랍니다.

오늘의 말씀

1. 아모리 다섯 왕이 기브온을 공격했습니다(10:1~5).

가나안 족속들은 이스라엘 하나님 여호와께서 자기 백성을 위해 하신 일들을 듣고 놀라서 대책을 마련한 것입니다.

애굽에서 나올 때 홍해 바다를 마르게 하심과 요단 동편 아모리 족속의 두 왕을 정벌한 일과 요단강 물을 말리시고 건너게 하신 일이며, 여리고 성을 함락시키셨습니다. 여호수아가 그들에게 행한 일들을 다 전해 듣고 예루살렘 왕 아도니세덱은 두려워 떨었습니다. 이런 차에 기브온 마저 이스라엘과 화친을 하니 아모리 다섯 왕을 연합하여 싸우려 들었습니다.

· 함께 읽어요 : 여호수아 10장 5절

"아모리 족속의 다섯 왕들 곧 예루살렘 왕과 헤브론 왕과 야르뭇 왕과 라기스 왕과 에글론 왕이 함께 모여 자기들의 모든 군대를 거느리고 올라와 기브온에 대진하고 싸우니라."

2. 이스라엘이 아모리 연합군을 물리쳤습니다(수 10:6~10).

강력한 아모리 연합군의 공격을 당한 기브온 거민들은 이스라엘과 화친조약을 근거로 긴급히 도움을 요청했습니다. 그리하여 가나안 연합군과의 전쟁에서 이스라엘의 대 승리로 가나안 남부 지역의 주도권을 확보할 수 있었습니다.

가나안 연합군과의 출전 시 여호와께서 여호수아에게 특별한 격려와 확신을 주셨습니다. "그들을 두려워하지 말라 내가 그들을 네 손에 넘겨주었으니 그들 중에서 한 사람도 너를 당할 자 없으리라"(8절)고 말씀하셨습니다.

여호수아와 이스라엘은 하나님의 격려와 확신으로 힘을 얻어 길갈을 떠나 기브온 사람들이 아모리 연합군과 싸우는 곳으로 갔습니다. 갑작스런 참전을 위해 밤새도록 달려와 당도한 여호수아와 이스라엘에게 아모리 연합군은 크게 패하고 여호수아 군대는 대승大勝을 거두었습니다.

· 함께 읽어요 : 잠언 21장 31절

"싸울 날을 위하여 마병을 예비하거니와 이김은 여호와께 있느니라."

3. 여호와 하나님께서 역사하셔서 기적적으로 승리하게 하셨습니다(수 10:11~14).

여리고 평지에서 칼을 빼든 자세로 여호수아 앞에 나타난 여호와의 군대장관의 모습을 기억하십시오(수 5:13~15). 본문은 하나님께서 이스라엘 군대의 총사령관으로서 직접 싸움터에 뛰어들어 친히 대적을 무찌르고 있는 장면을 소개하고 있습니다.

① 우박을 내리셨습니다(11절). 하나님께서 전쟁을 위하여 하늘에 쌓아둔 아주 가공할만한 무기인 '우박'을 쏟아 부으셨습니다.[2)]

② 태양을 멈추셨습니다(12~14절). 이 전쟁이 있던 날에 우박으로 인한 이적 외에도 아주 특이한 현상이 있었습니다. 태양이 중천에서 멈춘 것입니다. 지구가 자전을 멈춘 것이었습니다. 기도는 여호수아가 드렸지만 태양을 멈추신(지구의 자전을 쉬게 하신) 분은 창조주 하나님이십니다.

여호수아가 기도함으로 태양을 멈추게 했습니다. 여호수아는 하나님으로부터 확실한 사명과 약속을 받았습니다. 그러나 시간이 짧았습니다. 그는 열정적으로 하나님께 기도를 드렸습니다. 그리고 태양이 머무는 동안 최선을 다해 대적들을 물리치고 원수를 갚은 것입니다.

이 모든 것은 하나님의 역사와 섭리 안에서 이루어진 것입니다. 그 결과 태양은 중천에 머물고 여호수아와 이스라엘 군대는 하나님께 받은 사명을 수행할 수 있었습니다. 이것은 여호수아의 기도의 응답으로서, 하나님의 놀라운 이적이요. 이스라엘을 돕기 위한 하나님의 역사입니다.

· 함께 읽어요 : 여호수아 10장 42절

"이스라엘의 하나님 여호와께서 이스라엘을 위하여 싸우셨으므로 여호수아가 이 모든 왕들과 그들의 땅을 단번에 빼앗으니라."

---

2) 2013년 5월에 중국 남부 구이저우 성에 때 아닌 우박폭탄으로 농촌 마을이 초토화가 됐습니다. 새끼손가락만한 우박이 한 시간 반 동안 내리면서 지붕은 구멍이 숭숭 뚫렸고 나무들은 뿌리째 뽑혀나갔습니다.

정리하는 말

오늘날 성도들이 개인적인 욕심으로 기도하는 경우가 허다합니다. 하나님은 개인적인 욕심의 간구를 외면하시고 답답해하실 것입니다. 야고보 사도는 "구하여도 받지 못함은 정욕으로 쓰려고 잘못 구하기 때문이라"(약 4:3절)고 했습니다. 나라와 민족을 위해 뜨겁게 '애국 애족하는 태도'로 기도하며 일하시면, 반드시 역사하실 것입니다. 하나님의 기도 응답과 주시는 새 힘으로 살아가시기를 간절히 소원합니다.

평가와 결심

1. 아모리 다섯 왕이 기브온을 공격한 이유가 무엇입니까?
   (수 10:1~5, 기브온이 이스라엘과 화친을 맺었기 때문임)
2. 이스라엘이 기브온의 요청을 수용하고 어떻게 했습니까?
   (수 10:6~10, 즉시 여호수아는 이스라엘 군대를 동원해 물리침)
3. 이스라엘 군대가 어떻게 가나안 연합군을 이겼습니까?
   (수 10:11~14, 여호수아 장군의 기도와 하나님의 응답, 하나님의 이적으로)

주간 경건의 시간 <24> · 날마다 말씀과 함께

요일 / 내용	주일/월(Mon)	화(Tue)	수(Wed)	목(Thu)	금(Fri)	토(Sat)
찬송	144동 / 145동	143 / 141	205 / 236	213 / 348	214 / 349	295 / 417
성경	수10: / 수11:	수 12:	수 13:	수 14:	수 15:	수 16:
적용	태양 멈추심/ 가나안 북방	모세가 정복한 왕	미 정복 지역	요단 서쪽 기업 분배	갈렙의 정복	므낫세 기업

* 인생은 꽃이요 사랑은 그 꽃의 꿀이다.
< 빅톨 위고, 1802~1885, 프랑스 작가 >

6단원 애국 애족의 달

제25과

스스로 개척하라

찬송 / 66, 64, 73 / 통 20, 13, 73

성경 / **여호수아** 17:1-18

요절 / **여호수아** 17:18

"그 산지도 네 것이 되리니 비록 삼림이라도 네가 개척하라 그 끝까지 네 것이 되리라 가나안 족속이 비록 철 병거를 가졌고 강할지라도 네가 능히 그를 쫓아내리라하였더라."

목표 / 하나님께서 주시는 기업도 스스로 개척하는 태도를 가진다.

시작하는 말

사랑하는 성도 여러분! 이스라엘의 역사를 살펴보면 야곱의 예언적 축복대로 이루어져 간다는 사실을 볼 수 있습니다. 에브라임은 므낫세의 동생이었지만 성경은 형보다 동생을 먼저 기록합니다. 이는 야곱의 축복에 의한 것입니다(창 48:17~20). 본문에서 각 지파의 기업을 분배함에 있어서 제시되는 문제점들이 나타납니다. 그러나 분배의 책임을 맡은 여호수아는 지파들의 기를 세워주면서 '스스로 개척하라'고 권면하고 있습니다. 여러분도 스스로 개척해 사시기를 간절히 소원합니다.

오늘의 말씀

1. 므낫세 지파에 주어진 기업이 있었습니다(수 17:1~13).

므낫세 지파의 기업을 분배함에 있어서 슬로브핫의 경우처럼 딸만 있고 아들이 없는 경우가 있습니다. 여기서 여자도 기업을 받을 수 있는 규례가 적용 되었습니다(민 27:1~11; 36:1~13절). 므낫세 지파는 요단강 양쪽에서 기업을 분배받았습니다. 그들의 요단 서편기업은 가나안 중앙 고원 평야지대였습니다. 가나안 사람을 다 쫓아내지 못한 지역도 있었습니다(12~13절). 전체적이고 개략적인 땅 분배가 끝난 다음 인구수에 비례해서 각 지파간의 형평을 고려해 재조정했기 때문입니다.

· 함께 읽어요 : 여호수아 17장 6절
"므낫세의 여자 자손들이 그의 남자 자손들 중에서 기업을 받은 까닭이었으며 길르앗 땅은 므낫세의 남은 자손들에게 속하였더라."

2. 분배된 기업에 대한 요셉 자손의 불평에 답변합니다(수 17:14~18).

본문은 할당된 기업에 불만을 가지고 여호수아에게 항의하는 요셉 자손의 바람직스럽지 못한 태도에 대해 여호수아가 답변합니다.

요셉 자손의 불평은 큰 지파임에도 불구하고 한 번의 제비뽑기로 한 분깃만 분배 받아 넉넉하지 못한 땅이라는 것입니다(14절). 또한 그곳에 철 병거를 가진 강력한 가나안 족속이 살고 있다는 것입니다(16절).

문제는 불평만 있고 은혜를 모르고 깨닫지 못해 감사와 기쁨이 없었습니다. 그 뿐만 아니라 안이安易한 생각만 가지고 철 병거에 대항해 싸울 정신적 준비도 없었습니다. 주신 은혜를 모르고 불평만 일삼는 것은 하나님의 백성의 자세가 아닙니다. 여러분! 먼저 주신 은혜를 감사하고 할 수 있는 일을 찾아 일하시면 복을 받을 것입니다.

· 함께 읽어요 : 이사야 43장 2~3상반절
"2 네가 물 가운데로 지날 때에 내가 너와 함께할 것이라 강을 건널 때에 물이 너를 침몰하지 못할 것이며 네가 불 가운데로 지날 때에 타지도 아니할 것이요 불꽃이 너를 사르지도 못하리니 3 대저 나는 여호와 네 하나님이요 이스라엘의 거룩한 이요 네 구원자임이라."

3. 불평에 대하여 여호수아는 스스로 개척하라고 합니다(수 17:15, 17~18).

분배된 기업에 대한 요셉지파의 불평에 대한 여호수아 장군의 답변입니다. 그의 답변은 단호했습니다.

① 올라가서 스스로 개척하라(15절).

소극적이고 부정적인 요셉 자손의 불평에 대해 여호수아는 "에브라임 산지가 네게 너무 좁을 진데 …… 삼림에 올라가서 스스로 개척하라"고 했습니다. 올라가기를 주저하지 말고 에브라임의 북 서편에 위치한 고지 삼림지대는 상당히 광활한 땅이니 올라가서 개척하라는 것입니다.

② '네가 능히 쫓아내리라'고 기를 세워주면서 하나님을 의지하고 올라가서 스스로 개척하라는 것입니다.

사랑하는 성도 여러분! 작다고 좁다고 불평만 하지 말고 올라가서 스스로 땅을 파고 개척할 수 있도록 힘을 주시는 하나님의 능력을 믿고 무슨 일이든 헤쳐 나가기를 간절히 부탁드립니다.

여기서 문제는 주어진 땅덩어리가 좁으냐, 넓으냐가 아니라 하나님을 의지하는 믿음이 있느냐 하는 것입니다. 예수님께서도 "…… 할 수 있거든 이 무슨 말이냐 믿는 자에게는 능히 하지 못할 일이 없느니라."고 말씀하셨습니다(막9:23). 여호수아의 권면은 추상적인 말이 아니라, 여러 전쟁터에서 전투를 치르면서 하나님께서 함께하시던 사실을 체험한 생생한 간증이었습니다. 이런 간증은 개개인에게 설교보다 큰 위력이 있습니다.

모든 전쟁에서 승리와 패배는 군대의 숫자나 무기의 위력에 있지 아니하고, 오직 여호와 하나님께 달려 있다는 사실을 믿으시기 바랍니다. 오늘날 허공을 치는 추상적인 말보다 과감한 개척의 정신이 필요한 것입니다.

· 함께 읽어요 : 마가복음 11장 23절

"내가 진실로 너희에게 이르노니 누구든지 이 산더러 들리어 바다에 던져지라 하며 그 말하는 것이 이루어질 줄 믿고 마음에 의심하지 아니하면 그대로 되리라."

정리하는 말

사랑하는 성도 여러분! 여러분이 어떤 문제를 만났을 때 요셉 지파의 사람들처럼 부정적이고 불평할 수도 있습니다. 그러나 근본적인 해결책을 찾아야 합니다. 문제의 핵심에는 항상 기도와 하나님의 도우심의 손길이 준비되어 있다는 사실을 기억하시기 바랍니다. 그래서 시인은 "하나님은 나의 반석이요, 나의 요새요, 나의 방패시라" 고백했습니다. 여러분! 이 나라와 이 민족이 여호와로 승리하시기를 간절히 소원합니다.

평가와 결심

1. 슬로브핫의 딸들의 경우 어떻게 하여 기업을 얻었습니까?
   (수 17:1~6, 아들이 없었으나 민 27장 규정에 따라 분배받음)
2. 기업을 받은 요셉 지파는 왜 불평했습니까?
   (수 17:14~18, 분배에 불만과 부정적인 태도로 불평을 쏟아 놓았음)
3. 여호수아는 무엇이라고 답변했습니까?
   (수 17:5~24, ① 올라가 개척하라 ② 능히 쫓아내리라고 함)

주간 경건의 시간 <25> · 날마다 말씀과 함께

요일 / 내용	주/월(Mon)	화(Tue)	수(Wed)	목(Thu)	금(Fri)	토(Sat)
찬송	28동 / 29동	205 / 236	216 / 356	215 / 354	255 / 187	314 / 511
성경	수17: / 수18:	수 19 :	수 20:	수 21:	수 22:	수 23:
적용	서쪽 기업/ 땅 분배	시므온 자손 가업	도피성	레위사람의 성읍	동쪽 지파 보냄	여호수아 고별인사

* 인생에 있어서 사랑하는 자의 젊은 꿈보다 더 감미롭고 아름다운 것은 아무 것도 없다. < 토머스 무어, 1779~1852, 아일랜드 시인>

제26과

오직 여호와만 섬겨라

찬송 / 286, 279, 315 / 통 218, 337, 512
성경 / **여호수아 24:2-18**
요절 / **여호수아 24:18**
"여호와께서 또 모든 백성들과 이 땅에 거하던 아모리 족속을 우리 앞에서 쫓아내셨음이라 그러므로 우리도 여호와를 섬기리니 그는 우리 하나님이심이니이다 하니라."
목표 / 나라와 민족 그리고 우리 가정이 여호와만 섬기는 태도를 가진다.

시작하는 말

여호수아 23장에서 여호수아는 이스라엘 지도자들을 모아 마지막 권면을 했습니다. 이제는 이스라엘 지도자들과 각 지파의 백성들을 모두 불러 모았습니다. 죽음이 임박한 여호수아는 자신이 죽은 이후 이스라엘 백성들이 하나님의 축복을 받아 오래도록 번영과 행복을 누리기를 원했습니다. 그래서 두 번째 총회를 여호와의 성막이 있는 세겜Shechem[3]으로 소집했습니다. 여호수아는 거기서 이스라엘 백성들이 행복과 번영을 어떻게 하면 누릴 수 있는지 가르쳐 주었습니다.

오늘의 말씀

1. 여호수아는 두 번째 총회를 소집했습니다(수 24:1).

여호수아는 하나님께서 아브라함에게 약속했던 가나안 땅에 출애굽

3) 세겜Shechem은 아브라함이 가나안에 들어와 첫 제단을 여호와께 쌓고 정착한 곳으로, 야곱이 세겜 족속으로부터 땅을 매입하여 삶의 터전으로 삼았던 곳임.

한 이스라엘 백성들을 데리고 들어왔습니다. 이스라엘 백성은 황량한 광야를 거쳐 고생한 길 40년의 여정을 견디고 요단강을 건너 약속된 땅에 들어온 것입니다.

① 하나님께서 아브라함에게 나타나 가나안 땅을 후손에게 주겠다고 약속하셨습니다(창 12:6~7절).

② 하란에서 돌아온 야곱이 이곳에 약간의 땅을 매입하여 삶의 터전으로 삼았던 곳에 온 것입니다(찬 33:18~20절).

여호수아의 가장 큰 관심은 이스라엘 백성들이 하나님의 말씀과 명령에 순종하면서 오래도록 행복하게 살아가도록 하는 것이 꿈이었습니다.

죽음이 임박한 노옹 여호수아는 이스라엘 지도자들을 모아 총회를 소집했습니다. 이곳 그리심 산에서 축복과 저주의 말씀을 낭독하고 기록함으로써, 하나님과의 계약을 새롭게 했던 곳입니다(수 8:30~35절).

· 함께 읽어요 : 창세기 35장 1절

"하나님이 야곱에게 이르시되 일어나 벧엘로 올라가서 거기 거주하며 네가 네 형, 에서의 낯을 피하여 도망하던 때에 네게 나타났던 하나님께 거기서 단을 쌓으라 하신지라."

2. 이스라엘을 위하여 하나님께서 행하신 일들을 회고합니다(수 24:2~13).

이스라엘 백성들을 모으고 그들과 조약을 맺기 전에 여호수아는 하나님께서 이스라엘을 위하여 베풀어 주신 여러 가지 구원역사를 회고하고 있습니다. 이것은 하나님의 섭리 가운데 진행된 구원사역, 즉 구속사救贖史임을 가르쳐 주고 있습니다.

지금 여호수아는 하나님을 대신해서 '내가'라는 표현으로 직접적인 하나님의 구원사역을 대언하고 있음을 볼 수 있습니다. 이스라엘로서는 감당할 수 없는 기적적인 역사 7가지를 말하고 있습니다.

① 아브라함을 택하여 이끌어 내심(2~3절). ② 애굽에서 인도해 내심

(4~7절). ③ 광야에서 돌보심(7절). ④ 요단 동편 아모리 사람을 붙이심(8, 12절). ⑤ 발람의 저주에서 건져내심(9~10절). ⑥ 요단 서편의 가나안 사람을 붙이심(11절). ⑦ 땅과 성읍을 주심(13절)입니다.

· 함께 읽어요 : 여호수아 24장 13절
"내가 또 너희가 수고하지 아니한 땅과 너희가 건축하지 아니한 성읍들을 너희에게 주었더니 너희가 그 가운데에 거주하며 너희는 또 너희가 심지 아니한 포도원과 감람원의 열매를 먹는다 하셨느니라."

3. 여호수아가 하나님과 이스라엘 간의 언약을 갱신합니다(수 24:14~28).

여호수아는 하나님과 이스라엘 백성들 간의 언약을 새롭게 갱신하고 있습니다. 이전에 모세가 하나님과 맺은 언약을 가나안 땅에 입성한 이스라엘 백성들과 언약을 갱신하는 모습입니다.

이 언약의 주요 내용은 '오직 여호와만 섬길 것'을 강조합니다.

여호와 하나님을 주인으로 삼고 경외하며 섬겨야 합니다(14절). 성실과 진정으로(14절) 섬기고, 이방 신들을 제하고 섬겨야 하는 것입니다(14절). 언약 체결에서 이스라엘 백성들에게 '섬길 자를 선택하라'고 합니다. 누구의 간섭 없이 스스로의 의지로(15절) 선택하라는 것입니다.

여호수아는 "'나와 내 집'은 '여호와 만' 섬기겠다."고 고백합니다. 모범을 보여 주고 있습니다. 바로 여기에 백성들의 응답이 있습니다(16~18절).

백성들은 "결단코 여호와를 버리고 다른 신들을 섬기지 아니하고, 우리도 여호와를 섬기겠습니다."라고 대답했습니다.

· 함께 읽어요 : 여호수아 24장 24절
"백성이 여호수아에게 말하되 우리 하나님 여호와를 우리가 섬기고 그 목소리를 우리가 청종 하리이다 하는지라."

정리하는 말

사랑하는 성도 여러분! 본문에서 민족의 지도자 여호수아 장군의 사심 없는 통치의 모범에서 감명을 받습니다. 법과 질서가 잘 지켜지는 나라는 안전한 나라요, 선진국입니다. 하나님께서 주신 율법과 계명들을 잘 지키는 것은 하나님과의 언약관계를 더욱 견고하게 하려는 것입니다. 우리는 천국백성들로서 예수께서 주신 산상보훈 즉 '천국민의 법'을 잘 지켜야 합니다. '오직 여호와만 섬기겠다.'는 결심을 변치 말고 일생동안 실천하셔서 현세와 내세에 복된 삶을 누리시기 바랍니다.

평가와 결심

1. 여호수아가 두 번째 총회 소집 목적이 무엇입니까?
   (수 24:2~1, 백성들이 하나님 말씀을 순종하는 것과 명령순종을 위해서)
2. 여호수아가 총회를 소집하고 백성들에게 한 일이 무엇입니까?
   (수 24:2~13, 하나님께서 베푸신 이스라엘의 구원역사 회고시킴)
3. 여호수아가 총회를 소집하고 행한 중요한 일이 무엇입니까?
   (수 24:14~28, 하나님과 이스라엘 백성 사이에 언약을 갱신함)

주간 경건의 시간 <26> · 날마다 말씀과 함께

요일 / 내용	주일/월(Mon)	화(Tue)	수(Wed)	목(Thu)	금(Fri)	토(Sat)
찬송	93동 / 91동	198 / 284	200 / 235	199 / 234	210 / 245	336 / 383
성경	수 24: / 마 1:	마 2:	마 3:	마 4:	마 5:	마 6:
적용	총회 약속/ 예수 족보	동방박사 방문	세례 요한	시험 받는 예수	천국 시민법	주기도문

* 사랑은 결코 침착하거나 심사숙고하거나 분별력을 가질 수 없고 모든 것을 포기하는 것이다. < 랄프 왈도 에머슨, 1803~1882, 미국 시인, 수필가 >

7단원 교육 실천의 달

제27과

기도의 단계 익히기

찬송 / 361, 362, 365 / 통 480, 481, 484
성경 / **마태복음 7:7-27**
요절 / **마태복음 7:8**
"구하는 이마다 받을 것이요 찾는 이는 찾아낼 것이요 두드리는 이에게는 열릴 것이니라."
목표 / 기도는 단계가 있음을 알고 단계적 기도드리는 태도를 기른다.

시작하는 말

이번 단원에서는 마태복음을 통해 '교육실천'에 대하여 공부하게 됩니다. 여러분! 열심히 기도생활 하시는 분들 얘기를 들으면 무조건 강하게, 세게, 오래 기도하면 응답된다고 합니다. 그럴까요? 예수께서는 기도를 가르치시면서 단계적 기도가 있음을 말씀하셨습니다.

오늘은 단계적 기도를 설명하려 합니다. 주님은 우리에게 "구하라, 찾으라, 두드리라."고 말씀하셨습니다. 이 기도방법은 '끈기 있는 기도'가 필요 하고요. 다시 말하면 '단계적인 기도'인 것입니다.

오늘의 말씀

1. 주님은 우리에게 기도를 명하시고 실천을 요구하십니다(마 7:7).

우리 주님은 기도의 달인이셨습니다. 평소에 늘 기도로 사셨습니다. 주님은 제자들이 요구할 때 기도를 가르쳐 주셨습니다. 그 대표적인 기도가 '주기도문'입니다. 주기도에서 "첫째, 주님의 이름이 거룩히 여김을 받으소서. 둘째, 나라가 임하옵소서. 셋째, 하나님의 뜻이 땅에 이루어지게 하옵소서. 넷째, 오늘 우리에게 양식을 주옵소서. 다섯째, 우리 죄를 사하여 주옵소서. 여섯째, 시험에 들게 마시고, 악에서 구해주옵소서. 일곱째, 나라와 권세와 영광이 아버지께 있사옵나이다."라고 기도합니다. 바울은 "쉬지 말고 기도하라"고 강조했습니다(살전 5:17절).

· 함께 읽어요 : 마태복음 6장 9절
"그러므로 너희는 이렇게 기도하라 하늘에 계신 우리 아버지여 이름이 거룩히 여김을 받으시오며"

2. 계속적으로 끈질긴 기도를 드려야 할 이유가 있습니다(마 7:8~10).

정말 끈질긴 기도란 응답을 받을 때까지, 발견할 때까지, 열릴 때까지 '구하고', '찾고', '두드리는 것'입니다. 이것은 목표를 이루기 위해 최선을 다하는 것입니다. 하나님께서 응답해 주실 때까지 결코 포기하지 않는 태도입니다.

우리는 이렇게 끈질기게 기도하는 법을 배워야 하는 것입니다. 무슨 일이든 경력이 쌓이면 잘하듯이 기도도 해본 사람이 더 잘 하는 것입니다.

진정한 기도는 끈기 있는 기도라는 것입니다. 기도해야 할 필요를 느낄 때, 우리는 그저 외식 적으로 구하기만 해서는 안 됩니다. 입으로 '구하고' 걸어가서 '찾고' 손을 내밀어 적극적으로 '문을 두드려야' 합니다. 결코 중언부언 하거나 형식적인 기도로 허공을 치는 기도가 되어서는 안 됩니다. 기도하되 진실하게 전심으로 기도해야 합니다.

· 함께 읽어요 : 마태복음 7장 7절
"구하라 그리하면 너희에게 주실 것이요 찾으라 그리하면 찾아낼 것이요 문을 두드리라 그리하면 너희에게 열릴 것이니"

3. 기도에는 세 단계가 있습니다(마 7:7).

'구하라', '찾으라', '문을 두드리라', 이 말은 기도의 점진 적인 단계를 나타내고 있습니다. 이 세 낱말에는 의미상 차이점이 있습니다.

첫째 단계, '구하라'는 말은 우리가 필요가 있을 때, 또는 무엇인가 부족할 때 구하는 것입니다. '구하라'는 말은 우리가 필요로 하거나 바라는 것을 줄 수 있는 누군가가 있을 때 적절한 말입니다. 그 분이 곧 하나님입니다.

둘째 단계, '찾으라.'는 말은 갈급한 영혼이 필요로 하거나 원할 때 적절한 단어입니다. 우리는 구해서 필요가 충족되지 않을 때 찾으러 나섭니다. 필요의 강도에 따라 찾는 태도의 강도가 달라집니다. 정말 꼭 필요하다면 만사를 제처 두고 찾아 나서는 것이 인간입니다.

셋째 단계, '두드리라'는 말은 닫혀 진 문밖에서 열리기를 원할 때 두드리는 것입니다. 우리가 두드리면 우리의 답답함을 누가 해결해 주십니까? 그분은 오직 주님이시요. 하나님이십니다.

기도는 응답 그 이상의 의미를 내포하고 있습니다. 기도는 우리에게 하나님과 의사소통하고 교제하며 더욱 더 그분을 신뢰하고 찾는 것에 대하여 가르쳐 줍니다. 기도는 하나님과 그분의 약속 안에서 소망을 갖고 인내할 것을 가르쳐 줍니다.

기도는 우리들에게 하나님을 우리의 아버지로서 더욱더 사랑하도록 가르쳐 줍니다. 기도는 우리가 얼마나 깊이 하나님을 의지하며, 신뢰하고 있는지를 잘 보여는 기준입니다. 기도는 온갖 좋은 은사와 온전한 선물들을 아버지로부터 가져다주는 축복의 통로가 됩니다.

· 함께 읽어요 : 야고보서 1장 5절

"너희 중에 누구든지 지혜가 부족하거든 모든 사람에게 후히 주시고 꾸짖지 아니하시는 하나님께 구하라 그리하면 주시리라."

정리하는 말

사랑하는 성도 여러분! 우리 성도들은 좋은 것, 온전한 것들을 구하기 위해 '하늘에 계신 우리 아버지 하나님께' 나아가야 합니다. 우리는 가치 있는 것들을 소유하기 위해서 적극적으로 찾아나서야 합니다. 그리고 마지막 단계에서 하나님께 간절히, 힘껏 두드리십시오. 열릴 때까지 간절히 기도하며 두드려야 합니다. 분명 아버지 하나님께서는 자녀들의 필요한 것들을 충분히 채워주실 것입니다. 믿고 구하시기 바랍니다.

평가와 결심

1. 예수님이 그의 제자들에게 가르쳐주신 기도가 무엇입니까?
   (마 6:9~13, 주기도主祈禱임)
2. 우리가 왜 단계적인 기도를 드려야 합니까?
   (마 7:5~18, 끈질긴 기도를 드려야 하기 때문임)
3. 단계적인 기도의 순서는 무엇입니까?
   (마 7:7, ① 구하고 ② 찾고, ③ 문을 두드리는 것임)

주간 경건의 시간 <27> · 날마다 말씀과 함께

요일 / 내용	주일/월(Mon)	화(Tue)	수(Wed)	목(Thu)	금(Fri)	토(Sat)
찬송	144동 / 86동	214 / 349	325 / 359	324 / 360	329 / 267	363 / 479
성경	마 7: / 마 8:	마 9:	마 10:	마 11:	마 12:	마 13:
적용	구하라/ 나를 따르라	중풍병자 고치심	열두 제자 부르심	내게로 오라	안식일 밀 이삭	씨 뿌리는 비유

* 마치 산 자가 죽은 자보다 우월하듯 교육 받은 자는 교육 받지 않은 자보다 훨씬 우수하다. < 아리스토텔레스, B. C. 384~322, 그리스 철학자 >

7단원 교육 실천의 달

제28과

네 믿음이 크도다!

찬송 / 365, 368, 362 / 통 484, 486, 481
성경 / **마태복음** 15:21-39
요절 / **마태복음** 15:28
"이에 예수께서 대답하여 이르시되 여자여 네 믿음이 크도다 네 소원대로 되리라 하시니 그 때로부터 그의 딸이 나으니라."
목표 / 믿음이 크다고 칭찬을 받은 여인의 큰 믿음 본받아 살게 한다.

시작하는 말

예수께서는 오늘 이방인의 성읍인 두로와 시돈 지방으로 가셨습니다. 그런데 거기서 가나안 여자 하나가 나와서 예수님께 큰 소리로 외쳐댑니다. 그 여인의 딸이 흉악히 귀신들렸으니 불쌍히 여겨달라고 애타게 소리 지릅니다. 예수님은 그 여인의 소리를 들은 체 만체하십니다. 왜 그랬을까요? 그 여인에게 믿음 공부를 더 시키기 위해서였습니다. 믿음이 자라기 위해서는 교육이 필요했던 것입니다.

오늘의 말씀

1. 예수께서 이방 성읍 두로와 시돈 지경으로 가셨습니다(15:21).

요나를 이방 니느웨로 보내시고, 엘리야를 이방 시돈의 과부에게 보내십니다. 엘리사를 이방 다메섹의 군대장관인 나아만과 만나게 하신 이가 바로 하나님이신 주님이십니다. 선지자를 이방으로 보내셨던 이가 직접 이방 지역 두로와 시돈으로 친히 가신 것은 구원을 이루시고자 함입니다. 말씀이 육신이 되신 분, 그분은 모든 인류의 하나님의 독생자 예수 그리스도로서 인류의 죄를 위해 십자가를 지셨습니다. 모든 인류에게 생명을 거저 주셨습니다. 모든 인류를 사랑하시는 분이십니다. 선민이라는 유대인들은 오히려 예수를 영접하지 않고 배척했습니다. 그러나 이방인들은 하나님이신 예수를 영접했습니다. 이에 우리는 깊은 깨달음이 있어야 합니다.

· 함께 읽어요 : 요한복음 1장 14절
"말씀이 육신이 되어 우리 가운데 거하시매 우리가 그의 영광을 보니 아버지의 독생자의 영광이요 은혜와 진리가 충만하더라."

2. 가나안 여자의 애타는 부르짖음을 들었습니다(마 15:22~27).

가나안 여자는 예수께 혼신을 다해 부르짖었습니다. "주 다윗의 자손이여 나를 불쌍히 여기소서. 내 딸이 흉악히 귀신들렸나이다."

그러나 예수님은 한 말씀도 대답하지 아니하십니다(22절). 보다 못해 제자들은 "그 여자가 우리 뒤에서 소리를 지르오니 그를 보내소서."

예수님의 답변은 무색하기만 합니다. "나는 이스라엘 집의 잃어버린 양 외에는 다른 데로 보내심을 받지 아니하였노라."고 말씀하십니다.

그러나 그 여자는 예수께 절하며 말합니다. "주여 저를 도우소서."

예수님은 다시 대답하십니다. "자녀의 떡을 취하여 개들에게 던짐이 마땅하지 아니하니라." 여자는 이렇게 사정을 합니다. "주여! 옳소이다마는 개들도 제 주인의 상에서 떨어지는 부스러기를 먹나이다."

· 함께 읽어요 : 예레미야 33장 3절
"너는 내게 부르짖으라 내가 네게 응답하겠고 네가 알지 못하는 크고 은밀한 일을 네게 보이리라."

3. 가나안 여인의 성장한 믿음을 보시고 칭찬하십니다(마 15:28).

예수님과 가나안 여자와의 대화를 통해 우리는 무엇을 깨닫게 됩니까? 가나안 여인처럼 '소신 있는 믿음의 표현'의 소중함을 알게 됩니다.

끈질기게 달라붙어 개들도 주인의 상에서 떨어지는 부스러기를 먹지 않습니까? 제게도 그런 기회를 달라고 '기도와 믿음의 끈'을 놓지 않고 예수님께 애타게 사정합니다. 예수님의 침묵에도, 제자들의 반대에도 불구하고, 도움 받을 자격이 없음에도 그녀는 끝까지 포기하지 않고, 예수님께 부르짖어 간구한 여인의 믿음을 칭찬했습니다. "네 믿음이 크도다!"

예수께서 이스라엘 집의 잃어버린 양을 위해 보내심을 받았다고 하는 말씀을 통해 오직 참 종교는 하나뿐이며, 참 메시야도 한 분뿐이라는 사실을 그녀에게 알릴 필요가 있었습니다. 그 여자는 이교異教 도시 헬라 여성이었습니다. 아마 거짓 신을 섬겨왔었고, 그때도 여전히 그런 신을 섬기고 있었을 것입니다. 그러므로 참 메시야, 참 주님의 말씀을 듣기에는 합당한 여자가 아니었을 것입니다. 그 여인은 그리스도를 다윗의 자손, 즉 유대인들을 질병에서 건져주는 단지 이적을 행하시는 분으로 알고 있었습니다. 그녀가 꼭 알아야 할 것은 모든 사람의 유일한 메시야시며, 구원이시며, 모든 사람의 유일한 소망이신 분이라는 사실입니다.

오로지 예수만이 유일한 소망이시라는 사실을 가르쳐주어야 했습니다. 그리고 그 은혜로 딸이 귀신들린 상태에서 놓임을 받을 수 있음을 각인시켜야 할 필요가 있었습니다. 여러분! 질병을 치유하는 것도 중요하지만 예수 그리스도의 보혈로서 죄 용서함을 받고 구원을 얻는다는 사실을 믿는 '믿음의 교육'이 더욱 중요한 핵심임을 알아야 합니다. 오늘 이러한 기독교의 진리가 여러분들의 가족과 이웃에게 전달되어지기를 원합니다.

· 함께 읽어요 : 사도행전 4장 12절

"다른 이로써는 구원을 받을 수 없나니 천하사람 중에 구원을 받을만한 다른 이름을 우리에게 주신 일이 없음이라 하였더라."

정리하는 말

오늘날 성도들이 자기가 믿음이 있다고 자부하고 자랑을 합니다. 그러나 질병이 치유 되고 귀신이 떠나가는 것, 방언하는 것 등 표적과 이적이 믿음의 전부는 아닙니다. 이 사실을 깨달으시기 바랍니다. 딸의 귀신 축사를 위해 찾아 왔다가 자신이 성숙된 믿음의 사람으로, 딸에게도 귀신축사가 이루어진 복을 받았습니다. 예수님을 만나 믿음의 교육을 잘 받은 가나안 여인의 믿음을 본 받아 치유의 복을 받으시기 바랍니다.

평가와 결심

1. 예수께서 갈릴리를 떠나 어디로 가셨습니까?
   (마 15:22, 이방 성읍인 두로와 시돈 지경으로 가심)
2. 가나안 여인의 딸을 위해 부르짖는 열심이 어느 정도였습니까?
   (마 15:22~28, 예수님의 침묵, 제자들 반대, 자격 없음에도 불구하고)
3. 가나안 여인의 칭찬 받은 믿음은 어디서 성장해 나왔을까요?
   (마 15:22~28, 예수님의 대화를 통한 끈질긴 교육의 결과였음)

주간 경건의 시간 <28> · 날마다 말씀과 함께

요일 / 내용	주일/월(Mon)	화(Tue)	수(Wed)	목(Thu)	금(Fri)	토(Sat)
찬송	88동 / 144동	458 / 513	205 / 236	478 / 78	498 / 275	499 / 277
성경	마 14: / 마 15:	마 16:	마 17:	마 18:	마 19:	마 20:
적용	세례요한 순교/ 장로 전통	악한 세대 표적	변화되신 예수님	천국에서 큰사람	이혼에 대한 교훈	포도원 품꾼들

* 교육은 자기 기질이나 자신감을 잃지 않고 거의 무엇이든지 들을 수 있는 능력이다. < 로버트 프로스트, 1874~1963, 미국 시인 >

7단원 교육 실천의 달

제29과

말세 비유를 통해 배우라

찬송 / 386, 388, 180 / 통 439, 441, 168
성경 / **마태복음 24:3-51**
요절 / **마태복음 24:14**
"이 천국 복음이 모든 민족에게 증언되기 위하여 온 세상에 전파되리니 그제야 끝이 오리라."
목표 / 말세의 비유를 통해 가르쳐주신 말세 교훈을 이해한다.

시작하는 말

주님은 예루살렘 성전이 무너질 것을 예언하셨습니다. 감람산에서 제자들은 어느 때에 이런 일이 있겠으며, 주의 임하심과 세상 끝에는 무슨 징조가 있겠느냐고 물었습니다. 주님은 재림하실 때에 되어질 일들을 차례로 설명해 주셨습니다. 본문에서 **무화과나무 비유**를 통해 말세에 대해 가르쳐주시고, 인자가 오실 때 환난 후에 천계의 이상 징후가 보이며, 인자가 구름을 타고 능력과 큰 영광으로 오는 것을 보리라고 했습니다. 큰 나팔소리와 함께 올 천사들이 택한 자들을 모을 것입니다.

오늘의 말씀

1. 말세에 분명한 징조가 있을 것입니다(마 24:3~14).

본문에서 주님은 제자들의 질문에 답하면서 말세의 징조를 말씀하셨습니다. ① 거짓 그리스도가 출현(5절), ② 난리와 난리 소문과 민족과 나라의 대적(6절), ③ 기근과 지진 발생(7~8절), ④ 종교적 핍박(9절), ⑤

배교와 미움을 받을 것임(10절), ⑥ 거짓 선지자 거짓 소망(11절), ⑦ 엄청난 실족(12절)으로 서로 미워함 불법이 성행하고, 사랑이 식어지리라. 이것이 주님 재림전의 전조前兆입니다.

그러나 끝까지 견디는 자는 구원을 얻을 것이며, 천국 복음이 온 세상에 전파되리니 그제야 끝이 오리라고 말씀하셨습니다.

· 함께 읽어요 : 마태복음 24장 12~14절
"12 불법이 성하므로 많은 사람의 사랑이 식어지리라 13 그러나 끝까지 견디는 자는 구원을 얻으리라 14 이 천국 복음이 모든 민족에게 증언되기 위하여 온 세상에 전파되리니 그제야 끝이 오리라."

2. 재림과 종말의 징조는 이스라엘의 회복과 귀환입니다(마 24:32~39).

예수님께서 이스라엘 민족을 비유하시며 말라 죽게 한 '무화과나무'가 다시금 살아날 것을 말씀하셨습니다. 겨울 동안 말라죽은 것 같은 무화과나무도 여름이 가까워 오면 가지가 연하여지고 잎사귀가 나오듯, 흩어졌던 이스라엘이 주님이 재림하실 날이 가까워오면 다시 회복될 것을 말씀하신 것입니다. 이스라엘은 1,900년이란 긴 환난의 겨울이 지나고 이제 회복될 때가 된 것입니다. 1948년 5월 14일 이스라엘은 독립했으며, 1967년 6월 육일간의 제 3차 중동전 때 예루살렘을 도로 찾았습니다.

전 세계에 흩어져 있던 유대인들은 이스라엘로 돌아오고 있습니다. 이스라엘 민족이 하나님의 징계를 받아 전 세계에 흩어져 환난을 받는 동안 하나님께서 그들에게 주신 땅은 이방인들에게 짓밟혀 조롱거리가 되었고, 그 땅에 비가 그침으로 젖과 꿀이 흐르던 땅은 황무지가 되었지만 주님의 재림과 함께 분명히 모든 것이 회복될 것입니다.

· 함께 읽어요 : 마태복음 25장 32~33절
"32 무화과나무의 비유를 배우라 그 가지가 연하여지고 잎사귀를 내면 여름이 가까운 줄을 아나니 33 이와 같이 너희도 이 모든 일을 보거든 인자가 가까이 곧 문 앞에 이른 줄 알라."

3. 주님의 재림과 믿는 자의 의무를 가르쳐야 합니다(마 24:42~51).

그리스도께서 이 땅에서 죽으시기 전 마지막 한 주간은 매우 중요한 기간입니다. 그때가 대면하여 제자들을 가르칠 수 있었던 마지막 기회였기 때문입니다. 주님은 제자들에게 두 가지 어려운 질문을 유도했습니다. "언제 예루살렘이 파괴되겠으며, 주의 임하심과 세상 끝에는 무슨 징조가 있겠는가?" 여기에 예수님의 탁월하신 교육방법이 엿보입니다.

요즘 뜨고 있는 '**질문 형 어린이 스피치교육**'을 하면 지능을 높여주고 생각을 열어준다고 한답니다. 이래라, 저래라 명령을 하는 것보다 관심 있는 질문으로 어휘력, 정서, 사회성 발달에 직접적 영향을 줄 수 있습니다. 스스로 해결할 수 있는 교육 방법이 좋은 방법인 것입니다.

이와 같이 주의 재림과 그때에 되어 질 일들에 대해 관심을 고조시키시고, 올바른 교육방법으로 교육하시는 예수님의 모습을 통해 바른 신앙교육을 배워 적용하시기를 부탁드립니다.

본문에서 가장 중요한 교훈은 '믿는 자들의 의무'를 말하는 부분입니다. 무엇보다 "깨어 있으라."는 것입니다(42절).

① 집주인(신앙을 고백하는 자)의 비유입니다(42~43절).

② 충성되고 지혜 있는 종(참으로 믿는 자)의 비유입니다(43~47절).

③ 사악한 종(불신자, 불순종하는 자)의 비유입니다(48~51절).

본문에 나오는 교훈의 핵심은 주인의식을 가지고, 종처럼 살되 졸지 말고 깨어 있어 주의 재림을 준비하고 있으라는 것입니다. 우리가 전혀 생각지 않은 때에 주님이 오시기 때문입니다. 주님이 오실 시점을 말씀하시지 않으신 것은 축복입니다. 졸고, 게으르고, 딴전을 부리지 않고, 계속 긴장의 끈을 놓지 않고, 참된 신앙을 지켜 주님을 맞을 수 있도록 하기 때문입니다.

· 함께 읽어요 : 마태복음 24장 44~45절

" 44 이러므로 너희도 준비하고 있으라. 생각하지 않은 때에 인자가 오리라
45 충성되고 지혜 있는 종이 되어 주인에게 그 집 사람들을 맡아 때를 따라 양식을 나눠 줄 자가 누구냐"

정리하는 말

사랑하는 성도 여러분! 우리는 주님께서 재림하실 종말을 눈앞에 두고 현실을 살아가고 있습니다. 그릇된 종말론으로 재림과 종말이 실종된 시대에 오늘 본문은 중대한 교훈을 주고 있습니다. 거짓 선지자나 미혹의 영과 이단의 무리들을 물리치시고, 성경적인 바른 종말관과 내세관을 교육받으셔서 행복한 미래를 보장 받으시기를 간절히 부탁드립니다.

평가와 결심

1. 제자들에게 어떤 질문을 유도하셔서 교육하셨습니까?
   (마 24:1~3, "예루살렘성전 파괴와 재림이 어느 때 임하겠습니까?")
2. 무화과나무 비유를 통해서 무엇을 가르쳐 주셨습니까?
   (마 24:32~39, 이스라엘의 귀환과 회복을 가르쳐 주심)
3. 본문에 말세의 징조에서 강조하고 있는 부분이 무엇입니까?
   (마 24:42~51, ① 주의 재림의 확실성 ② 신자의 의무에 대한 교육)

주간 경건의 시간 <29> · 날마다 말씀과 함께

요일 / 내용	주/월(Mon)	화(Tue)	수(Wed)	목(Thu)	금(Fri)	토(Sat)
찬송	37동 / 36동	138 / 52	220 / 278	235 / 222	246 / 221	381 / 425
성경	마21: / 마22:	마 23:	마 24:	마 25:	마 26:	마 27:
적용	성전 깨끗케 하심/혼인잔치	서기관 꾸짖음	큰 환란	열 처녀 비유	향유부음	빌라도에게 넘김

* 한 나라 안에서 젊은이들의 교육 수준은 그 국가의 기초를 이룬다.
< 디오게네스, B. C. 412~323, 그리스 철학자>

제30과

가르쳐 지키게 하라

찬송 / 303, 569, 595 / 통 403, 442, 372
성경 / **마태복음** 28:16-20
요절 / **마태복음** 28:20
"내가 너희에게 분부한 모든 것을 가르쳐 지키게 하라 볼지어다. 내가 세상 끝 날까지 너희와 항상 함께 있으리라 하시니라."
목표 / 그리스도의 지상명령대로 가르쳐 지키게 하는 태도를 기른다.

시작하는 말

마태는 마태복음을 기록하면서 아기 예수가 다윗의 자손이며 이스라엘에게 약속하신 왕이라고 선포함으로써 마태복음을 기록하기 시작했습니다(마 1:1~2). 그는 이제 주 예수께서 하늘과 땅에 있는 모든 권세를 소유하셨다는 사실을 알림으로써 마태복음을 끝맺고 있습니다. 즉 주 예수께서 사망권세를 이기시고 부활하심으로써 그분을 따르는 자들은 그 부활의 권능으로 그분의 영광스러운 왕국에 들어가서 영원히 동참한다는 사실을 알게 하기 위하여 선포해야만 했습니다.

오늘의 말씀

1. 제자들이 갈릴리에서 예수님을 만났습니다(마 28:16~17).

예수 그리스도의 부활 사건은 갈릴리 어부 출신이 대부분인 제자들에게 놀라운 충격이었습니다. 가룟 유다를 제외한 열한 제자가 갈릴리로 가서 예수님을 만났습니다. 오백 명 이상의 믿는 자들에게 예수 그리스도께서 부활하신 모습을 나타내 보이셨습니다. 그리고 특별히 열한 제자들에게 이미 여러 번 나타나셨습니다. 그래서 부활하신 후 예루살렘에서 다소 떨어진 곳, 전에 명하셨던 갈릴리의 어느 산(마 26:32; 28:7)에서 모일 것을 지시하셨습니다.

· 함께 읽어요 : 마태복음 28장 7절
"또 빨리 가서 그의 제자들에게 이르되 그가 죽은 자 가운데서 살아나셨고 너희보다 먼저 갈릴리로 가시나니 거기서 너희가 뵈오리라 하라. 보라 내가 너희에게 일렀느니라 하거늘"

2. 예수께서 자기를 따르는 자들에게 권세를 보장해 주셨습니다(마 28:18).

사도 바울은 하나님이 그리스도를 지극히 높여 모든 이름 위에 뛰어난 이름을 주셨다고 했습니다(빌 2:8~9절). 예수님의 권세는 하늘과 땅에 있는 모든 것 위에 있습니다. 주님의 권세는 모든 우주 위에 있습니다. 우리는 주님의 권위를 이렇게 섬겨야 합니다.

① 그분의 다스림에 기꺼이 순종하고 모든 사람의 경배와 복종이 뒤따라야 합니다(고전 6:20절).

② 모든 사람들이 무릎을 꿇어 경배하며 그분이 주님 되심에 대해 인정하도록 해야 합니다(빌 2:9~11).

예수님의 권세는 믿는 자에게 구원을 보증합니다. 그리고 온 세상에 나가 복음을 전하는 자들에게는 구원과 영생, 권세를 보장해 주십니다. 그래서 복음 전도자들, 주의 제자들에게 이 권세를 위임해 주셨습니다.

· 함께 읽어요 : 사도행전 1장 8절
"오직 성령이 너희에게 임하시면 너희가 권능을 받고 예루살렘과 온 유대와 사마리아와 땅 끝까지 이르러 내 증인이 되리라 하시니라."

3. 예수님은 자신의 제자들에게 사명을 맡기셨습니다(마 28:19~20).

예수님은 갈릴리에 모인 열한 제자를 비롯해 오백 여명이 넘는 모든 사람들에게 사명을 맡기셨습니다. 당시에 모든 족속에게 간다는 것은 불가능했을지라도, 처음 믿었던 세대에게 주어진 명령은 곧 모든 세대의 믿는 자에게로 확장되어 적용된다는 의미가 내포되어 있는 것입니다.

주님의 명령은 삼중 적으로 지시하고 있습니다.

첫째, 너희는 가서 모든 족속으로 제자를 삼으라는 것입니다. 복음을 전달 받은 제자들은 누구나 모든 족속으로 가서 제자를 삼는 일이 우선적입니다. 제자들은 함께 복음을 전파하는 사명을 받았습니다.

둘째, 그분은 우리에게 모든 족속에게 세례를 주라고 명하셨습니다(막 16:16; 눅 3:21; 행 2:38절). "아버지와 아들과 성령의 이름으로 세례를 주라"고 하셨습니다.

셋째, 우리에게 자신이 명한 모든 것을 '가르치라'는 사명을 맡기셨습니다. 여기 '가르침'은 '제자 삼고', '세례 주는 것'만큼 필수적입니다.

그리스도께서 우리에게 가르치시고 명하신 것을 우리는 배우고 깨달아 실천해야만 합니다. 그리스도의 공동체인 교회가 그리스도의 가르침과 명령을 무시할 때 그 공동체는 타락하여 망하게 됩니다. 오늘날 교회가 세상 사람들에게 복음 외에 무엇으로든 지탄을 받아서는 안 됩니다. 우리는 주님의 제자로서의 복음을 전하는 사명완수에 진력을 다해야 합니다. 이렇게 할 때, 주님이 축복하사 붙들어 주시고 굳게 서도록 하실 것입니다.

· 함께 읽어요 : 이사야 41장 10절

"두려워하지 말라 내가 너와 함께 함이라 놀라지 말라 나는 네 하나님이 됨이라. 내가 너를 굳세게 하리라 참으로 너를 도와주리라 참으로 나의 의로운 오른손으로 너를 붙들리라."

정리하는 말

사랑하는 성도 여러분! 초대교회 성도들은 예수를 주로 고백하고 믿는다는 것, 주 예수 그리스도의 부활을 전한다는 것만으로도 순교의 제물이 되었습니다. 주님의 제자들 대부분이 순교했습니다. 여러분! 우리도 제자들 전통 이어 받아, 숭고한 사명으로 '제자를 삼아', '세례를 주고', '가르쳐 지키도록 하라'는 지상명령을 순종하며 사시기를 바랍니다.

평가와 결심

1. 제자들이 어디 가서 주님을 만나 지상명령을 받았습니까?
   (마 28:16, 갈릴리 예수께서 지시하신 산)
2. 예수께서 자기를 따르는 자들에게 무엇을 보장해 주십니까?
   (마 28:18, 구원과 영생, 권세를 부여하시고 보장해 주심)
3. 예수님이 제자들에게 주신 삼중 사명은 무엇입니까?
   (마 28:19~20, ① 제자를 삼아 ② 세례를 주고 ③ 가르쳐 지키도록 하라)

주간 경건의 시간 <30> · 날마다 말씀과 함께

요일 / 내용	주일/월(Mon)	화(Tue)	수(Wed)	목(Thu)	금(Fri)	토(Sat)
찬송	88동 / 91동	198 / 284	200 / 235	199 / 234	210 / 245	336 / 383
성경	마 28: / 막 1:	막 2:	막 3:	막 4:	막 5:	막 6:
적용	제자 삼아/ 복음 전파	중풍병자 고치심	안식일 병자고침	씨 뿌리는 비유	귀신들린 사람	고향에서 배척당함

* 대중교육의 중요성은 자유와 정의에 버금간다. 이것이 없이는 자유도 정의도 영구히 지탱될 수 없다.

< 제임스 A. 가필드, 1831~1881, 미국 20대 대통령 >

제31과

부르짖으매 고치셨도다!

찬송 / 545, 488, 471 / 통 344, 539, 528

성경 / **마가복음 9:14-29**

요절 / **마가복음 9:29**

"이르시되 기도 외에 다른 것으로는 이런 종류가 나갈 수 없느니라 하시니라."

목표 / 영육 간의 건강을 위하여 부르짖는 간구와 기도의 태도를 기른다.

시작하는 말

여러분! 지금 몸이 불편한 곳은 없으십니까? 요즘 사람들이 모이는 곳마다 화두가 건강입니다. 그렇게 건강을 챙기는 데도 아픈 사람은 늘어만 갑니다. 건강에 유의하는 사람은 식사 조절, 근심되는 일 없애고, 욕망 줄이고, 감정을 억제하고 체력증진, 말을 적게, 악한 생각 피하고 야망을 버리며, 내장의 섭생에 주의해야 한다고 합니다. 본문에는 귀신 들린 사람에 대한 변론이 벌어져 결국에는 예수께서 오심으로 귀신을 축사逐邪하시고[1] 건강을 회복시켜 주신 것입니다.

오늘의 말씀

1. 교회 안에서 문제를 해결치 못함은 영적 미성숙의 결과입니다(막 9:14~18).

예수께서 베드로와 야고보와 요한을 데리시고 따로 높은 산에 올라

1) 축사逐邪는 지식으로나 섭생으로 되는 것이 아니다. 예수 이름으로, 성령능력으로, 하나님의 말씀과 권능으로 귀신은 쫓겨 가고 정신을 맑아지고 치유된다.

가서서 그 옷이 광채가 나고 매우 희어지고 모습이 변화되셨습니다. 엘리야와 모세가 함께 그들에게 나타나 예수와 더불어 말씀하셨습니다. 그 일 후에 하산하시는데 귀신들려 말 못하는 아들을 데려와 제자들에게 귀신을 내쫓아달라고 했었습니다. 그러나 그들이 해결하지 못했습니다. 귀신 축사능력을 나타내지 못하자 무리는 웅성거리고 있었습니다.

· 함께 읽어요 : 마가복음 9장 18절

"귀신이 어디서든지 그를 잡으면 거꾸러져 거품을 흘리며 이를 갈며 그리고 파리해지는지라 내가 선생님의 제자들에게 내쫓아달라 하였으나 그들이 능히 하지 못하더이다."

2. 영적 미성숙은 상처를 주고 슬프게 합니다(막 9:19~22).

예수 그리스도께서는 상황을 먼저 파악하신 후 탄식하실 수밖에 없었습니다. 문제의 상태를 보시고 슬퍼하셨습니다.

첫째는 사람들의 불신앙이 그리스도를 슬프게 했습니다. 주님은 "믿음이 없는 세대여! 내가 얼마나 너희와 함께 있으며 얼마나 너희에게 참으리요 그를 내게로 데려오라"고 하셨습니다(19절).

둘째는 곤궁에 처한 한 사람의 가련한 상태가 그리스도를 슬프게 했습니다(20절). 그를 데리고 오니 귀신이 예수님을 보고 '아이로 심히 경련을 일으키게 하니 땅에 엎드려져 거품을 흘리게' 했습니다.

참으로 절망적인 상태였습니다. 아이 아버지의 마음에 깊은 상처가 생겼습니다. 이 상처를 예수님께서 해결해 주셔서 치유함을 받았습니다.

· 함께 읽어요 : 마가복음 9장 26~27절

"26 귀신이 소리 지르며 아이로 심히 경련을 일으키게 하고 나가니 그 아이가 죽은 것 같이 되어 많은 사람이 말하기를 죽었다 하나 27 예수께서 그 손을 잡아 일으키시니 이에 일어서니라."

3. 우리가 영적 미성숙을 인정하면 축복이 임합니다(막 9:23~27).

영적 미성숙을 치유함 받는 방법은 먼저 이 사실을 인정해야만 합니다. 예수님은 '언제부터 이러했느냐?'고 물으셨습니다. 어릴 때부터 귀신이 그를 죽이려고 불과 물에 자주 던졌나이다. 아버지는 아이의 심각한 생태를 말씀드리고 "무엇을 하실 수 있거든 우리를 불쌍히 여기사 도와주옵소서."(22절)라고 간절하게 호소합니다. 이런 신앙의 미성숙 상태를 보시고 주님은 말씀합니다.

"할 수 있거든 이 무슨 말이냐? 믿는 자에게는 능히 하지 못할 일이 없느니라."(23절)고 말씀하셨습니다. 그때 아이의 아버지는 "내가 믿나이다. 나의 믿음 없는 것을 도와주소서."라고 고백했습니다.

예수께서 더러운 귀신을 꾸짖으시며 "말 못하고 못 듣는 귀신아 내가 네게 명하노니 그 아이에게서 나오고 다시 들어가지 말라"고 하셨습니다(25절). 귀신이 소리 지르며 아이로 심히 경련을 일으키게 하고 나가니 그 아이가 죽은 것 같이 되니 사람들은 '죽었다'고 했습니다. 예수께서 그 손을 잡아 일으키니 일어나 섰습니다. 할렐루야!

사랑하는 성도 여러분! 여러분들의 삶 가운데 종종 이런 어려운 일들이 닥칠 때가 있습니까? 주님이 명하신 것처럼 영적 미성숙의 해결 방법을 찾아 확실하게 실천하시기 바랍니다.

첫째, 영적 능력을 간절히 구함으로써 이겨낼 수 있습니다.

둘째, 영적 미성숙은 기도와 금식으로 이겨낼 수 있습니다.

여러분들의 주변에 영적인 미성숙으로 참혹한 일들을 겪으시는 분들은 안 계십니까? 종종 교회 안에 이런 귀신들려 고통을 당하는 사람들이 찾아옵니다. 여러분들은 어떻게 하십니까? 온 교회가 주님의 능력을 간구하며, 작정하고 기도와 금식으로 해결 받으시기 바랍니다.

· 함께 읽어요 : 마가복음 9장 29절

"이르시되 기도 외에 다른 것으로는 이런 종류가 나갈 수 없느니라 하시니라."

정리하는 말

오늘날 신信, 불신不信 간에 귀신들림의 상태를 인정은 하지만, 미리 겁먹고 그 해결방법을 찾아 귀신을 쫓아 주는 교회가 드뭅니다. 믿음이 부족하기 때문입니다. 주님은 시험이 있는 곳에 반드시 그 해결책도 주신다는 사실을 믿으시기 바랍니다. 이런 문제는 교역자들이나 동역 자들과 함께 기도하면서, '영력을 회복'하시고 '기도'와 '금식'으로 해결하셔서 교회와 구역을 잘 이끌어 부흥의 계기로 삼으시기 바랍니다.

평가와 결심

1. 교회 안에서 영적 미성숙의 영향 첫째는 무엇입니까?
   (막 9:14~18, 능력 결핍으로 상처를 주고 비난, 소란과 웅성거림)
2. 교회 안에서 영적 미성숙의 영향 둘째는 무엇입니까?
   (막 9:19~22, 불신앙으로 깊은 상처, 곤궁하고 가련한 상태를 줌)
3. 영적 미성숙 상태의 해결과 치유 방안이 무엇입니까?
   (막 9:28~29, ① 영적 능력을 간절히 구하십시오.
   ② 기도와 금식으로 해결하고 치유할 수 있음)

주간 경건의 시간 <31> · 날마다 말씀과 함께

요일 / 내용	주일/월(Mon)	화(Tue)	수(Wed)	목(Thu)	금(Fri)	토(Sat)
찬송	37동 / 88동	180 / 168	191 / 427	337 / 363	338 / 364	456 / 509
성경	막 7: / 막 8:	막 9:	막 10:	막 11:	막 12:	막 13:
적용	장로들 전통/ 시천 명 먹이심	변화되심	재물 많은 사람	무화과나무 마름	포도원 농부 비유	재난의 징조

* 깨끗한 피의 도덕성은 목사와 교사들이 가르치는 첫 번째 교훈들 중의 하나이다. < 윌리엄 틴데일, 1494?~1536, 영국 종교 개혁자 >

제32과

온갖 병자를 고치심

찬송 / 472, 471, 456 / 통 530, 528, 509

성경 / **누가복음 4:31-44**

요절 / **누가복음 4:39**

"예수께서 가까이 서서 열병을 꾸짖으신대 병이 떠나고 여자가 곧 일어나 그들에게 수종드니라.

목표 / 믿음의 일꾼들이 믿음으로 영·육 건강하게 살아가는 태도를 기른다.

시작하는 말

본문은 모든 성경 중에서 가장 흥미 있는 부분 중의 하나입니다. 이 이야기는 예수님 사역의 가장 초기 때의 일입니다. 성경 기록자 누가는 우리들에게 예수님의 하루의 삶을 어떻게 보내셨는지 구체적이고 전형적인 사역의 일과를 보여주고 있습니다.

예수께서는 우리의 반복된 일과와는 달리 하루가 꽉 찬 일정에 지치도록 병자들을 치유하시고 전도하시는 사역을 감당하셨습니다.

오늘의 말씀

1. 예수께서 가버나움으로 내려오셨습니다(눅 4:31~32).

예수께서 갈릴리에 있는 도시 가버나움으로 내려오셨습니다. 가버나움은 팔레스타인의 수공업의 중심지이며 예수님의 전도 활동무대였습니다. 누가는 31절에 "갈릴리의 가버나움 동네에 내려 오사 안식일에 가르치시니"라고 기록했습니다. 사람들은 예수님이 가르치는 말씀의 권위에 놀랐습니다.

오늘날 강단이 풍유적으로 흐르고 있습니다. 연주 무대와 코미디와 탤런트들의 무대로 변질되고 있습니다. 설교가 함량 미달의 메시지로 성경말씀보다는 개인 사회 경험이나 세상 이야기(가정, 직장, 운동, 드라마)와 간증으로 대신하고 있습니다. 우리 강단의 지도자들은 각성해야 하겠습니다. 참 말씀의 권위를 되찾으시기를 바랍니다.

· 함께 읽어요 : 누가복음 4장 32절
"저희가 그 가르치심에 놀라니 이는 그 말씀이 권위가 있음 이러라."

2. 예수님은 가장 더러운 귀신 들린 자를 구원하셨습니다(눅 4:33~37).

귀신들린 사람이 회당에서 예배에 참석하고 있었습니다. 그는 참으로 비참하고 더러운 귀신의 영에 사로잡힌 사람이었습니다. 도덕적으로 의식적으로도 부정하고 헝클어지고 불결했습니다. 그의 생활은 엉망이었습니다. 그의 영은 정상이 아니었지만 예수님에 대해 알고 있었습니다.

① 예수님의 신성을 알았지만 부정하고, 더럽고, 죄 많은 자였습니다.

② 자신이 예수에 의해 파멸될 것이며, 심판의 날이 오리라는 것을 알았습니다.

③ 예수께서 하나님의 거룩한 자인 것을 알았습니다.

④ 예수님은 악한 영이 그분의 신성을 인정하는 것에 대해 꾸짖으셨습니다.

⑤ 예수님은 더러운 영을 내쫓으시고 그를 구원하셨습니다.

주님은 어떤 악한 영이 들린 사람이든지 그분에게로 오면, 그에게서 악하고 더러운 영을 내쫓아 주시고, 치유해 주시고 구원해 주십니다.

· 함께 읽어요 : 요한복음 17장 2~3절
"2 아버지께서 아들에게 주신 모든 자에게 영생을 주게 하시려고 만민을 다스리는 권세를 아들에게 주셨음 이로소이다 3 영생은 곧 유일하신 참 하나님과 그가 보내신 자 예수 그리스도를 아는 것이니 이다."

3. 예수님은 가장 절박한 자를 고쳐 구원해 주십니다(눅 4:38~39).

예배를 마쳤습니다. 예수님은 그곳에서 가까운 베드로의 집으로 가셨습니다. 베드로의 장모는 중병에 걸려 있었습니다. 결혼을 해서 가정을 가지고 있던 베드로를 위해, 예수께서 전도의 바쁜 일정임에도 불구하고 배려하셔서 들려 주셨던 것입니다.

그녀는 '중한 질병'에 걸려, 예수께 도움조차 구할 수 없을 정도로 연약한 자였습니다. 침대에서 일어날 수조차 없었습니다. 예수께서 다가가셔서 다만 말씀으로 질병을 꾸짖으시니, 그녀는 일어나서 시중을 들기 시작했습니다.

그때는 초저녁이었고 해질녘이었습니다. 주님은 하루 종일 사역하셨고, 매우 피곤하셨습니다. 베드로는 예수님을 따라나서 가정을 가졌으면서 전도 사역을 함께했습니다. 여기서 베드로의 성실한 사역을 보게 됩니다.

예수님은 사람들과 함께 계셨고, 사람들은 온종일 예수님을 만날 수 있었습니다. 해질 녘에도 온갖 병자들을 일일이 손을 얹으시고 고쳐주셨습니다. 주님께서는 그분께 오는 자를 결단코 쫓아내지 않으십니다.

예수께서는 거짓고백을 하는 악한 영들을 꾸짖었습니다. 그들의 말함을 허락지 않으셨습니다(41절).

날이 밝으매 한적한 곳에 가셨습니다. 하루의 사역을 위해 기도하셨을 것입니다. 사람들이 몰려와 그곳에서 떠나지 못하게 만류합니다.

예수님은 다른 동네에서도 하나님의 나라 복음을 전하기 위해 떠나야 하리라 말씀하셨습니다. 이일이 주님의 사명이기 때문입니다.

예수를 믿고 따르는 우리도 복음을 전파하기 위해 부르신 것입니다. 세계 모든 종족과 민족에게도 복음을 전파해야 할 사명을 주신 것입니다.

· 함께 읽어요 : 누가복음 4장 44절
"갈릴리 여러 회당에서 전도하시더라."

정리하는 말

여러분! 어떻게 하루 일과를 보내시고 계십니까? 갈릴리에서 복음을 전하시던 예수님은 하루해가 짧도록 피곤에 지쳐있어도 새벽 한적한 곳에서 기도하셨습니다. "바쁜 꿀벌은 걱정할 틈이 없다"는 말처럼 최선을 다하기 바랍니다. 복음을 듣지 못한 곳에 복음을 전하신 예수님처럼, 주님의 지상명령인 복음 전도하는 일에 충성 다하시기를 소원합니다.

평가와 결심

1. 갈릴리 어디 지역에 가셔서 질병을 고치시고 전도하셨습니까?
   (눅 4:31~32, 사람들이 붐벼 복음 전하기 적합한 곳 가버나움)
2. 회당 예배 후에 악한 영에 들린 자를 만나 어떻게 했습니까?
   (눅 4:33~37, ① 귀신을 축사해 주시고 ② 그를 구원해 주셨음)
3. 가버나움 베드로 집에 들어가셔서 하신 일이 무엇입니까?
   (눅 4:38~39, 베드로 장모의 중한 열병을 꾸짖어 고쳐 수종들게 하심)

주간 경건의 시간 <32> · 날마다 말씀과 함께

요일 / 내용	주일/월(Mon)	화(Tue)	수(Wed)	목(Thu)	금(Fri)	토(Sat)
찬송	37동 / 89동	165 / 155	166 / 156	168 / 158	170 / 16	172 / 152
성경	막 14: / 막 15:	막 16:	눅 1:	눅 2:	눅 3:	눅 4:
적용	향유 부음/ 예수 죽으심	예수 다시 사심	세례 요한 출생	예수 나심	세례요한의 전파	갈릴리에서 가르치심

* 인간의 예지도 학식도 미덕도 건강이 아니면 빛을 잃고 사라져 버릴 것이다.
< 미상 >

8단원 건강 증진의 달

제33과

과부의 아들을 살리심

찬송 / 93, 88, 91 / 통 93, 88, 91
성경 / **누가복음 7:1-17**
요절 / **누가복음 7:14**
"가까이 가서 그 관에 손을 대시니 멘 자들이 서는지라 예수께서 이르시되 청년아 내가 네게 말하노니 일어나라 하시매."
목표 / 구주이신 예수 그리스도는 인간의 생명도 살리는 분임을 안다.

시작하는 말

사랑하는 성도 여러분! 이방인이든 유대인이든, 부자이든 가난한 자이든, 지도자이든 따르는 자이든, 지배자이든 노예이든 간에 예수 그리스도께서는 모든 사람들의 필요를 충족시켜 주십니다. 이에 대한 전제 조건은 오직 '믿음'입니다. 예수님은 돈이 있든지 없든지, 권력이 있든지 없든지 아무 상관이 없습니다. '믿음'이 있느냐, 없느냐가 더 중요합니다. 하나님의 도움을 원하는 자에게는 '믿음'이 필수 사항입니다.

무가치한 것에서 가치 있는 것으로, 무에서 유를 창조하는 것은 다름 아닌 '믿음'임을 알고 '큰 믿음'을 소유하고 살아가시기를 소원합니다.

오늘의 말씀

1. 주님은 백부장의 종을 고쳐 주셨습니다(눅 7:1~10).

예수 그리스도는 선교 중심지인 가버나움으로 다시 돌아오셨습니다.

어떤 백부장의 종이 병들어 죽게 되었습니다. 예수님의 소문을 듣고 유대인의 장로 몇 사람을 보내어 '오셔서 그 종을 구해 주시기'를 청했습니다. 본문을 통해서 '백부장의 큰 믿음'을 찾아 볼 수 있습니다.

큰 믿음은 사람들을 깊이 돌봅니다(2절). 큰 믿음은 예수께 나오기 전 자신의 무가치함을 느끼게 합니다(3절). 큰 믿음은 하나님을 찾습니다(4~5절). 큰 믿음은 예수 그리스도께 중심을 둡니다(6~8절). 큰 믿음은 예수 그리스도의 큰 능력을 일으킵니다(9~10절). 여러분들도 '큰 믿음'을 소유하셔서 영적 축복의 주인공이 되시기 바랍니다.

· 함께 읽어요 : 누가복음 7장 9절
"예수께서 들으시고 그를 놀랍게 여겨 돌이키사 따르는 무리에게 이르시되 내가 너희에게 이르노니 이스라엘 중에서도 이만한 믿음은 만나보지 못하였노라 하시더라."

2. 나인성에 들어가 과부의 아들을 살리셨습니다(눅 7:11~17).

나사렛에서 약 10km, 가버나움에서 하룻길인 나인성에 들어가셨습니다. 이곳은 엘리사가 수넴 여인의 아들을 살리신 곳과 같은 지역입니다(왕하 4:18~37). 거기에는 믿지 않는 수많은 사람들이 있었습니다. 주님이 이곳에서 과부의 아들을 살리셔서, 나중에 이들이 죽음을 정복한 사건의 증인들이 되었을 것입니다. 교회 안에서도 복음을 듣고 반신반의하는 사람이든, 호기심으로 왔던 사람들이든, 교회 안에만 들어오면 하나님께서 역사하셔서 언젠가는 이들이 '복음의 증인'이 될 것입니다.

예수님을 만난다는 것은 그 자체가 축복입니다. 처음부터 알곡이 될 수는 없는 법입니다. 벼의 이삭이 나와 처음은 껍질 속에 미미한 뜨물이 생기고 점점 익어가면서 알곡이 되듯이 복음의 씨앗도 그런 것입니다.

· 함께 읽어요 : 마가복음 4장 28절
"땅이 스스로 열매를 맺되 처음에는 싹이요 다음에는 이삭이요 그 다음에는 이삭에 충실한 곡식이라."

3. 믿음에는 예수 그리스도의 위대한 능력이 역사합니다(눅 7:10; 15~16).

기독교는 '믿음'의 종교입니다. 믿음의 조상의 계보를 따라 경건한 자들이 계속 태어나고 그 믿음의 계대가 이어가는 것입니다. 그래서 믿음의 가정이 중요한 것입니다. 창세기 4장에 아담에게서 가인과 아벨, 그리고 아벨이 쳐 죽임을 당하자 대신 주신 셋에게서 에노스가 이어가고 그때에 비로소 '여호와의 이름을 불렀더라'(창 4:26절)는 말씀이 나옵니다.

창세기 5장에서 아담의 계보가 나옵니다. 6장에서 홍수로 심판을 당해 인류를 쓸어버리시자 노아의 자손을 통한 노아의 계보로 이어집니다.

마태복음 1장과 누가복음 4장에 예수 그리스도의 계보가 나옵니다. 이는 모두 '믿음의 조상'들의 계보인 것입니다. 특별히 히브리서 11장에는 믿음으로 승리한 자들의 계보와 이름을 소개하고 있습니다.

예수 그리스도의 지상생애의 핵심은 '복음전도'와 '질병치유'하심, 그리고 '가르침'입니다. 누가는 의사 신분이었기에 질병의 치유사건을 자세하게, 그리고 조심스럽게 기록하고 있습니다. 본문에서 강조하고 있는 부분이 '믿음'과 '치유'의 상관관계입니다. 병든 자의 믿음을 보시고, 또는 병자의 돌봄 이로서 사역하는 분들의 믿음을 보시고, 고쳐주시고 구원해 주신 것입니다. 본문의 백부장의 믿음을 보시고 그 종을 치유해 주셨습니다. 나인 성 과부의 아들의 관을 메고 나오는데, 그 과부를 보시고 불쌍히 여기사 "청년아 내가 네게 말하노니 일어나라"하시니 죽었던 자가 일어나 앉고 말도 했습니다. 주님의 능력은 죽은 자도 살리신 것입니다. 그리스도께서는 죽은 자 가운데서 다시 살아나사 잠자는 자들의 첫 열매가 되셨습니다(고전 15:20절). 우리의 장래도 주님처럼 다시 살아 영원한 천국에 거할 것을 믿습니다. 할렐루야!

· 함께 읽어요 : 고린도전서 15장 20절
"그러나 이제 그리스도께서 죽은 자 가운데서 다시 살아나사 잠자는 자들의 첫 열매가 되셨도다."

정리하는 말

사랑하는 성도 여러분! 하나님의 독생자 예수 그리스도께서는 천국복음을 전파하시고, 질병을 치유하시며, 하나님의 말씀을 알아듣기 쉽게 가르치는 탁월한 능력을 지니셨습니다. 무엇보다도 사람들을 불쌍히 여기시고 치유와 구원을 얻게 하시려고 '생명의 복음'을 전하신 것입니다. "예수 사랑, 예수 믿음, 예수 소망"으로 살아가시기를 바랍니다.

평가와 결심

1. 예수께서 병자를 보시지도 않고 누구를 치유해 주셨습니까?
   (눅 7:1~10, 백부장의 큰 믿음을 보시고 백부장의 종을 고쳐주심)
2. 예수께서 나인성에 들어가시다가 누구를 살려 주셨습니까?
   (눅 7:11~17, 과부인 한 어머니의 독자를 살려주심)
3. 하나님의 능력이 크게 역사한 길(방법) 곧 통로가 무엇입니까?
   (눅 7:15~24, ① 큰 믿음, ② 불쌍히 여김을 받음)

주간 경건의 시간 <33> · 날마다 말씀과 함께

요일 / 내용	주일/월(Mon)	화(Tue)	수(Wed)	목(Thu)	금(Fri)	토(Sat)
찬송	36동 / 39동	436 / 493	435 / 492	535 / 325	534 / 324	421 / 210
성경	눅 5: / 눅 6:	눅 7:	눅 8:	눅 9:	눅 10:	눅 11:
적용	믿음 보시고/ 밀 이삭	백부장 종 고쳐주심	막달라 마리아	열두 제자 파송	칠십인 파송	주기도 가르치심

* 좋은 건강과 좋은 감각은 두 가지가 다 커다란 축복이다. < 로마 격언 >

8단원 건강 증진의 달

제34과

네 병에서 놓였도다!

찬송 / 471, 472, 450 / 통 528, 530, 376
성경 / **누가복음 13:1-21**
요절 / **누가복음 13:13**
"안수하시니 여자가 곧 펴고 하나님께 영광을 돌리는지라"
목표 / 예수의 능력을 믿고 병에서 놓임 받아 건강히 살아가도록 한다.

시작하는 말

여러분! 왜 인간에게 고통이 오는 것입니까? 어떤 사람은 자기의 죄 때문이라고 합니다. 또 조상의 죄 때문이라고 합니다. 여기 공통분모는 '죄'입니다. 그러나 사람들이 생각하는 것처럼 모두 다 그런 것은 아닙니다. 세상에 죄 없는 사람이 어디 있습니까? 죄보다 심각한 것은 죄를 회개하지 않는 것입니다. 그래서 하나님의 용서와 치유함을 받지 못하는 것입니다. 그리스도의 능력을 믿고 치유함 받으시기를 축복합니다.

오늘의 말씀

1. 회개하지 아니하면 멸망합니다(눅 13:1~5).

사람들이 예수께 와서 최근 무서운 학살 소식을 전했습니다. 어떤 갈릴리 사람들이 성전에서 제물을 드리며 하나님을 예배하고 있을 때, 헤롯이 보낸 병사들이 들이닥치는 대로 그들을 학살했다는 것입니다.

예수께서 그들의 이야기를 듣고 일언지하에 반박하셨습니다. 우리가 믿는 기독교의 비극은 강단에서 외쳐지는 말씀 따로 있고, 신자의 삶이 따로 있다는 것입니다. 어느 시대나 선지자의 외침이 있었지만 그 말씀을 받아 회개하며 순종하고 말씀대로 실천하여 살아갈 때, 멸망치 않고 복 받아 살 수 있었던 것입니다. 이를 명심하시기 바랍니다.

· 함께 읽어요 : 누가복음 13장 5절
"너희에게 이르노니 아니라 너희도 만일 회개하지 아니하면 다 이와 같이 망하리라."

2. 열매 맺지 못하는 무화과나무는 찍혀버림을 당합니다(눅 13:6~9).

예수님은 열매를 구하는 주인의 비유를 말씀하심으로써 사람들에게 '회개의 필요성'에 대해 이해시키고자 하셨습니다. 여기서 주인은 하나님을 상징하고 있습니다.

보십시오. 무화과나무는 큰 특권을 받았습니다. 길가에 심겨져 행인에게 그늘이나 제공하는 처지에서 포도원에 심겨진 것입니다. 주인은 포도원지기에게 이렇게 말합니다. "내가 삼년을 와서 이 무화과나무에서 열매를 구하되 얻지 못하니 찍어버리라. 어찌 땅만 버리게 하겠느냐"(7절). 여기 심겨진 무화과는 열매를 맺으라고 심겨졌으니 열매를 맺든지 아니면 찍어버리거나 둘 중 하나를 택해야 하는 것이었습니다.

그래서 과수원 지기는 주인에게 "주인이여! 금년에 그냥 두소서. 내가 두루 파고 거름을 주리니 이 후에 열매가 열면 좋거니와, 그렇지 않으면 찍어버리소서."라고 했습니다. 신자들은 예수를 믿고 죄를 회개해야 합니다. 그리고 죄 사함을 받고 새사람 되면 열매 맺는 생활해야 합니다.

· 함께 읽어요 : 요한복음 15장 8절
"너희가 열매를 많이 맺으면 내 아버지께서 영광을 받으실 것이요 너희는 내 제자가 되리라."

3. 안식일에 회당에서 꼬부라진 여자를 고치셨습니다(눅 13:10~17).

안식일에 예수께서는 **회당**에서 가르치셨습니다.[2)]

이때가 회당에서 가르치신 마지막 사건이었습니다. 이 후로 논란의 대상이 되셔서 가르치시는 일조차 회당에서 허락하지 않은 듯 합니다.

여기 치유가 문제된 것은 안식일에 치유가 금해져 있었습니다. 치유는 죽고 사는 문제가 아닌 경우에는 일을 한 것으로 간주되었기 때문입니다. 예수께서 안식일의 율법을 깨뜨린 것이 논쟁이 일어난 이유였습니다.

여자와 회당 장은 모두 하나님을 예배하는 자였음을 주목해야 합니다.

여인은 예배를 드리고 있었습니다. 그녀의 삶을 돌보아 주시도록 하나님의 얼굴을 구하는 것이 그녀의 생활이었습니다. 이 여인은 안식일이면 언제나 그곳에 가 있었으므로, 매우 특별한 하나님의 보살핌을 받을 수 있었습니다. 그녀는 예수님에게 발견되었고, 부름을 받았습니다. 생각해 보십시오. 그녀는 18년 동안이나 질병의 고통과 싸워야 했습니다. 말이 그렇지 18년이란 세월은 길고 긴 고통과 시련의 세월이었을 것입니다.

그녀는 예수님께 말씀과 안수를 받았습니다. 예수님은 그 여인을 부르셨습니다. 그리고 "네가 네 병에서 놓였도다!"라고 선포해 주셨습니다.

예수님은 손을 뻗치셔서 그녀에게 안수해 주셨습니다. 그녀는 '곧 펴고' 하나님께 영광을 올렸습니다. 18년 만에 몸을 곧게 펴고 일어설 수 있었습니다. 그녀는 예수님의 말씀과 안수의 능력을 경험했습니다. 그것이 치유의 원동력이 되었던 것입니다.

· 함께 읽어요 : 마태복음 8장 16~18절

"16 저물매 사람들이 귀신 들린 자를 많이 데리고 예수께 오거늘 예수께서 말씀으로 귀신들을 쫓아내시고 병든 자를 다 고치시니 17 이는 선지자 이사야를 통하여 하신 말씀에 우리의 연약한 것을 친히 담당하시고 병을 짊어지셨도다함을 이루려 하심이더라."

---

2) 회당(synagogue 또는 synagog라고도 씀; 會堂)의 전통적인 기능은 3가지로서 히브리어 이름인 베트 하테필라(기도하는 집), 베트 하크네세트(집회하는 집), 베트 하미드라시(학습하는 집)에 반영되어 있다. 회당이라는 말은 그리스어로 '함께 모이다'라는 뜻의 synagein에서 유래한 것으로서 집회 장소를 뜻한다.

정리하는 말

여러분! 예수께서는 모든 병자들을 치유하시고 복음을 전하시느라 정말 눈코 뜰 사이가 없으셨습니다. 오늘날 단독 목회자들의 생활도 참으로 힘들고 바쁩니다. 여름철 피서 겸, 기도 처소를 찾아 육신적으로 좀 쉬고 건강을 돌볼 수 있도록 교회가 배려해 드려야 합니다. 말씀과 성령의 생수로 영적치유 함도 받으시고, 육신 건강을 위해 투자하듯이 영적 건강에도 투자하셔서 영·육간에 강건하시기를 간절히 부탁합니다.

평가와 결심

1. 갈릴리 사람들의 학살 소식을 듣고 예수께서 뭐라 하셨습니까?
   (눅 13:5, 너희도 만일 회개하지 아니하면 이와 같이 망하리라)
2. 회개하지 아니하면 망하리라는 말씀이해를 위해 하신 비유는 ?
   (눅 13:6~9, 열매 맺지 아니하는 무화과 비유를 말씀하심)
3. 안식일에 회당에서 예배 후에 누구를 고치셨습니까?
   (눅 13:10~17, 귀신들려 18년 동안 꼬부라져 펴지 못하는 여자)

주간 경건의 시간 <34> · 날마다 말씀과 함께

요일 / 내용	주일/월(Mon)	화(Tue)	수(Wed)	목(Thu)	금(Fri)	토(Sat)
찬송	146동 / 144동	182 / 169	212 / 347	214 / 349	240 / 231	255 / 187
성경	눅12: / 눅13:	눅 14:	눅 15:	눅 16:	눅 17:	눅 18:
적용	한 부자 비유/ 겨자씨 비유	큰 잔치 자리 비유	잃은 양 비유	청지기 비유	하나님의 나라	부자의 재물관리

* 기도와 웃음은 서로 상반된 것이 아니다. 기도는 영적 건강에, 웃음은 신체적 건강에 결정적인 역할을 한다. < 미상 >

8단원 건강 증진의 달

제35과

영안이 열려 건강해야

찬송 / 314, 315, 368 / 통 511, 512, 486
성경 / **누가복음 24:13-49**
요절 / **누가복음 24:39**

"내 손과 발을 보고 나인 줄 알라 또 나를 만져보라 영은 살과 뼈가 없으되 너희 보는 바와 같이 나는 있느니라."

목표 / 영안이 열려 건강해야 영·육 간에 건강하게 살아감을 안다.

시작하는 말

본문의 배경은 예수님의 부활에 대한 이야기를 하면서도 희망을 잃고 슬픔과 절망을 등에 지고 두 사람이 예루살렘에서 엠마오로 내려가는 장면입니다. 두 사람은 그 소식에 대하여 회의적이었음으로 그것을 완전히 무의미한 것으로 받아들였습니다. 이러한 영적인 상태는 부활하신 예수님을 보고도 전혀 알아보지 못했던 것입니다.

여러분! 세상을 살아가면서 여러분들의 내면에서 세상을 보는 눈! 영안을 키우십시오. 여러분들의 삶이 다르게 보여 지기 시작할 것입니다.

오늘의 말씀

1. 좌절과 절망으로 가득 차 엠마오로 내려갑니다(눅 24:13~14).

그날은 아주 중요한 날이었습니다. 여자들이 빈 무덤을 발견하고 그 사실을 제자들에게 전해 주었던 '바로 그날'이었습니다. 예루살렘에서 엠마오로 내려가는 두 사람은 희망의 소식을 들었지만 내려가고 있었습니다. 글로바와 그의 동료는 여자들이 그 소식을 전해주는 그곳에 있었거나, 아니면 다른 사람들로부터 그 소식을 들었을 것입니다. 그들은 내려가는 도중 내내 슬퍼했습니다. 주님의 못 박히심으로 인해 절망의 영에 사로잡혀 있었습니다. 절망 속에서도 그들의 생각은 빈 무덤과 천사들이 전해 준 소식에 온통 쏠려 있었습니다.

· 함께 읽어요 : 눅 24장 5~6절
"[5] 여자들이 두려워 얼굴을 땅에 대니 두 사람이 이르되 어찌하여 살아있는 자를 죽은 자 가운데서 찾느냐 [6] 여기 계시지 않고 살아나셨느니라. 갈릴리에 계실 때에 너희에게 어떻게 말씀하셨는지를 기억하라."

2. 예수께서는 그들과 동행하시면서 말씀해 주십니다(눅 24:15~21).

글로바와 그의 동료는 엠마오로 내려가면서 이야기를 하는데 예수께서 저들과 동행하면서 이야기를 거드셨습니다. 그들이 너무나 깊은 절망과 자신들의 이야기 속에 빠져 있었기에, 그들은 그분이 주님이신 줄 몰랐습니다(눅 24:16). 그러나 주님께서는 이미 그들과 동행하시고 계셨습니다. 그분은 "너희가 길 가면서 주고받고 하는 이야기가 무엇이냐?" 하시니 두 사람이 슬픈 빛을 띠고 머물러 섰습니다.

글로바는 낯선 사람이 근간에 일어난 일을 모른다는 데 놀랐습니다. 그리고는 "당신이 예루살렘에 체류하면서도 요즘 거기서 된 일을 혼자만 알지 못하느냐?"(18절)고 하면서 예수의 십자가에 못 박혀 죽으신 사건을 설명해줍니다.

· 함께 읽어요 : 누가복음 24장 19~21절
"[19] 이르시되 무슨 일이냐 이르되 나사렛 예수의 일이니 그는 하나님과 모든 백성 앞에서 말과 일에 능하신 선지자이거늘 [20] 우리 대제사장들과 관리들이 사형 판결에 넘겨주어 십자가에 못 박았느니라 [21] 우리는 이 사람이 이스라엘을 속량할 자라고 바랐노라 이뿐 아니라 이 일이 된지가 사흘째요."

3. 엠마오로 내려가는 제자 같이 영안이 열려야 합니다(눅 24:22~35).

여기 두 제자의 문제는 오늘날 대부분 사람들이 갖고 있는 문제와 같은 것입니다. 즉 영안이 닫혀져 그들은 앞을 보지 못하였고, 불신앙 가운데 있었습니다. 사람들이 부활하신 주님을 받아들이기를 거부하는 중요한 이유가 있습니다. 그들에게 부활의 주님은 자신을 주님께 굴복시키고 그분께 예배하고 복종해야 함을 의미하기 때문입니다.

두 제자는 '불신앙'의 이유 때문에 슬픔과 절망에 차서 낙심과 혼돈 가운데 빠져 있었습니다. 그들은 순교당한 위대한 선지자인 메시야의 죽음은 기꺼이 받아들이고 경배했지만, 부활하신 주를 받아들이는 데에는 어려움을 겪었습니다. 오늘날 많은 사람들이 과거의 십자가에 죽으신 예수 그리스도는 인정하지만, 살아계셔서 성령으로 다가오시는 주님은 받아들이려 하지 않습니다.

두 제자들은 여인들이 전해준 부활의 소식, 곧 그가 살아나신 주님에 대한 영광스런 소식을 믿지 않았던 것입니다. 더 확실한 것을 원했습니다.

예수님께서 그들과 함께 유하시기를 청했습니다. 예수님은 들어가셔서 그들과 함께 식사하시기 위해 앉으셨고 떡을 떼어 그들에게 주시니 그들의 눈이 밝아져 그인 줄 알아보았습니다. 예수는 실제 그들에게 보이지 않았습니다. 주님을 초청한 그들은 대화 중에 그들의 마음이 뜨거워지는 확신을 경험했습니다. 밤이었지만 두 사람은 급히 예루살렘 사도들에게 갔습니다. 거기에 사도들과 다른 제자들이 함께 모여 있었습니다. 그리고 그들은 그들의 경험과 똑같은 "주께서 과연 살아나셨도다!"라고 증언 했습니다. 여러분에게도 이런 영안이 활짝 열려 주를 증언하시기 바랍니다.

· 함께 읽어요 : 누가복음 24장 32~34절

"32 그들이 서로 말하되 길에서 우리에게 말씀하시고 우리에게 성경을 풀어 주실 때에 우리 속에서 마음이 뜨겁지 아니하더냐 하고 33 곧 그 때로 일어나 예루살렘에 돌아가 보니 열 한 제자 및 그들과 함께한 자들이 모여 있어 34 말하기를 주께서 과연 살아나시고 시몬에게 나타나셨다 하는지라."

정리하는 말

사랑하는 성도 여러분! 여러분은 영적으로 건강하십니까? '영안'靈眼이 열리셔서 주님의 말씀을 보시고 말씀이 깨달아지십니까? 하나님의 말씀인 성경을 일용할 양식처럼 매일 묵상하며 사십니까? 육신의 건강도 영혼의 건강도 믿음에 달려있습니다. 주님은 여러분이 영·육간에 건강해져서 항상 주님과 함께 동행 하시기를 원하십니다. 부활의 주님께서 여러분들과 함께 하셔서 영 · 육간에 형통의 복이 임하시길 소원합니다.

평가와 결심

1. 글로바와 그의 동료가 왜 엠마오로 내려갔습니까?
   (눅 24:13~14, 주의 부활하신 소식에 회의적이었기 때문임)
2. 글로바와 그의 동료가 왜 예수님인 줄 알아보지 못했습니까?
   (눅 24:15~21, 너무나 깊은 절망과 자신들의 이야기 속에 빠져있기 때문)
3. 두 제자가 어느 때에 그들의 영안이 열렸습니까?
   (눅 24:22~32, 예수님께서 축사하시고 떡을 떼어주실 때에)

주간 경건의 시간 <35> · 날마다 말씀과 함께

요일 / 내용	주일/월(Mon)	화(Tue)	수(Wed)	목(Thu)	금(Fri)	토(Sat)
찬송	36동 / 144동	420 / 212	380 / 434	419 / 478	430 / 456	442 / 499
성경	눅19: / 눅20:	눅 21:	눅 22:	눅 23:	눅 24:	요 1:
적용	삭개오/ 예수의 권위	가난한 과부 헌금	유다의 배반	십자가에 달리심	예수 다시 사심	말씀이 육신입음

* 건전한 신앙은 몸을 건강케 한다.
< 윌리엄 E.. 글레드스턴, 1809~1896, 영국 정치가 >

9단원 말씀 실천의 달

제36과

제자들이 그를 믿으니라

찬송 / 83, 87, 89 / 통 83, 87, 89

성경 / **요한복음 2:1-12**

요절 / **요한복음 1:12**

"영접하는 자 곧 그 이름을 믿는 자들에게는 하나님의 자녀가 되는 권세를 주셨으니."

목표 / 예수 그리스도의 제자들처럼 주님을 믿고 따르는 태도를 기른다.

시작하는 말

오늘 본문은 예수께서 행하신 첫 번째 표적입니다. 이것은 그분이 세상에 오신 목적을 드러내 보여주었습니다. 나사렛에서 보일 정도로 가까운 갈릴리 가나에서 혼인식이 있었습니다. 이 혼인식은 예수께서 갈릴리에 오신 지 삼 일 후, 즉 나다나엘이 예수님을 만난 후 이틀 뒤에 있었습니다. 여기서 예수님은 가장 가까운 친척들이 모이는 잔치 집에서 하나님의 창조적인 능력을 드러내신 것입니다. 주님은 우리의 필요를 채워주시는 분이십니다. 믿고 따르시기를 바랍니다.

오늘의 말씀

1. 갈릴리 가나에서 한 혼인 잔치가 있었습니다(요 2:1~3).

마리아가 거기 참석한 것으로 보아, 예수의 친척인 것 같습니다. 요셉이 여기에 언급되지 않은 것은 대부분 성경 주석가들은 그가 벌써 죽었다고 생각했습니다. 그래서 예수께서는 다른 동생들이 성장하여 스스로 생활해 나갈 수 있게 되기까지 집에 머물면서 가족을 돌보았다고 봅니다. 그리스도이신 예수는 사람을 위하여 힘든 시련을 담당하고자 오셨습니다. 부친이 돌아가심으로 인해 오는 고난, 편모슬하에서 자람으로 인한 어려움, 자신의 모친과 남녀동생들에게 필요한 것을 제공하기 위해서 어린 나이에 일을 해야 하는 고된 고난의 삶을 살았을 것입니다. 주의 종들은 하나님의 말씀과 복음을 전하기 위해서 하는 사역과 가족들을 보살피는 힘든 일들을 병행하여 잘 감당해야 하는 것입니다.

· 함께 읽어요 : 사도행전 2장 42절
"그들이 사도의 가르침을 받아 서로 교제하고 떡을 떼며 오로지 기도하기를 힘 쓰니라."

2. 우리는 예수 그리스도의 때가 있음을 알아야 합니다(요 2:3~5)

예수 그리스도께서는 자신이 어머니 마리아로부터 혼인 잔치에 포도주가 떨어졌다는 이야기를 듣고서도 곧 바로 그 중대한 일을 수행하지 않으셨습니다. 그 일을 위해 때를 기다리셨습니다.

"여자여[1)]나와 무슨 상관이 있나이까? 내 때가 아직 이르지 아니하였나이다"라고 때를 미루셨습니다. 다음에 나오는 마리아가 하인들에게 부탁하는 말에서 이미 예수께서 큰일을 행하실 것을 짐작했던 것으로 생각됩니다. 그분은 이미 가정에서 예수가 하나님의 능력을 행하실 분이심을 알았으며 예수와 그 제자들도 혼인에 청함을 받았던 것입니다.

· 함께 읽어요 : 요한복음 2장 26~27절
"그 어머니가 하인들에게 이르되 너희에게 무슨 말씀을 하시든지 그대로 하라 하니라."

---

1)여자여! 헬라어(*γύναι*) '귀나이'라는 말은 단수호격으로 경멸의 뜻은 전혀 없음.

3. 예수 그리스도의 창조적 능력에 관심이 컸습니다(요 2:6~11).

유대의 혼례식은 일주일이나 축하연이 이어지기 때문에 손님들이 워낙 많이 몰려서 인지 포도주가 떨어졌습니다. 연회장이 있긴 했지만(9절) 마리아가 어떤 중요한 위치에서 그들을 돕고 있었음이 명백합니다.

혼례 축하연은 시작된 지 얼마 되지 않았기 때문에 일주일 동안 쓸 포도주와 음식을 준비해야 하는 걱정이 앞섰을 것입니다.

마리아는 답답함이 앞서서 예수께 부탁을 한 것입니다. 그러나 때를 기다려야 했기 때문에 그녀는 하인들에게 "너희에게 무슨 말씀을 하시든지 그대로 하라"(5절)고 신신 당부했습니다. 마침 거기에 유대인의 정결 예식에 따라 두세 통 드는 돌 항아리 여섯이 놓여있었습니다. 예수께서 "항아리에 물을 채우라." 아귀까지 채우니 "이제는 떠서 연회장에 갖다 주라"고 하셨습니다. 명령대로 떠서 연회장에 갖다 주었습니다.

"사람마다 먼저 좋은 포도주를 내고 취한 후에 낮은 것을 내거늘 그대는 지금까지 좋은 포도주를 두었다"고 칭찬이 자자했습니다. 그러나 그 포도주가 어디서 났는지 알지 못하되 물 떠온 하인들은 알았습니다. 예수님의 이적으로 만든 '물로 된 포도주'라는 것을 말입니다.

예수 그리스도는 하나님으로부터, 그리고 성령으로부터 나신 분이셨습니다. 이제 그녀는 수태고지[2])를 통하여 이미 알고 있었던 '하나님의 아들'인 '독생자'를 앞에 두고 바라보고 있는 것입니다.

여러분! '하나님의 거룩한 자'이신 주님을 우리 삶 속에서 인정하시면서 살아가시기 바랍니다.

· 함께 읽어요 : 요한복음 2장 11절

"예수께서 이 첫 표적을 갈릴리 가나에서 행하여 그 영광을 나타내시매 제자들이 그를 믿으니라."

---

2) 수태고지[受胎告知]란 마리아가 성령에 의해 예수를 잉태하였음을 천사 가브리엘이 마리아에게 알려 준 일을 말함.

정리하는 말

사랑하는 성도 여러분! 혼인집에 포도주가 떨어졌습니다. 때는 밤중이었으므로 포도주를 어디서 살 수도 없습니다. 마리아는 철저하게 예수님을 신뢰하였습니다. 예수께서는 그 모친의 신뢰를 자신의 창조적 능력, 곧 인간의 거듭남의 필요를 채우는 데 필요한 능력을 보여주실 수 있는 기회로 삼으셨다는 것입니다. 예수께서 말씀하신 대로 "나의 양식은 나를 보내신 이의 뜻을 행하며 그의 일을 온전히 이루는 이것이니라."(요 4:34)라고 하신 말씀을 기억해야 합니다.

평가와 결심

1. 갈릴리 가나 혼인잔치에 누가 초청을 받았습니까?
   (요 2:1~2, 예수님과 그의 제자들)
2. 마리아는 포도주가 모자라자 무슨? 무슨 부탁을 하였습니까?
   (요 2:3~5, ① 예수께 진언 ② 하인들에게 무슨 말을 하든지 그대로 하라)
3. 하인들은 누구에게 어떻게 순종하였습니까?
   (요 2:6~11, 마리아의 지시 ① 그대로 하라는 말 순종.
   예수께서 지시 ② '채우라' '떠다 갖다 주라' 모두 순종함)

주간 경건의 시간 <36> · 날마다 말씀과 함께

요일 / 내용	주일/월(Mon)	화(Tue)	수(Wed)	목(Thu)	금(Fri)	토(Sat)
찬송	89동 / 88동	180 / 168	191 / 427	337/ 363	338 / 364	456 / 509
성경	요 2: / 요 3:	요 4:	요 5:	요 6:	요 7:	요 8:
적용	가나의 혼례/ 니고데모	사마리아 여자	38년 된 병자 치유	오천 명 먹이심	예수 형제 불신	음행 중 잡힌 여인

* 말이 생각보다 앞서지 못하게 하라.
  < 킬론 디오게네스, B. C. 412~323, 그리스 철학자 >

9단원 말씀 실천의 달

제37과

나는 선한 목자라

찬송 / 378, 377, 380 / 통 430, 451, 424
성경 / **요한복음** 10:1-18
요절 / **요한복음** 10:27
"내 양은 내 음성을 들으며 나는 저희를 알며 저희는 나를 따르느니라."
목표 / 선한 목자의 인도함을 순종하며 살아가는 태도를 기른다.

시작하는 말

본문은 예수님의 교훈 중에서 양과 목자에 대하여 가장 심도 있게 교훈하신 내용입니다. 구약 성경에 여호와는 나의 목자라는 다윗의 시를 비롯하여, 하나님과 그의 백성들 관계를 양과 독자로 묘사한 부분이 많이 나타납니다. 오늘날 현실 지상교회에서 거짓 목자의 등장으로, 양이 나아가야 할 방향을 잃게 하는 거짓 목자에 대한 경고의 말씀입니다. 본 단원을 통해 참 목자의 특성을 이해하고 거짓 목자와의 분별을 분명하게 하셔서 목자의 인도함을 잘 순종하며 살아가기를 바랍니다.

오늘의 말씀

1. 참 목자와 거짓 목자를 잘 분별해야 합니다(요 10:1).

모든 양들이 보호를 받는 것인 양우리가 있습니다. 하나님께서 허락하신 장소, 주 하나님께서 임재하시는 안전한 장소로 묘사되고 있습니다. 예수께서 하나님의 아들이심을 믿음으로써 갈 수 있는 영적인 장소요. 그곳은 인간이 하나님의 아들이신 예수그리스도의 이름으로 하나님께 나아감으로써 하나님께 받아들여지는 장소입니다. 거짓 목자는 양의 우리의 문을 통하여 들어가지 않는 자니 절도요, 강도입니다.

· 함께 읽어요 : 요한복음 10장 1절

"[1] 내가 진실로 진실로 너희에게 이르노니 문을 통하여 양의 우리에 들어가지 아니하고 다른 데로 넘어가는 자는 절도며 강도요 [2] 문으로 들어가는 이가 양의 목자라."

2. 정해진 문으로 들어가는 목자가 참 목자입니다(요 10:2~3).

참 목자(예수 그리스도)는 양 우리를 들어갈 때 문이 어디 있는지 들어가는 방법이 무엇인지 알기 때문에 정해진 문으로 들어갑니다. 참 목자는 문을 사용하십니다. 그분의 목적은 주인(하나님)의 목자가 되어 주인을 섬기고 주인의 뜻을 행합니다.

그 문지기(하나님 또는 성령님)는 목자를 알고 있습니다. 하나님이신 성령님은 양 우리 안으로 들어가는 문을 여시는 분이십니다.

그 목자는 양들을 알고 있습니다. 그 목자는 양들을 돌보고 인도하십니다. 그분은 자기 자신과 같이 양들을 사랑하십니다. 그분은 그들을 푸른 초장과 잔잔한 물가로 인도하십니다. 또한 양 무리들을 먹이십니다.

길 잃은 양이 있으면 그 길 잃은 양들을 찾아 구해 주십니다. 그분은 길 잃은 양들을 찾아 양 우리로 돌려보내십니다. 그분은 염소로부터 양을 분리하여 지켜 주십니다. 문지기는 문으로 들어오시는 분이 누구인지 알고 있습니다. 그분은 곧 목자이십니다.

· 함께 읽어요 : 요한복음 10장 2~3절

"[2] 문으로 들어가는 이는 양의 목자라 [3] 문지기는 그를 위하여 문을 열고 양은 그의 음성을 듣나니 그가 자기 양의 이름을 각각 불러 인도하여 내느니라."

3. 예수님은 선한 목자이십니다(요 10:4~18).

여기서 양들은 예수님의 제자들이나 믿는 자들을 가리킵니다. 양들은 목자의 음성을 알고 있기에 목자가 하시는 말씀을 알고 있습니다. 그러기에 목자를 향해 충직하게 따라갑니다. 목자는 양들을 인도하기 위해 그들보다 앞서갑니다. 위험이 없는 안전한 길을 찾아 초장으로 인도하기 위해 섭니다. 양들은 이런 목자를 철저히 신뢰하고 따라갑니다. 그 길이 안전하고 위험이 없는 살 길이기 때문입니다.

사람들은 이 비유를 이해하지 못했습니다. 그들은 자신들이 거짓 목자들이고 예수님이 참 목자라는 사실을 깨닫지 못했습니다.

예수님은 자신을 유일한 '양의 문'이라고 주장합니다. 자신이 양의 문이라고 빙자하는 모든 사람들은 절도요 강도라고 주장하십니다. 예수님이 유일한 양의 문이시고, 다른 모든 자들은 거짓 문이라는 증거는 누구보다 양들 자신이 잘 알고 있습니다. 진짜 하나님의 양들은 목자의 음성을 알고 있으며, 그것을 분별할 수 있는 능력을 갖고 있기 때문입니다.

예수님은 구원으로 인도하는 유일한 문이십니다. 예수님은 풍성한 생명을 얻게 하는 유일한 문이십니다.

예수님은 자신을 선한 목자라고 주장하십니다. 그분은 목자이시되 선한 목자요, 위대한 목자요, 우리 영혼의 목자이시며 감독이십니다. 예수 그리스도는 목자장이십니다. 선한 목자이신 그리스도는 양들을 위해 목숨을 버리셨습니다. 예수께서 선한 목자이신 증거는 그분의 십자가에서의 희생적인 죽음과 부활이십니다.

· 함께 읽어요 : 요한복음 10장 14~15절

"[14] 나는 선한 목자라 내가 내 양을 알고 양도 나를 아는 것이 [15] 아버지께서 나를 아시고 내가 아버지를 아는 것 같으니 나는 양을 위하여 목숨을 버리노라."

정리하는 말

예수 그리스도께서는 양들을 위하여 기쁘게 목숨을 버리신 것입니다. 이를 위하여 오셨다고 하셨습니다. 그리스도께서 양들을 위하여 십자가 위에서 대속의 죽음을 죽으신 것은 기독교 진리의 핵심입니다. 그분은 양들을 위하여 죽으시고, 또한 양들을 살리시려고 부활의 첫 열매가 되신 것입니다. 하나님께서 주신 사명을 잘 감당하셨습니다. 부활 승천하신 주님께서 다시 오실 것입니다. 아멘 할렐루야! 어서 오시옵소서.

평가와 결심

1. 거짓 목자는 왜 절도요 강도입니까?
   (요 10:1, 양의 우리를 양의 문을 통해 들어가지 않기 때문임)
2. 참된 목자의 특징이 무엇 무엇입니까?
   (요 10:7~15, ① 양을 위해 목숨을 버리심 ② 양을 아심)
3. 누가 선한 목자시며, 양의 문이십니까?
   (요 10:11~18, 하나님 아버지께서 계명을 주신 예수 그리스도)

주간 경건의 시간 <37> · 날마다 말씀과 함께

요일 / 내용	주일/월(Mon)	화(Tue)	수(Wed)	목(Thu)	금(Fri)	토(Sat)
찬송	86동 / 91동	165 / 155	214 / 349	168 / 158	170 / 16	172 / 152
성경	요 9 : / 요 10 :	요 11:	요 12:	요 13:	요 14:	요 15:
적용	향유 부음/ 예수 죽으심	예수 다시 사심	세례 요한 출생	예수 나심	세례요한의 전파	갈릴리에서 가르치심

* 바보의 보물은 그의 말 속에 있다.

< 플라우투스, B. C. 254~184, 로마 희극 시인 >

9단원 말씀 실천의 달

제38과

내 양을 먹이라

찬송 / 211, 214, 401 / 통 346, 349, 457

성경 / **요한복음 21:15-25**

요절 / **요한복음 21:17**

"세 번째 가라사대 요한의 아들 시몬아 네가 나를 사랑하느냐 하시니 주께서 세 번째 네가 나를 사랑하느냐 하시므로 베드로가 근심하여 가로되 주님 모든 것을 아시오매 내가 주님을 사랑하는 줄을 주님께서 아시나이다. 예수께서 이르시되 내 양을 먹이라."

목표 / 목자이신 예수 그리스도는 우리의 인도자 되시는 분임을 안다.

시작하는 말

디베랴 바다에 물고기 잡으러 간 베드로와 제자들에게 부활하신 예수께서 찾아 오셨습니다. 밤새 고기를 잡으려고 그물질을 던졌으나 한 마리도 잡지 못했습니다. 그들은 왕년에 갈릴리 바다를 주름잡던 어부출신이었습니다. 그러나 그들은 얻은 것이 없었습니다. 복음전도 사업에서 주님조차 십자가에 돌아가시고 나니 더 이상 희망이 없었습니다. 일상생활로 돌아갔습니다. 그들에게 필요한 것은 당장 '떡과 물고기', 먹을 것이었습니다. 제자들은 주님의 부활로 각자의 삶의 현장으로 떠나갔습니다.

오늘의 말씀

1. 부활하신 주님은 일곱 제자에게 나타나셨습니다(요 21:1~9).

제자들의 생업은 디베랴 바다에서 다시 시작되었습니다. 디베랴 바다에 물고기 잡으러 간 베드로와 제자들이 밤새 그물을 던졌으나 물고기를 잡지 못했습니다. 날이 새어 갈 때 예수님이 오셨습니다. "애들아 너희에게 고기가 있느냐?", "없나이다", "그물을 배 오른편에 던져라", 이에 순종하여 던졌더니 물고기가 많이 잡혀 들 수 없었습니다. 다른 제자가 베드로에게 예수라 하니, 주님께로 달려가 뛰어내렸습니다. 이것은 예수께서 부활하신 후 세 번째 제자들에게 나타나신 사건입니다.

· 함께 읽어요 : 요한복음 21장 7절

"예수께서 사랑하시는 그 제자가 베드로에게 이르되 주님이시라 하니 시몬 베드로가 벗고 있다가 주님이라 하는 말을 듣고 겉옷을 두른 후에 바다로 뛰어내리더라."

2. 숯불과 떡, 주님의 훈훈한 인정이 마음을 열게 했습니다(요 21:9~14).

그들은 밤새 그물질을 하느라 추위에 떨었습니다. 그러나 새벽에 찾아오셔서 그물을 배 오른편에 던지라하신 대로 던졌더니 물고기가 많아 들 수 없었습니다. 작은 배를 타고 물고기 든 그물을 끌고 와서 육지에 올라와 보니 숯불이 있는데, 그 위에 생선이 놓였고 떡도 있었습니다.

예수께서는 "지금 잡은 생선을 가져오라" 하셨습니다. 그물에 가득 찬 큰 물고기가 153마리나 되었으나 그물이 찢어지지 아니했습니다. 그들이 수고해서 잡은 물고기를 찾으셨고 인정해 주셨습니다.

주님은 이제 조반을 먹자고 하시면서 떡을 가져다가 그들에게 주시고 생선도 그와 같이 하셨습니다. 따뜻한 숯불과 음식의 온기, 그리고 주님의 다정하신 섬김의 정에 이야기 꽃은 인정과 훈훈함이 넘쳤습니다. 조용하여 무겁기 조차한 분위기였지만 도마와 제자들은 음식을 먹으면서 자신들의 과거, 현재, 그리고 장래 일을 생각하게 되었을 것입니다.

· 함께 읽어요 : 요한복음 20장 27~29절

"[27]도마에게 이르시되 네 손가락을 이리 내밀어 내 손을 보고 네 손을 내밀어 내 옆구리에 넣어보라 그리하고 믿음 없는 자가 되지 말고 믿는 자가 되라 [28]도마가 대답하여 이르되 나의 주님이시요 나의 하나님이시니 이다 [29]예수께서 이르시되 너는 나를 본 고로 믿느냐 보지 못하고 믿는 자들은 복 되도다 하시니라."

3. 하나님의 양떼를 먹이고 돌보라는 사명을 받았습니다(요 21:15~17).

조반 후에 이야기꽃이 시작되었습니다. 그러나 조심스러운 것은 베드로의 세 번씩이나 주님을 부인한 사건은 오래도록 잊혀지지 않았을 것입니다. 그러나 오늘 장면에서, 주님은 진정 주님을 사랑한다는 조건하에서 세 번씩이나 베드로에게 '하나님의 양떼를 먹이고 돌보라'는 사명을 주셨습니다. 하나님의 양떼의 목자로서 사명을 받은 것입니다.

성경은 하나님의 어린 양들과 양들을 하나님의 양떼, 즉 하나님의 교회와 동일시합니다. 본문에 하나님의 양떼는 어린 양(ἀρνία ; 아르니아, 15절)과 양(*προβάτια* ; 프로바티아, 16~17절)으로 구분하고 있습니다.

양떼, 즉 교회에 대한 사역은 첫째, '먹이는 것'입니다. 음식을 주고 하나님의 말씀이라는 젖과 식물로 가르치는 것입니다. 둘째, '양들을 치는 것'입니다. 사역과 관련된 모든 일을 포함하는 것입니다. 넓은 위미에서 예수의 제자 된 우리 모든 크리스천들은 제자를 삼아 하나님의 말씀을 가르치는 사명을 받은 것입니다.

사랑하는 성도 여러분! 주님께서 하늘 보좌를 버리시고, 이 땅에 오신 것은 허물과 죄로 죽었던 우리를 살리시기 위해서 입니다. 그래서 십자가를 지시고 우리의 죄악을 담당하신 것입니다. 그분이 우리들을 대신해서 죄 값을 치르시고 대속해 주시고 치유해 주신 것입니다.

· 함께 읽어요 : 이사야 53장 5절

"그가 찔림은 우리의 허물 때문이요 그가 상함은 우리의 죄악 때문이라 그가 징계를 받음으로 우리가 평화를 누리고 그가 채찍에 맞음으로 우리는 나음을 입었도다."

정리하는 말

성도 여러분! 하나님의 독생자 예수 그리스도께서는 십자가를 지시고 하나님의 자녀들의 죄악을 담당하셨습니다. "너희는 가서 모든 민족으로 제자를 삼아 아버지와 아들과 성령의 이름으로 세례를 베풀고, 분부한 모든 것을 가르쳐 지키게 하라"고 하셨습니다(마 28:20). 또한 "내 양을 먹이라"고 하셨으니, 주신 사명을 잘 감당하시기 바랍니다.

평가와 결심

1. 디베랴 호수에 부활하신 주께서 언제 누구에게 오셨습니까?
   (요 21:1~2, 부활하신 후 베드로를 비롯한 일곱 제자에게)
2. 밤새 차가운 호수에서 그물질에 지친 제자들을 풀어준 것은?
   (요 21:9~13, 숯불과 구운 생선과 떡, 주님의 훈훈한 사랑과 정)
3. 식후에 제자들과 베드로에게 주신 사명이 무엇입니까?
   (요 21:15~17, ① 내 어린양을 먹이라 ② 내 양을 치라 ③ 내 양을 먹이라)

주간 경건의 시간 <38> · 날마다 말씀과 함께

요일 / 내용	주일/월(Mon)	화(Tue)	수(Wed)	목(Thu)	금(Fri)	토(Sat)
찬송	23동 / 86동	200 / 236	199 / 234	255 / 187	292 / 415	179 / 167
성경	요 16 : / 요 17 :	요 18:	요 19:	요 20:	요 21:	행 1:
적용	성령의 일/ 예수님 기도	베드로 세 번 부인	십자가 못 박히심	다시 살아나셨다	디베랴 호수 재회	예수 승천하심

* 말하기 전에 재고하라 그리고 나서 너 자신에게 그것을 말해보라.
< 앨버트 허버트, 1859~1915, 미국 작가>

9단원 말씀 실천의 달

제39과

하나님께 순종하라

찬송 / 471, 472, 441 / 통 528, 530, 498
성경 / **사도행전 5:12-42**
요절 / **사도행전 5:29**
"베드로와 사도들이 대답하여 가로되 사람보다 하나님을 순종하는 것이 마땅하니라.
목표 / 주님의 제자로서 하나님을 믿고 순종하는 태도를 기른다.

시작하는 말

여러분! 본문에서 초대교회가 큰 핍박을 당하고 있었습니다. 오늘날에도 보이지 않게 교회나 종교단체가 사회로부터 핍박을 받을 때가 있습니다. 요즘 교회가 세상의 지탄의 대상이 되는 것은 복음전파나 가르침의 문제라면 걱정할 것이 없습니다. 그러나 만인이 다 지켜야 하는 도덕률을 어긴다든지 사회의 근간이 되는 법을 어긴다는 것은 교회가 깊이 반성해야 하고 회개해야 할 일입니다. 오늘 본문에서 당당하게 할 말을 다하는 모습이 오늘날 교회지도자들의 모습이었으면 합니다.

오늘의 말씀

1. 초대교회가 핍박을 당하는 이유가 있었습니다(행 5:12~16).

앞서 교회 구성원인 아나니아와 삽비라 부부가 그들 자신과 소유한 모든 것을 그리스도를 따르기로 고백하면서 자신의 소유를 팔아 바치겠다고 했습니다. 그러나 거짓으로 숨기고 감춤으로 인하여 성령을 속임으로 죽는 사건이 일어났습니다. 베드로와 요한, 그리고 사도들의 손으로 행하는 표적과 기사가 많이 나타났습니다. 백성들이 칭송을 하고 믿고, 주께로 오는 자가 많아 큰 무리를 이뤘습니다. 믿는 자들의 온전한 연합과 공적인 예배 등 세상과 구별되고 다르다고 핍박이 일어난 것입니다. 그럴수록 더욱 복음을 전하여 믿게 하고 모이도록 한 것이, 그들의 필요를 채워주고 치유해준 것이 핍박의 원인이 되었습니다.

· 함께 읽어요 : 사도행전 5장 13~14절
"13그 나머지는 감히 그들과 상종하는 사람이 없으나 백성이 칭송하더라.
14믿고 주께로 나아오는 자가 더 많으니 남녀의 큰 무리더라."

2. 사도들은 옥에 갇히고 능욕 받다 극적으로 구출 받습니다(행 5:17~20).

본문을 보세요. 심지어 병든 사람을 메고 거리에 나가 요 위에 누이고 베드로가 지날 때에 그의 그림자라도 덮일까 바라고, 예루살렘 부근 수많은 사람들도 모여 병든 사람과 더러운 귀신에게 괴로움 받는 사람을 데리고 와서 다 나음을 얻었습니다(16절).

대제사장들과 사두개인 당파가 다 마음에 분이 가득하여 일어나서 사도들을 잡아다가 옥에 가두었습니다.

일시적이지만 사도들의 행동을 규제하여 예수 그리스도의 부활과 복음전파로 흔들리는 대중들의 민심을 잡아보려는 심사였습니다. 그러나 그들 뜻대로 막아설 수 없었습니다. 밤에 주의 사자가 나타나 직접 개입하셔서 갇힌 사도들을 극적으로 구출하여 가르치도록 내보내신 것입니다.

· 함께 읽어요 : 사도행전 5장 18~19절
"18 사도들을 잡아다가 옥에 가두었더니 19 주의 사자가 밤에 옥문을 열고 끌어 내어 이르되"

3. 풀려난 베드로는 성전에서 담대히 복음을 전했습니다(행 5:20~42).

주의 사자가 밤에 옥문을 열고 끌어내어 이렇게 말합니다.

"가서 성전에 서서 이 생명의 말씀을 다 백성에게 말하라"(20절).

이제 그들은 새벽에 성전에 들어가서 가르칩니다.

대제사장과 그와 함께 있는 사람들이 와서 공회와 이스라엘 족속의 원로들을 다 모으고 사람을 옥에 보내어 잡아오라고 했습니다.

부하들이 가서 옥에서 사도들을 보지 못하고 돌아와 이릅니다.

"우리가 보니 문은 든든하게 잠기고 지키는 사람들이 문에 서 있으되 문을 열고 본즉 그 안에는 한 사람도 없더이다."(23절)

성전 맡은 자가 사도들을 잡아와 끌어다가 공회 앞에 세웠습니다.

대제사장이 묻습니다. "우리가 이 이름으로 사람을 가르치지 말라고 엄금하였으되 너희가 너희 가르침을 예루살렘에 가득하게 하니 이 사람의 피를 우리에게 돌리고자 함이라"(28절)고 생떼를 씁니다.

베드로와 사도들이 확실하게 대답합니다. "사람보다 하나님께 순종하는 것이 마땅하니라. 너희가 나무에 달아 죽인 예수를 우리 조상의 하나님이 살리시고, 이스라엘에게 회개함과 죄 사함을 주시려고 그를 오른손으로 높이사 임금과 구주로 삼으셨느니라. 우리는 이 일에 증인이요, 하나님이 자기에게 순종하는 사람들에게 주신 성령도 그러하니라"(행 5:29~32)고 했습니다.

사도들의 증언은 분명했습니다. 바로 사도들이 증인이요, 하나님과 성령도 그러하다 하고 든든한 보증으로 더 세워주셨던 것입니다.

· 함께 읽어요 : 사도행전 5장 32절

"우리는 이 일에 증인이요 하나님이 자기에게 순종하는 사람들에게 주신 성령도 그러하니라 하더라."

정리하는 말

사랑하는 성도 여러분! 베드로와 사도들의 증언을 들으시니 속이 다 시원하지요? 오늘날 하나님의 사역자들이 강단을 비롯하여 어디서나 이렇게 담대히 "너희가 나무에 달아 죽인 예수를 하나님이 살리셨도다!"라고 증언해야 하는 것입니다. 오늘날 종교다원주의자들은 예수 그리스도를 유일한 구원자로 인정하지 않습니다. 성경말씀이 유일한 '구원과 생명의 복음'이라고 확신하며 증언하시기를 간절히 부탁합니다.

평가와 결심

1. 초대교회가 핍박을 당한 이유가 무엇입니까?
   (행 5:12~16, ① 사도를 통해 표적과 기사가 많이 일어남 ② 칭송받음)
2. 사도들이 어떻게 성전에서 담대히 복음 전할 수 있었습니까?
   (행 5:19~25, 주의 사자가 옥문을 열고 끌어다 전하게 하심)
3. 베드로와 사도들이 풀려나 즉시 한 일이 무엇이었습니까?
   (행 5:20~32, 새벽에 성전에 들어가 생명의 말씀을 전했음)

주간 경건의 시간 <39> · 날마다 말씀과 함께

요일 / 내용	주일/월(Mon)	화(Tue)	수(Wed)	목(Thu)	금(Fri)	토(Sat)
찬송	146동 / 144동	182 / 169	212 / 347	214 / 349	240 / 231	255 / 187
성경	행 2: / 행 3:	행 4:	행 5:	행 6:	행 7:	행 8:
적용	오순절 설교/ 베드로 설교	베드로와 요한	아나니아 삽비라	일곱 집사 선택	스데반 설교	사울 교회핍박

＊ 말하고 싶은 것을 감추어야 할 때는 가련한 상태에 처하게 된다.

< 푸블리우스 시루스, B. C. 1C경, 로마 노예시인 >

10단원 선교 실천의 달

제40과

세계 선교의 비전과 확신

찬송 / 516, 515, 520 / 통 265, 256, 257
성경 / **사도행전 11:1-18**
요절 / **사도행전 11:18**

"그들이 이 말을 듣고 잠잠하여 하나님께 영광을 돌려 이르되 그러면 하나님께서 이방인에게도 생명 얻는 회개를 주셨도다하니라."

목표 / 신자로서 이방인에게도 생명 얻는 회개를 전하는 태도를 가진다.

시작하는 말

오늘 본문에 나타난 사건은 교회역사에 있어서 중요한 사건입니다. 이 사건은 믿는 자들에게 큰 의미를 줍니다. 오늘날 교회마다 철옹 벽을 쌓아놓고 내 교회만 부흥하고 지키겠다는 개교회주의가 팽배합니다. 이것은 하나님 나라의 확장과 전도 및 선교에 매우 큰 장애가 됩니다. 이 사실을 기억하고 보다 효과적인 전도와 선교에 투자해야 합니다.

총동원 전도주일의 열심처럼 개교회의 숫자적 부흥만을 위하지 말고, 이웃교회와 연합하여 전도하고 선교하는 기회로 삼기를 바랍니다.

오늘의 말씀

1. 초대교회는 좁은 시야와 전통에서 벗어나지 못했습니다(행 11:1~3).

초대교회 사도들과 형제들은 베드로의 설교사역으로 이방인들이 '하나님의 말씀'을 받았다는 소식을 들었습니다.

유대인이 우상 숭배하는 이방인과 교제하고 그들과 식사하는 자체가 이전에는 듣지도 못했기 때문에 놀랐습니다. 게다가 베드로는 먼저 할례 할 것을 요구하지도 않은 채 그들에게 세례를 주었습니다.

예루살렘의 믿는 사람들은 전부가 유대인이었습니다. 그들은 아주 어릴 때 할례를 받았고, 어린 시절부터 모세의 율법에 헌신해 왔습니다. 그들은 그리스도를 영접했을 때에도 유대종교를 버리지 않았습니다. 율법을 지키며 유대주의의 의식과 규례를 지켜야만 했습니다. 그들은 복음을 받고도 편협한 마음으로 굳게 닫혀져 있었습니다.

· 함께 읽어요 : 사도행전 11장 1절

"유대에 있는 사도들과 형제들이 이방인들도 하나님의 말씀을 받았다함을 들었더니."

2. 베드로는 비몽사몽간에 본 환상을 통해 복음을 전합니다(행 11:4~15).

사도 베드로는 논쟁하고 있는 자들에게 다가가서 그가 본 환상을 할 수 있는 한 명백하고 솔직하게 설명했습니다. 자신이 비몽사몽간에 하나님께로부터 본 환상은 하늘로부터 내려온 그릇이나 접시에 담겨진 네 발 가진 짐승과 기는 것과 공중에 나는 것들을 보여 주시면서 잡아먹으라 했다는 것입니다(5절). 그러나 베드로는 결코 그럴 수 없다고 세 번 거절했고, 그릇은 하늘로 올라갔습니다(8~10절). 이 환상 후 고넬료 하인들이 찾아와 베드로를 청하는 사건과 베드로의 환상의 뜻을 생각할 때에 "성령께서 두 사람이 너를 찾으니 의심하지 말고 함께 가라"는 말씀이었고, 따라서 베드로는 이방인 고넬료에게 복음을 전했던 것입니다.

· 함께 읽어요 : 사도행전 11장 13~14절

"13 그가 우리에게 말하기를 천사가 내 집에 서서 말하되 네가 사람을 욥바에 보내어 베드로라 하는 시몬을 청하라 14 그가 너와 네 온 집이 구원받을 말씀을 네게 이르리라 함을 보았다 하거늘."

3. 하나님의 뜻인 선교는 복음의 확신을 갖고 나아가야 합니다(행 11:16~18).

구약시대에 선지자들에게 하나님의 뜻을 나타내 보여 주실 때에 종종 꿈으로나 환상으로 제시해 주셨습니다. 그런데 베드로와 고넬료의 경우는 너무 확실한 환상을 쌍방에게 보여 주셨던 것입니다.

베드로에게만 아니라 이방인 고넬료에게도 기도시간에 확실하게 환상으로 보여주셨습니다. 한 사람이 빛난 옷을 입고 고넬료 앞에 서서 말하되 "[31]고넬료야 하나님이 네 기도를 들으시고 네 구제를 기억하셨으니, [32]사람을 욥바에 보내어 베드로라 하는 시몬을 청하라 그가 바닷가 무두장이 시몬의 집에 유숙하느니라"라고 말씀해 주셨습니다(행 10:31~32절).

고넬료는 곧 사람을 보내어 베드로를 청했습니다. "오셨으니 잘 하였나이다. 이제 우리는 주께서 당신에게 명하신 모든 것을 듣고자 하여 다 하나님 앞에 있나이다"(행 10장 33절)라고 말씀 전하러 온 베드로에게 분명하게 말해 줍니다. 하나님의 환상은 베드로와 이방인 고넬료에게 동시에 환상을 통해 확실히 보여주셨습니다. 참으로 놀라운 일입니다.

이방인에게 선교하시려는 하나님의 놀라운 섭리가 환상을 통해 나타난 것입니다. 복음은 유대인이 먼저 받았지만 이방인에게도 권리가 있습니다. 세계만민에게 그대로 전하여져 회개함으로 생명을 주고 구원과 영생을 허락해 주신 것입니다(18절). 베드로가 말씀할 대에 성령께서 모든 사람에게 역사하시니 방언을 말하며 하나님을 높였던 것입니다.

이방인인 이 사람들이 성령을 받았으니 누가 능히 물로 세례 베풂을 금하겠습니까? 예수 그리스도의 이름으로 세례 베풀었습니다(10:47~48). '복음을 듣고 **가라**.' 이방인에게도 선교의 문이 활짝 열려졌으니 '**전하라**'는 것입니다. '선교의 문을 열어주신 하나님'께 감사하시기 바랍니다.

· 함께 읽어요 : 사도행전 11장 18절

"그들이 이 말을 듣고 잠잠하여 하나님께 영광을 돌려 이르되 그러면 하나님께서 이방인에게도 생명 얻는 회개를 주셨도다하니라."

정리하는 말

사랑하는 성도 여러분! 한국교회는 이제 영적으로 더욱 성장해야 합니다. 우리가 섬기는 교회가 하나님의 은혜의 보좌가 되도록 봉사하시고, 우리 교회만이 아니라 모든 지역교회와 한국교회, 그리고 세계교회가 함께 선교하는 교회가 되어야 합니다. 이를 위해 기도하십시오.

하나님은 우리의 아버지일 뿐 아니라 이방인의 하나님이십니다. 어렵고 힘든 교회를 물질이나 재능으로 협력하고, 특별히 세계 곳곳에 나가 선교하시는 귀한 선교사님들을 초청하여 위로하시고 지원하시기 바랍니다.

평가와 결심

1. 초대교회의 맹점이 무엇이었겠습니까?
(행 11:1~3, 시야가 좁고 유대주의에 젖어 이방선교의 문을 닫고 있었음)
2. 본문 본 단원에서 하나님께서 계획하신 일이 무엇입니까?
(행 11:4~18, ① 유대인의 전통과 편협성 수정 ② 이방인 선교의 문을 여심)
3. 하나님의 환상과 사건 통해 보여주신 교훈과 뜻이 무엇입니까?
(행 11:16~18, ① 이방인에게도 성령을 부어주심→ 보내거나 가라!
② '이방인 선교의 문' 열어주심 → 복음 전하라!

주간 경건의 시간 <40> · 날마다 말씀과 함께

요일 / 내용	주일/월(Mon)	화(Tue)	수(Wed)	목(Thu)	금(Fri)	토(Sat)
찬송	146동 / 88동	180 / 168	191 / 427	337 / 363	338 / 364	456 / 509
성경	행 9: / 행10:	행 11:	행 12:	행 13:	행 14:	행 15:
적용	사울의 회개/ 고넬료 가정	예루살렘 교회 보고	야고보 순교	바나바와 바울 보냄	이고니온 전도	예루살렘 회의

* 결코 선한 전쟁이 있을 수 없고, 결코 나쁜 평화도 있을 수 없다.
< 벤 저민 프랭클린, 1706~1790, 미국 정치가, 저술가>

10단원 선교 실천의 달

제41과

너와 네 집 구원을 받으리라

찬송 / 393, 391, 445 / 통 447, 446, 502

성경 / **사도행전 16:16-40**

요절 / **사도행전 16:31**

"이르되 주 예수를 믿으라 그리하면 너와 네 집이 구원을 받으리라 하고."

목표 / 열심을 다하여 선교하되 가정전도의 문을 여는 전도실력을 기른다.

시작하는 말

오늘날 세상은 마귀가 지배하는 세상 권세와 예수 그리스도의 이름의 권세의 능력이 서로 대치하고 있음을 알아야 합니다.[1] 본문에서 인간을 지배하는 죄의 능력과 예수 이름의 능력, 그리고 돈과 탐욕의 능력을 비교하여 잘 보여 주고 있습니다. 귀신들려 점을 치는 여종에게 축사해 주자 그 주인에게 고발당하여 차꼬에 채워져 갇히게 되었습니다. 그러나 한 밤 중에 기도하고 찬송하니 하나님께서 구해 주셔서 간수와 그 가정에도 구원하는 '전도 실천'을 하게 하셨습니다.

오늘의 말씀

1. 바울은 귀신들려 점치는 여종을 축사해 주었습니다(행 16:16~18).

빌립보 두아디라성에서 루디아를 만나 전도했습니다. 그와 그의 집

1) 세상은 귀신의 나라인 귀국鬼國과 하나님의 나라인 신국神國이 대치하고 있음.

이 다 세례를 받았고, 바울의 전도자 일행은 그 집에 머물렀습니다.

기도하는 곳을 찾아 나섰다가 귀신들려 점을 쳐서 주인에게 큰 이익을 주는 한 여종을 만났습니다. 그녀가 따라오면서 "이 사람들은 지극히 높은 하나님의 종으로서 구원의 길을 전하는 자라." 여러 날을 하니 바울이 심히 괴로워 그 귀신에게 이르되 "예수 그리스도의 이름으로 내가 네게 명하노니 그에게서 나오라"하니 귀신이 즉시 나갔습니다.

· 함께 읽어요 : 사도행전 16장 18절

"18 이같이 여러 날을 하는지라 바울이 심히 괴로워하여 돌이켜 그 귀신에게 이르되 예수 그리스도의 이름으로 내가 네게 명하노니 그에게서 나오라 하니 귀신이 즉시 나오니라."

2. 바울과 사도들은 고발을 당하여 갇히고 말았습니다(행 16:19~24).

하나님의 종들은 때로는 별 잘못도 없는데 갇히고 어려움을 당하기도 합니다. 바울과 실라는 든든한 차꼬에 채워져 감옥에 갇혔습니다.

우리가 기억해야 할 것은 점치는 것과 마법과 요술과 점성술은 어두운 세계에 인간을 사로잡아 얽매이게 하는 죄악의 권세입니다. 진리에 대한 거짓 된 접근들은 모두 유사합니다. 사람들은 하나님 대신에 그런 것들을 의지합니다. 귀신들려 점치는 여종도 불쌍하지만 그녀를 돈벌이 수단으로 삼고 있는 탐욕과 물질만능의 영에 사로잡힌 주인도 불쌍하기는 마찬가지입니다. 이러한 어두운 세력들이 우리 주변 세상에 너무 많이 잠재해 있다는 사실입니다. 거짓 영들은 속이고 죽이는 일들을 일삼고 있습니다. 그러나 진리가 우리를 자유하게 하실 것입니다(요 8:32).

· 함께 읽어요 : 요한복음 8장 32절

"진리를 알지니 진리가 너희를 자유롭게 하리라."

3. 하나님의 역사로 옥문은 열리고 차꼬는 풀어졌습니다(행 16:25~34).

바울과 실라는 옷이 찢기고 벗겨진 상태에서 매로 맞아 심한 상처가 나서 피로 얼룩져 몸은 온통 멍들어 있었습니다. 그 어둡고 침침한 데 온몸은 맞아 터졌지만 바울과 실라는 한 밤중에 일어나 기도하고 하나님을 찬송했습니다. 그것을 죄수들이 들었습니다. 그때 갑자기 큰 지진이 나서 옥터가 움직이고 문이 곧 다 열리며 모든 사람이 매인 것이 다 벗어졌습니다.

졸던 간수가 깨어보니 옥문이 열린 것을 보고 죄수들이 다 도망 간 줄 알았습니다. 그래서 칼을 빼어 자결하려다, 바울이 크게 소리 지릅니다.

"네 몸을 상하지 말라 우리가 다 여기 있노라." 하니 간수가 등불을 달라고 하며 뛰어 들어와 무서워 떨며 바울과 실라 앞에 엎드립니다.

그들을 데리고 나가 이르되 "선생들이여 내가 어떻게 하여야 구원을 받으리이까?" 하고 돌아오니 주의 말씀을 그 사람과 그 집 모든 사람에게 전했습니다. 그 밤 간수는 그들을 데려다가 그 맞은 자리를 씻겨주고 자기와 그 온 가족이 다 세례를 받았습니다. 간수는 그들을 데리고 자기 집에 올라가서 음식을 차려주고 그와 온 집안이 하나님을 믿으므로 크게 기뻐합니다.

날이 새매 상관들이 부하를 보내어 이 사람을 놓아주라 합니다. 간수가 그대로 전하고 상관들이 사람을 보내어 너희를 놓아주라 했으니 이제는 나가서 평안히 가라고 합니다. 바울은 "로마 사람인 우리를 죄도 정하지 아니하고 공중 앞에서 때리고 옥에 가두었다가 이제는 가만히 내보내고자 하느냐? 아니라 그들이 친히 와서 우리를 데리고 나가야 하리라"고 했습니다. 상관들은 로마 사람이라는 말을 듣고 두려워했습니다. 그들이 와서 권하여 데리고 나가 그 성에서 떠나기를 청했습니다. 옥에서 나온 두 사람은 루디아의 집에 들어가서 형제들을 만나 위로하고 떠났습니다.

· 함께 읽어요 : 사도행전 16장 34절

"그들을 데리고 자기 집에 올라가서 음식을 차려주고 그와 온 집안이 하나님을 믿으므로 크게 기뻐하니라."

정리하는 말

빌립보 성은 바울이 잊을 수 없습니다. 옥에 갇힘과 매 맞음과 온 몸이 터져 피멍으로 얼룩졌던 곳입니다. 그러나 성령이 충만하여 밤중에 기도와 찬송을 부르다가 옥 터가 움직이면서 옥문이 열리고 차꼬가 풀어지는 하나님의 권능을 체험했습니다. 여러분들의 가정과 삶의 현장에 이런 하나님의 권능의 역사가 일어나 불신 가정이 믿고 돌아오는 역사! 하나님의 권능의 역사가 일어나기를 간절히 소망합니다.

평가와 결심

1. 바울은 빌립보 성에서 누구를 어떻게 치유해 주었습니까?
   (행 16:16~18, 귀신들려 점을 치는 여종을 축사해 고쳐줌)
2. 귀신 축사해 주고서 어떤 일을 당했습니까?
   (행 16:18~24, ① 고발당해 매를 맞고 ② 차꼬에 채워져 ③ 옥에 갇힘)
3. 밤중에 기도하고 하나님 찬송하다가 무슨 일이 일어났습니까?
   (행 16:26~34, ①옥 터 움직임 ②옥문 열림 ③차꼬 풀어짐 ④간수와 가정구원)

주간 경건의 시간 <41> · 날마다 말씀과 함께

요일 / 내용	주일/월(Mon)	화(Tue)	수(Wed)	목(Thu)	금(Fri)	토(Sat)
찬송	145동 / 86동	187 / 171	240 / 231	239 / 230	292 / 415	329 / 267
성경	행16: / 행17:	행 18:	행 19:	행 20:	행 21:	행 22:
적용	바울과 실라/ 베뢰아 사람들	고린도 전도	에베소 전도	고별 설교	바울이 잡힘	바울의 변명

* 나의 교구는 전 세계이다. 구주의 복음 듣기 원하는 사람에게 전도하는 것이 좋은 것이다. 이것이 나의 의무다. <요한 웨슬리, 1703~1791, 영국 목사, 감리교 창시자>

10단원 선교 실천의 달

제42과

아그립바 왕에게 전도하다

찬송 / 240, 250, 459 / 통 231, 182, 514

성경 / **사도행전 26:1-29**

요절 / **사도행전 26:23**

"곧 그리스도가 고난을 받으실 것과 죽은 자 가운데서 먼저 다시 살아 나사 이스라엘과 이방인들에게 빛을 전하시리라 함이니이다 하니라."

목표 / 우리는 직장의 상관이나 정부 고관들에게도 전도하는 열심을 가진다.

시작하는 말

신임 총독 베스도는 솔직히 예수와 죽은 자들의 부활에 대하여 당혹해 했습니다. 그는 아그립바 왕이 도와주기를 바랐습니다. 심문 후 상소할 자료가 있을까하여 아그립바 왕 앞에 세웠습니다. 그러나 바울은 기회만 나면 전도하기를 멈추지 않았습니다. 자기 자신을 심문하고 있는 정부 고관들에게까지도 전도했습니다. 여러분! 여러분도 때를 얻든지 못 얻든지 누구에게든지 선교와 복음전도에 힘쓰시기를 바랍니다.

오늘의 말씀

1. 바울은 아그립바 왕의 허락으로 증언을 하게 됩니다(행 26:1~3).

바울은 그의 생애와 그의 개종에 대하여 명확하게 설명했습니다. 바울의 간증의 핵심은 아무리 하나님으로부터 멀리 떠난 사람이라 할지라도 그리스도의 능력은 무엇이든 변화시킬 수 있음을 증언합니다.

바울은 정중하게 죄수가 발언권을 얻은 것을 감사하는 행동으로써 손을 들었습니다. 그것이 법정 관례였기 때문입니다. 바울은 아그립바 왕에게 전혀 아첨하지 않고, 곧바로 증언할 요점으로 들어갑니다.

그는 자기가 송사당한 일들에 대해 증언할 수 있는 기회를 얻은 것을 기쁘게 생각했습니다. 바울의 증언 목적은 ① 자신을 변호하는 것이고, ② 최고 법정 앞에서 주 예수 그리스도를 증언하는 것이었습니다.

· 함께 읽어요 : 사도행전 26장 2절

"아그립바 왕이여 유대인이 고발하는 모든 일을 오늘 당신 앞에서 변명하게 된 것을 다행히 여기나이다."

2. 바울은 자신의 생애를 차근차근 간증형식으로 증언합니다(행 26:4~23).

바울은 엄격한 유대청년의 시절을 보냈습니다. 어린 나이에 교육을 위해 예루살렘으로 보내졌습니다. 그는 유대 율법 교육을 받았습니다. 가장 훌륭한 유대인 교사 가말리엘 문하에서 교육 받았습니다(4~5절).

바울의 생활은 매우 정통적인 것이었습니다. 바울의 소망은 유대인들이 품었던 것과 똑같은 소망, 즉 메시야와 부활에 대한 소망이었습니다(6~8절). 바울의 생활은 기독교를 믿는 자들을 핍박하는데 매우 호전적이었습니다(9~11절). 그렇지만 그는 이전의 무지한 생활에서 개종한 그 사실을 증언했습니다(12~18절). 바울은 자신의 과거의 생애를 이야기하면서 자신이 불신과 포행자의 삶에서 변화된 모습을 애써 간증했습니다. 저들이 기독교 신앙생활로 돌아오기를 바라는 마음이 간절했습니다.

· 함께 읽어요 : 사도행전 26장 22~23절

" 22 하나님의 도우심을 받아 내가 오늘까지 서서 높고 낮은 사람 앞에서 증언하는 것은 선지자들과 모세가 반드시 되리라고 말한 것밖에 없으니 23 곧 그리스도가 고난을 받으실 것과 죽은 자 가운데서 먼저 다시 살아 나사 이스라엘과 이방인들에게 빛을 전하시리라 함이니이다 하니라."

3. 바울은 주님의 부르심에 복종했습니다(행 26:19~29).

본문은 바울이 큰 소리로 선언한 간증과 바울의 삶에 대한 아그립바 왕의 판단을 담고 있습니다. 바울의 간증은 세상이 절박하게 필요로 하는 것이 분명하며, 메시지의 선언이기도 합니다.

바울은 예수 그리스도의 부르심에 복종했습니다.

바울은 그의 소명이 하늘로부터, 즉 주님으로부터 온 소명이라는 것을 강력히 선언했습니다. 바울은 이 세상에서 하나님으로부터 소명을 받을 가능성이 전혀 없었습니다. 그런 상태에서 소명을 받았다는 것입니다.

바울은 어디에서든 누구에게든 증언했습니다. 구원받자마자 곧바로 그리스도를 증언하기 시작했습니다. 그리스도를 선포함이 그의 사명이었습니다.

바울은 모든 사람이 하나님께 돌아와서 회개에 합당한 일들을 해야 할 필요가 있다고 선포했습니다.

바울은 충실한 사람이었습니다. 큰 자나 작은 자에게 계속 증언했습니다. 그리스도의 죽음에 대하여 증언했습니다. 그리스도의 부활에 대하여 증언했습니다. 이렇게 바울의 세심한 간증과 증언을 듣고 그가 미쳤다고 할 정도였습니다. 그는 예수님께 순종하여 열정적으로 사역했습니다. 아그립바 왕은 "네가 적은 말로 나를 권하여 그리스도인이 되게 하려 하는 도다"(28절)라고 말했습니다. 쉽게 받아들이지 않습니다. 전도한 다는 것이 쉬운 일은 아닙니다. 특별히 높은 관직 자에게 전도가 더 어렵습니다. 우리도 바울과 같이 주님께 순종하여 복음의 열정 속에서 살아야 합니다. 불신자를 향해 담대히 나아가 복음 선포에 생명을 바쳐야 합니다. 주님은 우리의 복음의 열정을 칭찬하시고 축복으로 승화시켜 주실 것입니다.

· 함께 읽어요 : 고린도전서 15장 20절

"아그립바가 바울에게 이르되 네가 적은 말로 나를 권하여 그리스도인이 되게 하려 하는 도다."

정리하는 말

성도 여러분! 선교 표어에 이런 말이 있습니다. “가라 그렇지 않으면 보내라”는 것입니다. 요즘은 인터넷이 발달되어 있어서 시간과 공간을 초월해 선교할 수 있는 강점이 있습니다. 가상공간에서 얼마든지 복음을 전하고 선교할 수 있습니다. 그래서 인터넷 선교사가 필요한 때입니다. 여러분! 젊은이들 중에 인터넷 선교사가 되어 하나님께 영광 돌리고 ‘세계선교의 꿈’을 이루시기를 간절히 부탁드립니다. 전능하신 하나님께서 순종하는 자에게 그의 앞날을 보장해 주시고 새 힘을 주실 것입니다.

평가와 결심

1. 바울의 증언하는 목적이 무엇이었습니까?
   (행 26:1~3, ① 자신 변호 ② 그리스도를 증언하는 것)
2. 바울의 증언에서 그의 소망이 무엇이었습니까?
   (행 26:4~23, 민족적으로 메시아 영접과 부활의 소망 가지는 것)
3. 바울이 증언을 듣고 아그립바 왕의 반응은 무엇이었습니까?
   (행 26:22~23, ① 바울이 미쳤다고 함 ② 복음 전도의 열정은 인정함)

주간 경건의 시간 <42> · 날마다 말씀과 함께

요일 / 내용	주일/월(Mon)	화(Tue)	수(Wed)	목(Thu)	금(Fri)	토(Sat)
찬송	146동 / 89동	177 / 164	180 / 168	195 / 175	217 / 362	219 / 279
성경	행 23: / 행 24:	행 25:	행 26:	행 27:	행 28:	롬 1:
적용	공회 증언/ 바울 고발당함	가이사에게 상소	바울의 변명	바울 로마 입송	로마에서 전도	하나님의 의義

* 내가 복음을 전하지 않으면 지옥에 가리라.

< 빌리 선데이, 1862~1935, 미국 전도자 >

10단원 선교 실천의 달

제43과

믿으매 의로 여기셨다

찬송 / 445, 442, 429 / 통 502, 499, 489

성경 / **로마서 4:1-25**

요절 / **로마서 4:3**

"성경이 무엇을 말하느냐 아브라함이 하나님을 믿으매 이것이 그에게 의로 여기신바 되었느니라."

목표 / 아브라함의 예처럼 그리스도를 믿어 의를 얻는 삶의 태도를 기른다.

시작하는 말

여러분! 아브라함이 유대민족 가운데 절대적인 위치를 차지했던 것은, 그가 그 민족의 믿음의 조장이었기 때문입니다. 하나님께서 그에게 세계와 다른 민족들에 대하여 증인이 되라고 하셨습니다. 하나님께서는 하나님을 의심 없이 믿는다는 조건하에서 위대한 약속을 주셨습니다. 그가 민족의 아버지가 될 것이며, 지구상 모든 민족이 그의 씨로 복을 얻을 것이라는 것입니다. 아브라함을 통해 주신 놀라운 **약속**은 **세계 선교**를 통해서 우리에게도 주시는 **축복**인 것입니다(창 12:2~3).

오늘의 말씀

1. 아브라함이 믿음으로 의롭다함을 얻었다는 말씀입니다(롬 4:1~8).

아브라함이라는 인물은 공부할수록 우리에게 큰 도전을 주는 위대한 인물입니다. 바울이 로마서를 기록하면서 3장에서 세상에 의인은 하나도 없다는 진리를 선포합니다. 그리고 율법의 행위로는 도저히 의롭다 함을 얻을 육체가 없다고 했습니다. 그렇지만 유일한 방법 '믿음으로 의롭다'함을 얻는다는 주제와 실제를 강조합니다(합 2:4; 갈 3:11).

로마서 4장에서 율법의 행위가 아닌 하나님을 '믿음으로 의義'를 얻었던 믿음의 조상 아브라함의 예를 상세하게 제시하고 있습니다. 우리도 믿음으로 의인이 되었음을 믿으시고 감사하시기 바랍니다.

· 함께 읽어요 : 로마서 4장 3절
"성경이 무엇을 말하느냐 아브라함이 하나님을 믿으매 이것이 그에게 의로 여기신바 되었느니라."

2. 하나님은 믿음에 의롭다함을 얻은 자에게 복을 주십니다(롬 4:9~16).

사람들은 어떤 사람이 복을 받았다면, 그렇지 그가 무엇 무엇을 그렇게 열심히 하더니 복을 받았다고 합니다. 로마 가톨릭교회에서는 구원의 조건에서 '선행의 의'와 '믿음의 의'를 동시에 취급합니다. 그러나 성경을 보십시오. 선행으로 의로워지는 것이 아닙니다. 바울은 아브라함이 의롭다함을 얻은 것이 할례시냐? 무 할례시냐?[2] 라고 물으면서 무 할례시라는 것입니다. 할례는 하나님께서 아브라함에게 주신 선민의 표였습니다. 그래서 유대인들은 할례를 받았다는 것(창 17:12~13절)을 대단한 자부심으로 생각합니다. 아브라함은 할례를 받기 전에 "아브라함이 하나님을 믿으매 이를 의로 여기셨다."(창 15:6절)는 말씀처럼 이미 믿음으로 '의롭다 하심'을 얻은 것입니다.

· 함께 읽어요 : 창세기 15장 6절
"아브람이 여호와를 믿으니 여호와께서 이를 그의 의로 여기시고"

---

2) 할례割禮(남자의 생식기 끝을 자르는 의식)는 하나님께서 선민 이스라엘에게 주신 종교의식이며 표입니다. 신약교회에서는 영적의식인 '세례'로 바뀝니다(골 2:11).

3. 오직 믿음으로 의롭게 된 자의 결과는 축복입니다(롬 4:17~25).

아브람은 창세기 15장에서 여호와께서 '나는 네 방패요 너의 지극히 큰 상급이라'고 하십니다. 그때 아브람은 "나는 자식이 없습니다. 나의 상속자는 이 다메섹 사람 엘리에셀 입니다."라고 말할 때, '네 몸에서 날 자가 네 상속자가 되리라. …… 하늘을 우러러 뭇별을 셀 수 있나 보라 또 그에게 이르시되 네 자손이 이와 같으리라' 하시면서 "아브람이 여호와를 믿으니 여호와께서 이를 그의 의로 여기시고"(창 15:6절)라고 말씀하십니다.

그러나 아브람은 가나안에 거주한지 10년 후 하갈의 성화에 못 이겨 여종 하갈과 동침하여 이스마엘이라는 아들을 낳았습니다. 이 일이 있은 후 창세기 16장과 창세기 17장 사이 **13년**은 **잃어버린 세월**입니다. 하나님이 언약을 저버린 행동을 한 아브람을 만나주실 필요가 없으셨습니다. 아브람이 99세 때 전능한 하나님이 찾아오셔서 "너는 내 앞에서 행하여 완전 하라."는 엄숙한 말씀을 하십니다. 그리고 다시 언약을 주십니다(창 17:4~5절).

"내 언약이 너와 함께 있으리니 너는 여러 민족의 아버지가 되게 함이라" 하시고 다시 그에게 '할례 언약'을 주신 것입니다.

아브라함의 믿음이 약해질 때 언약을 배반했습니다. 그래서 다시 '할례 언약'을 주신 것입니다. 그래서 '할례를 받지 아니한 자는 백성 중에서 끊어지리니 그가 내 언약을 배반 하였음이니라'(창 17:13절) 라고 하신 것입니다. 할례 언약을 주실 때 '아브람'의 이름을 '아브라함'이라. '사래'는 '사라'라고 개명하고, 낳을 약속의 아들의 이름은 '이삭'(웃음이라는 뜻)이라 하라고 하셨습니다(창 17:5; 15; 19절). 새 이름을 주신 것입니다.

그러므로 아브라함은 할례의식이전에 '의'義를 인정받고, 할례라는 의식으로 인을 친 것이 되었습니다. 바울이 이 사실을 들어 설명한 것입니다.

· 함께 읽어요 : 로마서 4장 21~22절
"21 약속하신 그것을 또한 능히 이루실 줄을 확신하였으니 22 그러므로 그것이 그에게 의로 여겨졌느니라."

정리하는 말

사랑하는 성도 여러분! 오늘날 신자들이 '믿음'을 강조하면서도 본래 하나님께서 주신 진리의 핵심을 잃어버리고 있습니다. 이런 믿음은 맹목적입니다. 이런 맹목적인 믿음은 열매가 없습니다. 아브라함은 믿을 수 없는 중에 오직 하나님께서 약속하신 것을 능히 이루실 줄 확신했습니다. 이런 '믿음의 의'를 소유하셔서 여러분들의 인생의 삶 속에 날마다 '새 힘과 새 역사'를 창조하는 축복의 주인공이 되시기 바랍니다.

평가와 결심

1. 로마서 4장에서 강조하고 있는 것이 무엇입니까?
   (롬 4:1~3, ① '믿음의 의'를 소유함, ② 아브라함처럼 약속을 믿음)
2. 하나님이 인정하시고 복을 주시는 '믿음'은 무엇입니까?
   (롬 4:17~18, 전능하신 하나님을 믿는 '믿음', 바랄 수 없는 중 믿는 '믿음')
3. 언약을 불신한 아브람에게 다시 주신 언약이 무엇입니까?
   (롬 4:9~12, 창 17:13, 살에 있어 영원한 언약인 '할례 언약')

주간 경건의 시간 <43> · 날마다 말씀과 함께

요일 / 내용	주일/월(Mon)	화(Tue)	수(Wed)	목(Thu)	금(Fri)	토(Sat)
찬송	146동 / 93동	40 / 43	164 / 154	252 / 184	289 / 208	298 / 35
성경	롬 2: / 롬 3:	롬 4:	롬 5:	롬 6:	롬 7:	롬 8:
적용	하나님 심판/ 믿음의 법	아브라함 믿음	칭의 받은 자의 삶	그리스도와 함께	혼인관계 법	성령의 법

* 평양에 '예수! 천당!'소리가 없어지면, 이 곳이 소돔과 고모라 성과 같이 된다.
  < 길선주 목사, 1969~1935, 한국 기독교인의 아버지 >

제44과

예배와 약속에 감사

찬송 / 549, 550, 580 / 통 431, 248, 371

성경 / **로마서 9:1-29**

요절 / **로마서 9:4**

"저희는 이스라엘 사람이라 저희에게는 양자됨과 영광과 언약들과 율법을 세우신 것과 예배와 약속들이 있고"

목표 / 예배자로 삼아주시고 약속을 주심에 감사하는 태도를 가진다.

시작하는 말

오늘 본문 로마서 9장부터 11장까지는 세계 역사 속에서의 유대인의 위치와 고난에 대해 다루고 있습니다. 유대인은 하나님의 섭리 가운데 유일하게 특별한 위치를 차지하는 하나님의 택함 받은 백성이기 때문입니다. 그러나 하나님의 백성인 유대인들은 그분을 거절하고, 메시야를 십자가에 못 박았습니다. 바울은 본분에서 자신의 동족인 유대인들을 향한 복음전파의 깊고 뜨거운 열정을 표현하고 있습니다. 하나님의 말씀을 맡은 유대인들을 위해 우리는 깊은 기도를 해야 합니다.

오늘의 말씀

1. 바울은 동족을 향한 뜨거운 사랑과 관심을 가지고 있습니다(롬 9:1~5).

유대인들은 바울을 거짓선지자로 여기고 있었습니다. 하나님의 사랑과 구원이 유대인들에게 뿐 아니라 모든 인류를 위한 것이라고 선포하고 있었기 때문입니다. 바울은 전통적인 유대인에게 이단자로 여김을 받았습니다. 자신을 배척하고 해하려했음에도 불구하고 기꺼이 자신을 희생해서라도 동족의 구원을 위해 헌신하고자 했습니다. 그들에게는 양자됨과 영광과 언약들과 율법, 그리고 예배와 약속들이 있었기 때문입니다. 구원이 유대인에게서 나오기 때문입니다.

· 함께 읽어요 : 로마서 9장 4절, 요한복음 4장 22절
"4 그들은 이스라엘 사람이라 그들에게는 양자됨과 영광과 언약들과 율법을 세우신 것과 예배와 약속들이 있고", "22 너희는 알지 못하는 것을 예배하고 우리는 아는 것을 예배하노니 이는 구원이 유대인에게서 남이라."

2. 참 이스라엘은 하나님의 약속을 믿는 하나님의 자녀들입니다. (롬 9:6~13)

여러분! 누가 하나님의 자녀입니까? 하나님의 참된 자녀는 어떤 인종이나 제도에 속한 사람들이 아닙니다. 유대민족은 하나님과 그분의 율법을 경외했으니, 유대인 자신이 이스라엘 백성이요. 유대교의 할례자이기 때문에 하나님의 자녀가 된다고 느꼈던 것입니다. 바울은 이 점을 반박하고 있습니다. 아브라함의 경우도 이스마엘과 이삭 모두가 믿음의 후손이 된 것 아니고, 이삭이라는 정통 씨를 통하여 약속을 잇게 하신 것입니다. 신약에서는 하나님의 약속을 믿는 자들을 곧 하나님의 자녀가 되는 권세를 주셨습니다(요 1:12절). 바울이 강조하고 있는 것처럼 '예배와 약속'을 믿는 우리에게도 구원과 생명을 주셨습니다. 항상 감사하시기 바랍니다.

· 함께 읽어요 : 요한복음 1장 12절, 14절
"12 영접하는 자 곧 그 이름을 믿는 자들에게는 하나님의 자녀가 되는 권세를 주셨으니", "14 말씀이 육신이 되어 우리 가운데 거하시매 우리가 그의 영광을 보니 아버지의 독생자의 영광이요 은혜와 진리가 충만하더라."

3. 하나님의 선택과 긍휼은 오직 하나님의 권한이십니다(롬 9:14~18).

바울의 질문은 충격적입니다. "하나님께 불의가 있느냐?", "하나님이 어찌하여 허물하시느냐?" 이 말씀은 하나님의 주권을 강조하는 것입니다.

고대세계의 모든 법, 즉 유산상속법의 법리와, 하나님의 뜻은 달랐습니다. 인간의 법에 따르면 장자가 유업을 물려받는 것이 마땅하지만, 이삭의 아들들에 관한 한 하나님께서는 장자인 에서가 어린 자인 야곱을 섬기게 될 것이라고 말씀하셨습니다(창 25:23; 말 1:2절).

하나님께서 어떤 이는 사랑하고, 어떤 이는 미워하는 하나님이시라면 어떻게 의롭고 정당하신 분일 수 있겠습니까? 하나님께서는 사람이 태어나기도 전에 어떤 이들은 선택하고 다른 이들은 유기(지나친다)한다면 과연 이롭고 공평하시다고 할 수 있습니까? 그러나 우리는 여기서 깨달아야 할 것은, 하나님의 사역은 모든 사람에게 결코 똑같이 적용될 수 없다는 것입니다. 그분은 권세를 가진 하나님이십니다. 그러므로 만약 그분이 긍휼히 여기시기로 작정하신다면, 공평함을 떠나 누구든지 긍휼함을 받을 수 있는 것입니다.

하나님께서는 자신이 원하는 대로 행하실 권한이 있습니다. 하나님의 주권主權인 것입니다. 하나님의 권한은 진흙에 대한 토기장이의 권한과도 같습니다. 땅위에 사람들의 죄가 가득하자 홍수로 심판하시고 노아를 통해 새로운 인종들로 개종하신 것처럼 말입니다(창 6장).

이스라엘은 하나님께 택함 받은 백성으로서 이 땅에 구원의 메시지를 전달할 하나님의 증인들로 선택되었습니다. 택함 받은 자들은 다른 민족들로부터도 나오며(호 2:23), 이스라엘의 소수, 남은 자들에게서 나오기도 합니다(사 10:22~23). 택함 받은 자들은 율법에 따라 의를 추구한 사람들이 아니라 예수 그리스도를 믿음으로 의를 추구하는 사람들이었습니다(롬 9:31~32; 1:17). 예수 잘 믿고 택함 받은 자가 되시기 바랍니다.

· 함께 읽어요 : 호세아 2장 23절

"내가 나를 위하여 그를 이 땅에 심고 긍휼히 여김을 받지 못하였던 자를 긍휼히 여기며 내 백성 아니었던 자에게 향하여 이르기를 너는 내 백성이라 하리니 그들은 이르기를 주는 내 하나님이시라 하리라 하시니라."

정리하는 말

사랑하는 성도 여러분! 요즘은 정말로 '하나님의 긍휼'이 필요한 때입니다. 잔잔한 바다에 폭풍이 일어 큰 배가 산산 조각나고 수많은 사람들이 수장되고, 비행기가 날아가다 자취를 감춥니다. 멀쩡하던 땅이 갈라져 도로와 차량은 물론 건물이 지하로 매몰되기도 합니다. 영화의 한 장면 같은 일들이 일어나고 있다는 사실입니다. 왜 그런지 모릅니다. 그저 하나님의 긍휼을 바랄 뿐입니다. 죄악의 결과라고 하기엔 너무 가당치도 않은 일들이 일어나기 때문입니다. 오늘도 주님을 바라보며, 하나님의 전지전능하심이 내 삶에 충만하기를 사모하며 은혜에 감사드립시다!

평가와 결심

1. 본문에서 바울의 가장 큰 관심이 무엇입니까?
   (롬 9:1~3, 동족을 향한 뜨거운 관심과 사랑)
2. 참 이스라엘이 과연 누구입니까?
   (롬 9:6~13, 하나님의 약속을 믿는 하나님의 자녀들)
3. 이스라엘의 선택과 긍휼은 과연 누구의 권한이십니까?
   (롬 9:19~29, 하나님의 고유의 권한이심)

주간 경건의 시간 <44> · 날마다 말씀과 함께

내용 \ 요일	주일/월(Mon)	화(Tue)	수(Wed)	목(Thu)	금(Fri)	토(Sat)
찬송	93동 / 36동	378 / 430	412 / 469	411 / 473	423 / 213	417 / 476
성경	롬 9: / 롬10:	롬 11:	롬 12:	롬 13:	롬 14:	롬 15:
적용	약속의 자녀/ 마음으로 믿어	이스라엘 남은 자	하나님의 뜻을 분별	세상 권세	형제 비판 말라	선과 덕 이루라

* 감사의 마음은 곧 늙는다.

< 아리스토텔레스, B. C. 384~322, 그리스 철학자 >

11단원 풍성한 감사의 달

제45과

성령의 능력에 감사

찬송 / 179, 180, 182 / 통 167, 168, 169

성경 / **고린도전서 2:1-16**

요절 / **고린도전서 2:5**

"너희 믿음이 사람의 지혜에 있지 아니하고 다만 하나님의 능력에 있게 하려 하였노라."

목표 / 성령의 능력에 감사하는 태도를 기른다.

시작하는 말

바울은 에베소에서 전도하고 있는 동안 글로에의 집편으로 고린도교회의 분열에 대한 소식을 듣습니다. 그 분열의 문제점은 누가 강단에 서야 할 것인가 하는 문제였습니다. 오늘날 교회의 분쟁도 똑같은 양상을 띠고 있습니다. 목회자 자질의 비교와 선택이 교회의 중요한 문제로 떠오르고 있기 때문입니다. 그러므로 매우 신중해야 합니다.

하나님이 원하시는 교회의 목회란 말처럼 쉽지 않습니다. 구역운영도 마찬가지입니다. 하나님께서 기뻐하시는 일꾼이 되기를 바랍니다.

오늘의 말씀

1. 바울은 능력 있는 설교를 선포했습니다(고전 2:1~5).

오늘날 설교의 메시지의 탁월성과는 무관하게 말주변이 뛰어난 사람, 잘 웃기는 스타일, 부담을 주지 않으면서 지루하지 않게 하는 설교

자를 선호합니다. 그러나 교회 분열에 대한 강력한 해결책 중의 하나는 '능력 있는 설교'입니다. 능력 있는 설교는 인간의 말이나 설득력 있는 지혜에 있지 않습니다. 능력 있는 설교의 근거는 예수 그리스도와 그분의 십자가입니다. 우리 자신을 내세우지 말고 주안에서 부족함을 자각하는 가운데 선포되어야 합니다(1~3절). 성령의 역사와 인도하심으로 선포해야 합니다(4절). 베드로의 능력있는 설교는 성령이 충만했기 때문에 이루어진 대표적인 사례입니다. 성령충만을 사모하시기 바랍니다.

· 함께 읽어요 : 고린도전서 2장 5절

"너희 믿음이 사람의 지혜에 있지 아니하고 다만 하나님의 능력에 있게 하려 하였노라."

2. 성령님께서 계시하신 지혜를 알아야 합니다(고전 2:6~13).

고린도교회의 분열의 큰 원인 중 하나는 교만, 즉 우월하다고 느끼며 행동하는 것입니다. 그것은 사람들의 진취성을 가로막고 성장에 영향을 끼치며 그들을 분리시키고 격하시키는 경향이 있습니다. 그것은 궁극적으로 한 개인이나 모든 계층의 사람들을 노예상태로 이끌어 갈 수 있습니다. 고린도교회의 문제는 지적인 교만이 깊숙이 뿌리를 내리고 있었습니다. 이것은 세상의 지혜요. 교회를 분열시키는 무기가 되었습니다.

하나님의 지혜는 하나님 앞에서 온전 하려고 힘쓰는 사람들만을 위함입니다. 이것은 세상과 세상 지도자들의 지혜가 아닙니다(6절). 하나님 자신의 지혜입니다(7~9절). 하나님의 지혜는 성령에 의해서만 계시된다는 사실을 믿으시기 바랍니다(10~13절).

· 함께 읽어요 : 고린도전서 2장 13절

"우리가 이것을 말하거니와 사람의 지혜가 가르친 말로 아니하고 오직 성령께서 가르치신 것으로 하니 영적인 일은 영적인 것으로 분별하느니라."

3. 육에 속한 사람과 신령한 자를 이해해야 합니다(고전 2:14~16).

우리가 사람의 상태를 살펴보면 육의 사람과 신령한 자를 자세히 알 수 없습니다. 그러나 육의 사람과 신령한 자를 잘 구별해야 할 필요성이 있습니다. 육에 속한 사람을 헬라어로는 '자연인'1)이라고 부릅니다. 말하자면 호흡하고 의식을 지닌 존재를 말합니다. 그들은 살아있는 영혼인 것입니다. 육에 속한 사람은 생물이지만 동물적인 영혼을 가지고 있습니다.

첫째, 육의 사람은 성령의 일을 받지 아니합니다. 거절하고 사절하는 것을 의미합니다. 육에 속한 자의 삶과 생각은 육적인 이 세상에 관심을 쏟고 영적인 것에는 전혀 관심이 없습니다. 육에 속한 자는 하나님의 일을 미련한 것으로 생각합니다. 때문에 영적인 일을 깨달을 수 없습니다.

둘째, 신령한 자는 성령이 내주하시는 사람을 의미합니다. 그러므로 사람은 그 안에 내주內住하시기에 신령한 것입니다. 사람이 자신의 구세주로 예수 그리스도를 영접할 때, 하나님의 성령으로 거듭납니다(요 3:5~6).

사람이 신령한 일을 경험하고 공부하지 않는다면 신령한 일을 판단할 수 있는 방법이 인간에게는 전혀 없습니다.

신령한 자는 모든 일을 판단하고 분별합니다. 판단한다는 말은 분변한다는 단어와 동일한 의미를 갖고 있습니다. 그러므로 예수 그리스도를 믿는 사람은 가장 경이로운 일을 경험하게 됩니다. 요점은, 진정으로 신령한 자는 성령의 지배 아래 살게 된다는 것입니다. 성령은 그의 육신 안에 거하고 계십니다. 그분은 영적 진리를 사람에게 계시하시는 성령이십니다.

· 함께 읽어요 : 고린도전서 2장 14절

"육에 속한 사람은 하나님의 성령의 일들을 받지 아니하나니 이는 그것들이 그에게는 어리석게 보임이요, 또 그는 그것들을 알 수도 없나니 그러한 일은 영적으로 분별되기 때문이라."

---

1) '육에 속한 사람' 즉 '자연인'(ψυχικός; 프쉬키코스)이란 말은 육적인 생활을 하는 사람 또는 육적으로 살아 있는 사람이라는 의미이다. 어원은 영혼(ψυχή; 프쉬케)이다. 여기 영혼은 동물적인 영혼 즉 사람의 동물적인 생명이다.

정리하는 말

바울은 고린도교회가 분쟁에 휘말려서 하나님의 신령한 은혜에서 멀어지기를 원치 않았습니다. 우리는 영에 속한 사람으로서, 신령함을 잃지 말고 육의 블랙홀에 빠지지 않기를 바랍니다. 여러분! 삶의 현장에서 성령의 능력을 감사하시기 바랍니다. 하나님의 권능의 역사가 여러분이 처한 곳에 나타나시길 기도하십시오. 소원이 이루어지는 역사! 불신 가정이 믿고 돌아오는 역사! 하나님의 권능의 역사가 일어나기를 간절히 소망합니다.

평가와 결심

1. 바울이 말하는 능력 있는 설교는 어떤 설교입니까?
   (고전 2:1~2, 그리스도의 성령의 능력으로 선포되어 믿음을 얻게 함)
2. 교회의 분쟁을 해결해 주는 진짜 방법이 무엇입니까?
   (고전 2:3~8, 하나님께서 성령으로 계시하신 지혜로 해결)
3. 다음 중 어떤 사람이 모든 일을 판단하고 분별할 수 있습니까?
   (고전 2:10~13, ① 육에 속한 사람은 아니고 ② 신령한 자가 성령으로 분별함)

주간 경건의 시간 <45> · 날마다 말씀과 함께

요일 / 내용	주일/월(Mon)	화(Tue)	수(Wed)	목(Thu)	금(Fri)	토(Sat)
찬송	146동 / 73동	205 / 236	214 / 349	212 / 347	246 / 221	286 / 218
성경	롬16: / 고전1:	고전 2:	고전 3:	고전 4:	고전 5:	고전 6:
적용	문안과 찬송/ 교회의 분쟁	십자가와 그리스도	동역 자들	그리스도의 일꾼	음행한 자 판단	세상법정에 소송 말라

* 하나님께서 가장 기뻐 받으시는 예배는 감사하는 마음과 기뻐하는 심령으로 드리는 것이다. < 플루타크, 46~120, 그리스 전기 작가 >

11단원 풍성한 감사의 달

제46과

성령의 은사에 감사

찬송 / 182, 184, 191 / 통 169, 173, 427
성경 / **고린도전서 12:1-31**
요절 / **고린도전서 12:13**
"우리가 유대인이나 헬라인이나 종이나 자유인이나 다 한 성령으로 세례를 받아 한 몸이 되었고 또 다 한 성령을 마시게 하셨느니라."
목표 / 성령의 은사에 감사하며 살아가는 태도를 기른다.

시작하는 말

본문에 고린도교회는 교회를 분열 직전가지 몰고 간 몇 가지 문제에 직면해 있었습니다. 그 중 가장 심각한 문제 가운데 하나는 영적인 은사에 관한 것이었습니다. 하나님께서 주시는 어떤 은사나 능력이나 재능도 결코 남용되거나 논쟁의 대상이 되어서는 안 됩니다.

고린도교회의 경우에는 성령의 은사를 계속 남용한 나머지 교회가 분열 직전까지 이르렀습니다. 여러분! 여러분들은 무슨 은사를 받았습니까? 은사를 선용해 성령이 충만하시고 은혜가 충만하시기 바랍니다.

오늘의 말씀

1. 교회 안에 신령한 은사가 필요하지만 위험성도 따릅니다(고전 12:1~3).

바울은 은사 문제로 몸살을 앓고 있는 고린도교회를 향해서 은사에 대해 가르치고 있습니다. 요엘서에는 "내가 내 영을 만민에게 부어 주리니"(욜 2:28절)라고 했습니다. 예수께서도 성령을 약속하셨습니다(요 14:16절). 몇 날이 못 되어 성령으로 세례를 받으리라 하셨습니다(행 1:5절). 오순절 성령 강림 사건은 복음 전도의 기폭제가 되었습니다.

그러나 고린도교회는 영적인 은사 문제로 분열의 위기까지 이르렀습니다. 영적인 은사에 무지한 탓과 은사의 남용 때문이었습니다.

· 함께 읽어요 : 고린도전서 12장 3절

"그러므로 내가 너희에게 알리노니 하나님의 영으로 말하는 자는 누구든지 예수를 저주할 자라 하지 아니하고 또 성령으로 아니하고는 누구든지 예수를 주시라 할 수 없느니라."

2. 고린도교회 성령의 은사 남용문제를 다루고 있습니다(고전 12:4~11).

하나님께서는 이방에 있는 고린도교회가 효과적으로 사역할 수 있도록 여러 가지 영적인 은사를 주셨습니다. 그러나 고린도교인들은 하나님께서 그들에게 기대하셨던 교회사역에 관심조차 없었습니다. 그들에게 주신 은사를 오해하여 그릇되게 사용하거나 남용하고 있었습니다.

전도사역을 위해 성령의 은사를 주셨지만 은사에 대한 논쟁과 다툼과 분열에 휩싸여 있었습니다.

영적 은사에는 단일성이 있습니다. 은사는 여러 가지이나 성령을 같고 직분은 여러 가지나 주는 같으며, 사역은 여러 가지나 이루시는 하나님은 같습니다(4~6절). 은사를 주시는 목적은 '유익하게 하려함이라'는 것입니다(7절). '지혜의 말씀', '지식의 말씀', '믿음', '병 고침 은사', '능력 행함', '예언함', '영들 분별함', '방언 말함', '방언 통역함'의 9가지 은사가 다 한 성령님이 그 뜻대로 나누어주시는 것입니다.

· 함께 읽어요 : 고린도전서 12장 11절

"이 모든 일은 같은 한 성령이 행하사 그의 뜻대로 각 사람에게 나누어 주시는 것이니라."

3. 그리스도의 몸인 교회의 가장 큰 은사는 '사랑'입니다(고전 12:12~31).

본문에 계시된 다양한 은사의 본질은 동일한 것으로 모두가 한 성령이신 하나님께로부터 나온 것입니다.

'지혜와 지식의 말씀'(고전 12:8; 롬 12:7)은 하나님의 말씀을 이해하거나 잘 전달할 수 있는 은사입니다. '믿음'(고전 12:9)의 은사란 예수 그리스도를 구주로 믿고 구원받는 기본적인 믿음이 아니라 히브리서 11장에 나오는 것 같은 초월적인 믿음을 말합니다. '병 고치는 은사'(고전 12:9, 30)는 병을 고치는 은사입니다. 성경에는 병든 자를 위하여 기도할 것과 믿음의 기도가 병든 자를 일으킬 것을 말씀하고 있습니다(약 5:14-15).

'능력 행함'(고전 12:10, 28)이란 병 고치는 신유의 은사 외에 성령의 능력으로 기적을 행하는 것을 말합니다. 효과적인 선교와 전도를 위해 따르는 은사입니다. '예언'(고전 12:10; 롬 12:6)은 장래에 일어날 일을 하나님께로부터 받아 미리 말하는 은사를 가리킵니다.

'영 분별의 은사'(고전 12:10)는 성령과 악령의 역사를 분별하는 은사입니다(요일 4:1). '방언과 방언 통역하는 은사'가 있습니다. 방언은 평소에 알지 못하던 외국어를 말하는 은사(행 2:8)도 있고, 사람이 알아들을 수 없는 대신對神 방언(고전 14:2)이 있습니다. 대신 방언을 사람이 알아듣도록 통역하는 은사가 방언 통역의 은사입니다.

가장 큰 성령의 은사는 '사랑'입니다(고전 12:31). 사랑은 율법의 완성이며(롬 13:10), 성도들을 하나로 묶는 띠와 같습니다(골 3:14절).

· 함께 읽어요 : 고린도전서 12장 28절

"하나님이 교회 중에 몇을 세우셨으니 첫째는 사도요 둘째는 선지자요 셋째는 교사요 그 다음은 능력을 행하는 자요 그 다음은 병 고치는 은사와 서로 돕는 것과 다스리는 것과 각종 방언을 하는 것이라."

정리하는 말

성도 여러분! 교회 안에 여러 가지 은사를 받으신 분들이 있습니다. "각 사람에게 성령을 나타내심은 유익하게 하려 하심이라"(고전 12:7절)고 말씀하고 있습니다. 성령의 은사를 교회에서 전도사역을 위해 잘 활용한다면 효과적일 것입니다. 성령의 은사가 여러 가지이기 때문에 분야 마다 서로 협력한다면 교회부흥의 활력소가 될 것입니다. 성령의 은사를 주신 하나님께 특별한 영광과 감사를 돌리시기를 바랍니다.

평가와 결심

1. 고린도 교회의 가장 큰 문제점이 무엇이었습니까?
   (고전 12:1~3, ① 성령 은사의 남용 ② 영적 은사에 대한 무지)
2. 고린도 교회가 은사 문제로 어떤 위기를 맞았습니까?
   (고전 12:19~27, 교회가 파벌 조성으로 분열의 위기를 맞음)
3. 율법의 완성이요 가장 큰 은사가 무엇입니까?
   (고전 12:31, 골 3:14, 성도들을 하나로 묶는 띠와 같은 '사랑')

주간 경건의 시간 <46> · 날마다 말씀과 함께

요일 / 내용	주일/월(Mon)	화(Tue)	수(Wed)	목(Thu)	금(Fri)	토(Sat)
찬송	145동 / 93동	147 / 136	182 / 169	197 / 178	254 / 186	314 / 511
성경	고전7:/ 고전8:	고전 9:	고전 10:	고전 11:	고전 12:	고전 13:
적용	결혼/ 우상 제물	사도의 권리	우상숭배 피하라	피로 세운 새 언약	성령의 은사	사랑

* 감사는 훌륭한 교양의 열매이다. 천한 사람들의 세계에서는 그것을 찾지 못한다.

〈S. 존슨 보즈웰〉

11단원 풍성한 감사의 달

제47과

향기 나타내심에 감사

찬송 / 240, 242, 250 / 통 231, 233, 182
성경 / **고린도후서 2:1–17**
요절 / **고린도후서 2:14**
"항상 우리를 그리스도 안에서 이기게 하시고 우리로 말미암아 각 처에서 그리스도를 아는 냄새를 나타내시는 하나님께 감사하노라."
목표 / 그리스도의 향기 나타내심에 감사하는 삶의 태도를 기른다.

시작하는 말

여러분! 교회는 사역자와 회중이 하나의 공동목적을 가지고 협력해야 합니다. 그래야 교회가 부흥되고 세상에 빛을 비추면서 하나님께 영광을 돌릴 수 있는 것입니다. 그런데 고린도교회 사역자가 일부 교인들에게 공격을 받고 있었습니다. 이 때문에 자신의 사역계획을 변경하기까지 했습니다. 뜬소문과 거짓말이 도처에 퍼지고 있어 그가 사역자로서 사람들에게 사역할 수 있는 상황이 아니었습니다. 교회는 아름다운 소식이 향기처럼 세상으로 퍼져나가야 합니다. 교회 안에 트러블 메이커가 많으면 많을수록 교회는 몸살을 앓고 침체에 빠지는 것입니다.

오늘의 말씀

1. 바울처럼 사역자가 징계를 삼가는 것이 바람직합니다(고후 2:1~4).

고린도교회 내의 일부 믿는 자들이 바울을 공격하며 온갖 약점과 흠

점을 들어가면서 비난하고 있었습니다. 또 다른 교인들은 도덕적으로나 교리적으로 타락해 있어서 죄 가운데, 그리고 하나님 말씀에 반대되는 가르침 속에서 살고 있었습니다. 바울은 그런 논쟁이 벌어지고 있는 타락한 교회에 머무르지 않는 것이 가장 바람직하다고 느꼈습니다. 그래서 방문 계획을 전격적으로 변경했던 것입니다.

· 함께 읽어요 : 고린도후서 2장 4절
"내가 마음에 큰 눌림과 걱정이 있어 많은 눈물로 너희에게 썼노니 이는 너희로 근심하게 하려 한 것이 아니요 오직 내가 너희를 향하여 넘치는 사랑이 있음을 너희로 알게 하려 함이라."

2. 교회에 고통을 준 자에 대한 징계와 바르게 함이 있어야 합니다(고후 2:5~11).

교회 내에 사역자나 교인들을 비난하고 공격을 일삼으며 분열을 조장하는 사람이 있다면, 교회는 어떻게 해야 하겠습니까? 사역자나 교회 프로그램에 반대를 일삼고 파당을 짓고 있다면 그에게 어떤 조처가 취해져야 합니까? 본문에 고린도교회에는 바울을 극렬하게 반대하며 공격하는 사람이 있었습니다. 그 사람은 논쟁과 큰 소동을 일으켰으며 교회에 엄청난 고통과 슬픔을 안겨주고 있었습니다. 그 지역사회에서 고린도교회와 그 교회의 사역은 악영향을 받고 있었습니다.

교회에서의 징계의 목적은 첫째, 근심하게 한 자를 회복시켜 주는 것입니다. 교회는 그를 용서하고, 위로하고 권면해야 됩니다. 당사자는 회개해야 합니다. 교회가 확신을 주고 사랑을 표현해야 합니다.

두 번째, 교회를 자유롭게 하여 그 본래의 사역을 수행하도록 하는 것입니다. 바울은 교회와 자기 자신을 돕기 위해 그 사람을 용서했습니다. 그리스도를 위해, 사단으로 유익을 얻지 못하도록 하기위해 그를 용서했습니다. 이런 모범적인 사례를 우리가 본 받아야 합니다.

· 함께 읽어요 : 고린도후서 2장 10~11절
"[10] 너희가 무슨 일이든지 뉘게 용서하면 나도 그리하고 내가 만일 용서한 일이 있으면 용서한 그것은 너희를 위하여 그리스도 앞에서 한 것이니 [11] 이는 우리로 사탄에게 속지 않게 하려 함이라 우리가 그 계책을 알지 못하는 바가 아니로라."

3. 교회 안·밖에서 그리스도의 향기가 되어야 합니다(고후 2:12~17).

본문은 하나님께서 부르신 사역자가 그의 사역에 대해 분명하게 묘사하고 있습니다. 주님의 사역자는 먼저 설교에 대한 불타는 열정이 있어야 합니다. 그리고 교회에 대한 깊은 관심과 사랑에 사로잡혀 있어야 합니다.

사역자에게는 그리스도를 전하고자 하는 불타는 열정이 있습니다. 그래서 바울은 고린도에 디도 편에 엄중한 편지를 써서 전달하고 교회의 자정 노력을 기다렸습니다. 참 지혜로운 처사였습니다.

바울은 복음의 열정을 가지고 복음을 전하고 사역할 기회를 성실하게 찾고 있었습니다. 그러기에 주님은 그를 드로아에서 사역할 수 있도록 큰 임무를 열어주셨습니다. 그는 어려움에 처한 교회에 관심을 가졌습니다.

디도를 통해 전해 온 소식은 고린도 교회가 바울의 편지에 반응을 보였고, 영적인 성장을 경험했다는 것입니다. 바울은 그 마음에 감사로 충만했습니다. 사역자를 승리하게 하시는 분은 하나님이십니다. 사역자의 승리는 그리스도 안에서만 이루어집니다. 사역자는 하나님께 아름다운 향기가 됩니다.

그리스도의 제자 된 우리 성도들도 하나님의 복음과 말씀대로 살면 믿음의 줄기와 뼈대가 굵어지고 꽃이 피어나 향기를 발하는 것입니다.

· 함께 읽어요 : 고린도후서 2장 14절
"항상 우리를 그리스도 안에서 이기게 하시고 우리로 말미암아 각처에서 그리스도를 아는 냄새를 나타내시는 하나님께 감사하노라."

정리하는 말

사랑하는 성도 여러분! 여러분은 복음의 말씀과 그리스도의 향기를 공급받아 성장하셨습니까? 여러분들의 믿음의 성장 소식이 과연 사역자를 기쁘게 하십니까? 여러분들은 그리스도 안에서 이기게 하시고, 각처에서 그리스도의 향기를 나타내게 하시는 하나님께 감사해야 합니다. 오늘 여러분들을 통해서 그리스도의 향기가 교회 안·밖에서 넘쳐나서 하나님께 풍성한 영광을 돌리시기를 간절히 소망합니다.

평가와 결심

1. 교회 안에서 사역자가 취할 모범적인 태도는 무엇입니까?
   (고후 2:1~4, ① 용서와 ② '징계의 매'를 삼가 하는 것)
2. 교회 전체에 고통을 준 자에 대한 징계의 목적이 무엇입니까?
   (고후 2:5~11, ① 고통 준 자의 회복 ② 교회 회복과 본래 사역 진행)
3. 모범적인 교회 사역자의 사역 태도는 무엇입니까?
   (고후 2:12~17, ① 복음의 열정적 설교 ② 교회에 대한 관심과 사랑)

주간 경건의 시간 <47> · 날마다 말씀과 함께

내용 \ 요일	주일/월(Mon)	화(Tue)	수(Wed)	목(Thu)	금(Fri)	토(Sat)
찬송	91동 / 89동	35 / 50	177 / 164	220 / 278	264 / 198	295 / 417
성경	고전14:/고전15:	고전 16:	고후 1:	고후 2:	고후 3:	고후 4:
적용	방언과 예언/ 그리스도 부활	연보	구원과 감사	그리스도 향기	새 언약 일꾼	질그릇과 보배

* 감사는 예의의 가장 아름다운 형태이다.
< 자크 마리탱, 1882~ ? , 프랑스 철학자 >

제48과

하나님께 전폭적인 감사

찬송 / 303, 302, 347 / 통 403, 408, 382
성경 / **고린도후서 9:1-15**
요절 / **고린도후서 9:15**
"말할 수 없는 그의 은사로 말미암아 하나님께 감사하노라."
목표 / 말할 수 없는 하나님의 은혜에 감사하는 태도를 기른다.

시작하는 말

여러분! 하나님께서 주신 최상의 선물을 아십니까? 우리에게 독생자 예수 그리스도를 주신 것입니다. 하나님은 우리가 감사해서 하나님께 드리는 것을 기뻐하십니다. 그러나 모든 드림이 하나님을 기쁘시게 하는 것은 아닙니다. 바울은 고린도 교회 교인들이 하나님께 드릴 것을 기대했습니다. 오늘날 구제헌금에 관심이 사라지고 있다는 사실은 안타까운 일입니다. 구약 성도들은 십일조를 드리는 목적이 바로 땅에서의 기업이 없는 레위인과 고아와 과부 등, 어려움을 당한 자들을 위한 것이었기 때문에 꾸준히 실천했습니다(신 26:12). 우리는 이를 본 받아야 합니다.

오늘의 말씀

1. 하나님이 기뻐하시는 준비와 열심이 있었습니다(고후 9:1~4).

바울은 고린도교회 교인들이 하나님을 기쁘시게 하려고 드리는 준비에 열심을 냈습니다. 그들의 열심의 동기는 도움을 필요로 하는 이들이 진정으로 하나님을 믿는 '성도'(ἁγίους, 하기우스)들이었기 때문입니다. 그러므로 바울은 당연히 그들을 도와주리라고 기대했던 것입니다.

바울은 준비되어 있는 그들의 사랑과 열성적인 마음을 일년 전부터 알고 있었습니다. 그래서 그들의 예비된 드림을 자랑도 했습니다. 고린도 교인들의 열심과 헌신이 퍽 많은 사람들을 격동시켰습니다. 그들로 선교 계획을 돕는 일에 참여케 했던 것입니다.

· 함께 읽어요 : 고린도후서 9장 2절
"이는 내가 너희의 원함을 앎이라 내가 너희를 위하여 마게도냐 인들에게 아가야에서는 일년 전부터 예비하였다는 것을 자랑하였는데 과연 너희의 열심이 퍽 많은 사람들을 분발하게 하였느니라."

2. 하나님이 기뻐하시는 연보를 드려야 합니다(고후 9:5~11).

사람들은 물질이 풍부하게 많이 드리는 것을 선호합니다. 그래서 연보를 하다가 시험에 드는 경우도 많습니다. 여기 본문에서 참 연보[2]를 가르쳐 주고 있습니다.

본문에서 심음과 거둠의 법칙을 적용해서 연보를 설명하고 있습니다.

씨를 뿌린 만큼 거둔다는 것입니다. 많이 뿌리면 많이 거둡니다. 적게 심으면 적게 거둡니다. 연보를 할 때 많이 드리는 척 하는 것이 아니라 희생적으로 드리는 자를 크게 축복하십니다. 이 말씀의 요지는 연보는 인색함으로나 억지로가 아닌 **마음에 정한 대로** 드려야 한다는 것입니다. 따라서, 다른 사람의 판단이 아니라 자신이 정하여 즐거운 마음으로 드려야 합니다. 연보는 하나님을 향한 믿음의 표현입니다.

· 함께 읽어요 : 고린도후서 9장 10~11절
"[10] 심는 자에게 씨와 먹을 양식을 주시는 이가 너희 심을 것을 주사 풍성하게 하시고 너희 의의 열매를 더하게 하시리니 [11] 너희가 모든 일에 넉넉하여 너그럽게 연보를 함은 그들이 우리로 말미암아 하나님께 감사하게 하는 것이라."

---

2) 연보捐補란 자기 재물을 내어 남을 도와줌을 의미한다.

3. 믿는 자는 세상의 절박한 필요를 전폭적으로 채워 주어야 합니다. (고후 9:12~15)

본문 8절을 함께 읽겠습니다. "하나님이 능히 모든 은혜를 너희에게 넘치게 하시나니 이는 너희로 모든 일에 항상 모든 것이 넉넉하여 모든 **착한 일**을 넘치게 하게 하려 하심이라"(고후9:8절).

오늘날 자본주의의 단점인 빈부의 격차가 심해져, 사람들은 상대적인 빈곤감 때문에 고통이 더욱 심각합니다. 교회도 마찬가지입니다. 이러한 단점들을 수정해 가기란 쉽지 않습니다. 그러나 북유럽 국가들은 이런 자본주의의 병폐를 개혁주의 기독교 정신을 발휘하여 국민을 위한 베풂의 정치로 해결해가고 있습니다. 소득의 격차를 줄이는데 부자들이 아낌없이 세금을 바치고, 정부 책임자들이 권위의식을 내려놓고, 근검하여 앞장서 나가기 때문에 지상 천국처럼 살고 있습니다.

본문에 믿는 자들이 후하게, 전폭적이고 희생적으로 드려야 할 동기를 말씀합니다. 그 내용은 아래와 같은 것들입니다.

첫째, 하나님에 의해 더 부요하게 되려는 이유입니다(8~11절). 마음을 열고 하나님의 은혜와 은사의 강물이 흐르게 하기 위해서입니다.

둘째, 사람들의 필요를 채우고 하나님께 영광을 돌리려는 것입니다(12절). 정말 어렵고 힘든 자들이 도움을 받고서 하나님께 영광을 돌립니다.

셋째, 그리스도에 대한 자신의 충성을 증명하려는 것입니다(13절). 하나님의 사랑과 보호를 받고 자신도 실천해 하나님께 대한 충성을 보여줍니다.

넷째, 기도와 사랑과 교제를 장려하려는 것입니다(14절). 어려운 처지의 사람들을 도와줌으로 그 사람들은 이러한 교제로 감사하게 될 것입니다.

다섯째, 말할 수 없는 은사로 인하여 하나님을 찬양하려는 것입니다(15절). 하나님의 풍성한 은사로 인하여 감사 찬양을 하게 될 것입니다.

· 함께 읽어요 : 고린도후서 9장 13절

"이 직무로 증거를 삼아 너희가 그리스도의 복음을 진실히 믿고 복종하는 것과 그들과 모든 사람을 섬기는 너희의 후한 연보를 말미암아 하나님께 영광을 돌리고"

정리하는 말

사랑하는 성도 여러분! 오늘날 우리가 살아있다는 자체가 감사할 일입니다. 우리의 몸은 하나님의 '사랑 덩어리'입니다. 수많은 사람의 수고를 통하여 먹고 입고 보양保養을 받아 살아 온 몸입니다. 주님의 십자가 보혈로 속량贖良된 몸입니다. 내게 주신 가정, 식구, 재물을 생각할 때에 이 또한 내게 거저 주신 선물이니 감사하지 않을 수 없습니다. '말 할 수 없는 하나님의 큰 은사'를 항상 감사하시기를 간절히 소망합니다

평가와 결심

1. 고린도 교회의 연보를 위한 영적 상태는 어떠하였습니까?
   (고후 9:1~4, 하나님 기뻐하시도록 드릴 준비와 열심이 있었음)
2. 하나님이 인정하시고 기뻐하시는 '연보'는 무엇입니까?
   (고후 9:5~11, 인색함으로나 억지로가 아닌 마음에 정한 대로 드려야 함)
3. 바울이 고린도교회를 인하여 감사하고 있는 것이 무엇입니까?
   (고후 9:11~15, 너그럽고 후한 연보 즉 봉사의 직무, 하나님의 은사)

주간 경건의 시간 <48> · 날마다 말씀과 함께

요일 / 내용	주일/월(Mon)	화(Tue)	수(Wed)	목(Thu)	금(Fri)	토(Sat)
찬송	122동 / 91동	9 / 53	14 / 30	180 / 168	198 / 284	214 / 349
성경	고후5:/고후6:	고후 7:	고후 8:	고후 9:	고후 10:	고후 11:
적용	영원한 집/ 마음 넓혀라	디도의 위로	풍성한 연보	봉사의 직무	사도직 변론	사탄의 일꾼

* 하나님이 거하시는 곳은 두 곳이다. 하나는 천국이요, 다른 하나는 겸손하고 감사하는 심령이다. <아이자크 월튼, 1593~1683, 영국 작가 >

12단원 한 해 결산의 달

제49과

바울의 인생 결산

찬송 / 511, 505, 580 / 통 263, 268, 371

성경 / **고린도후서 11:5-33**

요절 / **고린도후서 11:5**

"나는 지극히 크다는 사도들보다 부족한 것이 조금도 없는 줄로 생각하노라."

목표 / 한 해 그리고 일생의 결산을 잘 하는 태도를 기른다.

시작하는 말

바울 사도는 빌립보 성도들을 향하여 이렇게 말합니다. "더욱 지금나 없을 때에도 항상 복종하여 두렵고 떨림으로 너희 구원을 이루라"(빌 2:12절)고 말입니다. 교회 안에 거짓 교사들과 비판자들이 모든 비난의 말을 동원하여 교회를 공격하고 있습니다. 본문에도 미혹과 기만과 거짓된 가르침으로 사람들을 미혹했고, 바울에게까지 대적을 일삼고 비난을 퍼부었습니다. 이와 동시에 바울 사도의 신뢰성을 여지없이 무너뜨리는 자들이 있었습니다. 바울은 자신을 위한 변호를 하면서 사역자들이 교회를 위해 어떻게 해야 할 것인지 방어책을 말씀하고 있습니다.

오늘의 말씀

1. 바울은 교회에 엄습한 미혹과 기만을 경고했습니다(고후 11:5~15).

바울은 교회를 구하기 위해 최소한 자신이 할 수 있는 모든 노력을 기울여야 했습니다. 바울은 교회를 향하여 가해진 거짓 교사들에 의한 미혹과 기만을 경계할 것을 경고하고 있습니다.
첫째, 교회는 미혹, 즉 그들의 마음이 부패할까 두려워 해야 합니다.
둘째, 교회는 다른 예수를 전파할까 두려워 해야 합니다(4절).
셋째, 교회는 사역자들을 비교할까 두려워 해야 합니다(5~6절).
넷째, 교회는 정직한 재정방침에 대해 비판할까 두려워 해야 합니다(7~12절).
다섯째, 교회는 거짓 사도의 궤휼과 역군들을 두려워 해야 합니다(13~15절).

· 함께 읽어요 : 고린도후서 11장 15절
"그러므로 사탄의 일꾼들도 자기를 의의 일꾼으로 가장하는 것이 또한 대단한 일이 아니니라. 그들의 마지막은 그 행위대로 되리라."

2. 교회 사역자의 위치는 십자가의 책무를 감당하는 것입니다(고후 11:16~21).

여러분! 교회의 사역자는 하나님의 말씀을 강단에서 선포할 때 하나님의 권위를 위임받아 전달하는 것입니다. 이를 교인들이 인정해 줄 때 그런 교회는 주님의 사랑을 받습니다. 그런데 안타깝게도 오늘날 교회 사역자들의 권위가 땅에 떨어졌습니다. 너무 실덕失德한 목회자들이 많기 때문에 교회의 권위조차 흔들리고 있습니다. 이럴 때일수록 우리 성도들은 목회자를 위해서 매달려 기도해야 합니다.

예수님은 십자가를 지시기전 겟세마네 동산에서 기도하셨습니다. 그러나 성만찬 석에서 박차고 나간 배신자 가룟 유다로 인하여 잡히셔서 갖은 심문을 다 받으시고 결국 십자가를 지셨습니다. 여러분들이 섬기는 교회의 사역자는 십자가의 역군입니다. 그들을 위해 진력을 다하여 기도하시기 바랍니다.

· 함께 읽어요 : 디모데후서 1장 6절
"그러므로 내가 나의 안수함으로 네 속에 있는 하나님의 은사를 다시 불일듯 하게 하기 위하여 너로 생각하게 하노니."

3. 바울의 자랑과 희생정신은 인생결산의 모범입니다(고후 11:22~33).

바울이 본문에서의 자랑은 자랑이라기보다는 그의 인생결산의 모습을 보는 듯 합니다. 그의 간증은 복음전도자와 교회의 사역자들에게 큰 도전을 주고 있습니다. 우리는 사람과 하나님 앞에서 떳떳한 인생 결산을 준비해야 합니다. 바울 사도는 거짓 교사들의 주장보다 물려받은 그의 유전遺傳과 전통을 더 훌륭히 생각했습니다. 그의 반격을 유심히 살펴보면,

첫째, 그들이 히브리인이냐? 나도 그러하다.

둘째, 그들이 이스라엘인이냐 나도 그러하다.

셋째, 그들이 아브라함의 후손이냐? 나도 그러 하니라.

넷째, 그들이 그리스도의 일꾼이냐? 나는 더욱 그러하다고 반격하고 있습니다. 이에 덧붙여 다음과 같이 소상하게 증언을 합니다.

"내가 수고를 넘치도록 하고 옥에 갇히기도 더 많이 하고 매도 수없이 맞고 여러 번 죽을 뻔하였으니, 40에 하나 감한 매를 다섯 번 맞았으며, 세 번 태장으로 맞고 한번 돌로 맞고, 세 번 파선하고 일주야를 깊은 바다에서 지냈으며, 여러 번 여행하면서 강의 위험 강도의 위험과 동족의 위험 이방인의 위험과 시내의 위험과 광야의 위험과 바다의 위험과 거짓 형제 중의 위험을 당하고, 또 수고하며 애쓰고 여러 번 자지 못하고 주리며 목마르고 여러 번 굶고 춥고 헐벗었노라"(23~27절).

이렇게 바울은 자기 자신의 과거를 말하면서 날마다 눌리는 일이 있으니 "모든 교회를 위하여 염려하는 것이라"고 사역자로서 마음에 가장 큰 고통을 털어놓았습니다. 바로 자신의 일생의 모습! 주님을 위한 충성했던 아름다운 모습을 인생 결산으로 보고하고 있는 것입니다.

· 함께 읽어요 : 고린도후서 11장 28절

"이 외의 일은 고사하고 아직도 날마다 내 속에 눌리는 일이 있으니 곧 모든 교회를 위하여 염려하는 것이라."

정리하는 말

성도 여러분! 하나님의 사역자로 복음의 일꾼으로 산다는 것 자체가 얼마나 어려운 일인가를 바울 사도의 일생을 보면서 깨닫습니다. 오늘날 사명은 뒷전으로 하고 손쉽게 성공만을 바라는 이들이 많습니다. 무엇이 성공인지, 하나님께서 원하시는 일이 무엇인지 깊이 생각해 보아야 할 때입니다. 주님이 오실 때 충성되고 지혜로운 종이 되어, 주인의 뜻에 따라 직분을 잘 감당하는 칭송받는 종이 되시기를 바랍니다.

평가와 결심

1. 본문에서 바울이 무엇을 두려워하고 경계하라고 했습니까?
   (고후 11:1~3, 거짓 사도와 속이는 일꾼)
2. 사탄의 일꾼이 어떻게 가장합니까?
   (고후 11:13~15, 광명한 천사, 의의 일꾼으로 가장함)
3. 복음 사역자로서 바울이 당하는 가장 큰 고통이 무엇입니까?
   (고후 11:28, 모든 교회를 위하여 염려하는 것)

주간 경건의 시간 <49> · 날마다 말씀과 함께

요일 / 내용	주일/월(Mon)	화(Tue)	수(Wed)	목(Thu)	금(Fri)	토(Sat)
찬송	144동 / 25동	378 / 430	412 / 469	411 / 473	423 / 213	417 / 476
성경	고후12/고후13	갈 1:	갈 2:	갈 3:	갈 4:	갈 5:
적용	환상과 계시/ 권면과 인사	다른 복음 없다	이방인의 사도	의인은 믿음으로	눈이라도 빼어	종의 멍에

* 믿음은 최대의 것을 얻으며, 사랑은 최대의 역사를 하고, 겸손은 가장 많은 것을 보존한다. < 디 엘 무디, 1837~1899, 미국 복음 전도자 >

12단원 한 해 결산의 달

제50과

성령으로 영생 결실

찬송 / 179, 180, 182 / 통 167, 168, 169

성경 / **갈라디아서 6:1-18**

요절 / **갈라디아서 6:8**

"자기의 육체를 위하여 심는 자는 육체로부터 썩어질 것을 거두고 성령을 위하여 심는 자는 성령으로부터 영생을 거두리라."

목표 / 성령으로 영생을 얻고 결실하는 태도를 기른다.

시작하는 말

여러분! 그리스도인 형제가 유혹에 빠져서 넘어지거나 타락했다면 우리는 어떤 조처를 취해야 하는지를 알아야 합니다. 본문에서 아주 평범한 사람이 범죄한 일이 들어날 때 교인인 우리가 어떻게 해야 할지를 가르쳐 주고 있습니다. 모든 유혹은 모든 사람에게 공통적으로 닥치기 때문에 모르는 척하고 넘어간다면 더 큰 화를 부를 것입니다. 만약에 길에 있는 큰 돌멩이를 귀찮다고 치우지 않는다면, 다시 그 길을 가는 사람에게 그것으로 인해 고통을 겪게 하는 것과 마찬가지가 됩니다.

오늘의 말씀

1. 교회는 죄를 범한 사람을 바로 잡아야 합니다(갈 6:1~5).

교회 안에서 형제가 죄에 빠져 넘어지고 타락한 상태로 들어날 때, 교회의 그리스도인 형제들은 그를 회복시켜 주어야 합니다. 더럽다고 오물을 치우지 않고 피하여 지나간다면, 다음 사람이 또 피해를 당하게 되기 때문입니다. 그리스도인은 계속 깨어있어야 죄를 범한 형제들을 붙들어 줄 수 있을 뿐만 아니라, 자신의 범죄도 예방할 수 있습니다.

우리 역시 시험을 받아 죄에 빠질 수 있습니다. 때문에 항상 우리 자신을 성찰해야 합니다. 그리스도의 율법은 '섬김과 사랑의 율법'입니다. 따라서 자신이 아무 것도 아님을 고백해야 합니다. 각각 자기의 일을 그리스도 안에서 살펴야 하고, 각각 자기의 짐을 져야 합니다.

· 함께 읽어요 : 갈라디아 6장 2절
"너희가 짐을 서로 지라 그리하여 그리스도의 법을 성취하라."

2. 그리스도인은 가르치는 자를 선대해야 합니다(갈 6:6~10).

생각해 보면 우리에게 가르치는 자들만큼 중요한 사람들은 없습니다. 교회 안에서 가르치는 자와 가르침을 받는 자의 관계가 참 중요합니다.

요즘 가르치는 교사와 교수가 제대로 선대함을 받지 못하는 예가 많습니다. 교사나 교수 인원이 너무 많아지고 학생들은 줄어졌기 때문이기도 합니다. 학생이나 학부모가 상전입니다. 예전에는 한문 서당에서 훈장이라고 해서 부모들은 학생들 보는 앞에서 깍듯한 예의를 갖추었습니다. 없어졌던 '스승의 날'을 다시 부활시켜서 스승과 제자의 관계를 개선해 보려는 노력을 해보지만 제대로 되지 않는 것이 현실입니다.

교육정책이 자주 바뀌어 교육과정 운영이나 교과지도에 혼선을 빚기도 합니다. 가르치는 자를 선대하여 기독교교육이 제대로 이루어질 수 있도록 기도해야 합니다.

· 함께 읽어요 : 갈라디아서 6장 6절
"가르침을 받는 자는 말씀을 가르치는 자와 모든 좋은 것을 함께 하라."

3. 바울은 복음의 핵심을 강조한 편지를 보냅니다(갈 6:11~18).

본문은 바울이 갈라디아 교인들에게 보낸 편지의 마지막 부분입니다. 갈라디아 교회 교인들이 거짓 교사들을 그들의 대열에 참여하도록 허락했고, 그들 중 다수는 거짓 교사들에게 귀를 기울이고 따르기 시작했습니다. 바울은 보다 못해 강한 어조로 편지를 써서 보냈습니다.

다른 편지들의 경우는 대개 바울이 불러주면 대필하는 자가 써 놓은 것을 바울이 마지막 사인해서 보내곤 했습니다. 그러나 지금 마지막 부분에 바울이 직접 붓을 들고, 큰 글자로 강력한 권고와 자신의 사역과 복음에 대한 변증의 편지를 쓰고 있습니다(11절).

보십시오. 거짓 교사들은 사람들의 인기를 얻고자 육체의 모양을 냅니다(12~13절). 거짓 교사들이 갈라디아 교회에 참여했습니다. 그들은 바울과 그가 전하는 복음을 모두 반대했습니다. 그들은 기본적인 종교의식으로 전통적인 할례를 받아야 한다는 것입니다. 거짓 교사들은 그들의 통계수치를 늘임으로써 그럴 듯한 외양을 나타내고자 했습니다(13절).

참된 사역자들은 그리스도의 십자가만을 자랑해야 합니다(14~!7절).

첫째, 십자가는 사람들에 대하여 세상을, 세상에 대하여 사람들을 못 박히게 합니다(14절).

둘째, 십자가는 새 삶을 창조합니다. 새로운 피조물, 새사람이 되게 합니다(15절; 고후 5:17절).

셋째, 십자가는 평강과 긍휼을 가져옵니다(16절).

넷째, 십자가는 삶 속에서 얻는 상처를 의미하고, 예수의 흔적을 부여해 줍니다(17절). 그리스도께서는 바울을 위해 고난을 받으시고, 바울은 그리스도를 위해 고난을 받았습니다.

· 함께 읽어요 : 갈라디아서 6장 17절

"이 후로는 누구든지 나를 괴롭게 하지 말라 내가 내 몸에 예수의 흔적을 지니고 있노라."

정리하는 말

바울은 갈라디아 교회 교인들이 거짓 교사들을 그들의 대열에 참여하도록 허락한 일과, 그들 중 다수가 거짓 교사들에게 귀를 기울이고 따르기 시작한 것을 보다 못해 강한 어조로 편지를 썼습니다. 천사라도 다른 복음을 전한다면 저주를 받으리라고 했습니다. 바울 사도가 강조한 대로 우리는 거짓교사들에 흔들리지 말고, 오직 예수 그리스도 십자가만을 자랑하고, 십자가와 그리스도의 복음만을 전하시기를 간절히 소망합니다.

평가와 결심

1. 교회 안에 범죄 한 자를 어떻게 해야 합니까?
   (갈 6:1~2, 온유한 심령으로 바로잡고 그리스도의 법을 성취해야 함)
2. 교회 안에서 가르침을 받는 자는 어떻게 해야 합니까?
   (갈 6:6~8, 말씀을 가르치는 자와 모든 좋은 것을 함께 해야 함)
3. 그리스도의 십자가는 삶 속에서 주는 유익이 무엇입니까?
   (갈 6:17, ① 새 삶 창조 ② 평강과 긍휼을 줌 ③ 그리스도의 흔적을 가지게 됨)

주간 경건의 시간 <50> · 날마다 말씀과 함께

요일 / 내용	주일/월(Mon)	화(Tue)	수(Wed)	목(Thu)	금(Fri)	토(Sat)
찬송	146동 / 73동	205 / 236	214 / 349	212 / 347	246 / 221	286 / 218
성경	갈 6: / 엡 1:	엡 2:	엡 3:	엡 4:	엡 5:	엡 6:
적용	서로 짐을 지라/ 신령한 복	허물과 죄로	구원의 경륜	성령이 하나 되게 함	빛의 열매	자녀와 부모

* 겸손은 미덕에 대한 장식일 뿐만 아니라 그의 보호도 된다.
< 요셉 에디슨, 1672~1719, 영국 수필가, 국무장관 >

12단원 한 해 결산의 달

제51과

구원을 이루는 일생

찬송 / 182, 184, 191 / 통 169, 173, 427

성경 / **빌립보서 2:1-18**

요절 / **빌립보서 2:12**

"그러므로 나의 사랑하는 자들아 너희가 나 있을 때 뿐 아니라 더욱 지금 나 없을 때에도 항상 복종하여 두렵고 떨림으로 너희 구원을 이루라."

목표 / 구원을 이루어 가는 일생을 살아가는 태도를 기른다.

시작하는 말

본문에 빌립보교회는 믿음에 굳게 선 교회였습니다. 교회가 굳게 설 때 교회는 높은 비전과 많은 계획과 전략을 가지고 복음을 잘 전할 수 있게 됩니다. 또한 지속적으로 사역하고 끊임없이 새로운 프로그램을 추진할 때 교회가 생동합니다. 그래서 교회 내에 불화와 분열을 막아내기 위해 힘 있는 교회로 성장하도록 연합해야 하는 것입니다.

개인적으로는 끊임없이 믿음이 성장하여 어떤 일이 일어날 지라도 넘어지지 않고 날마다 굳건히 구원을 이루어 가야 할 것입니다.

오늘의 말씀

1. 교회는 하나 되게 연합시키는 위대한 특성이 있습니다(빌 2:1~4).

바울은 믿음에 굳건히 선 빌립보 교회가 지속적인 성장과 발전을 위해서 교회의 연합을 강조합니다. 교회 연합의 7가지 특성이 있습니다.

첫째, 위로의 특성입니다(1절). 이 말은 격려, 위로, 위안, 권면, 그리고 힘을 준다는 의미를 갖습니다.

둘째, 사랑의 특성입니다(1절). 그리스도 안에 있는 사랑의 위로가 있습니다.

셋째, 성령 안에서 교제의 특성입니다(1절). 처음 믿는 자와 기존 신자들의 연합을 통하여 교회를 건강하게 하도록 합니다.

넷째, 긍휼의 특성입니다(1절). 그리스도의 마음을 움직여 우리에게 다가오게 한 특성입니다. 긍휼은 치유로 인도합니다.

다섯째, 기쁨의 특성입니다(2절). 연합과 하나 됨으로 기쁨을 줍니다.

여섯째, 겸손, 즉 겸허한 마음의 특성입니다(3절). 주님의 섬김을 본 받아 자신을 낮게 나타내는 것입니다. 겸허한 마음으로 행합니다.

일곱째, 이기심, 즉 자신에 대한 집착을 제어하는 특성입니다(4절). 십자가는 사랑입니다. 진정으로 믿는 그리스도인은 자신을 버려야 합니다.

· 함께 읽어요 : 빌립보서 2장 4절

"각각 자기 일을 돌아볼 뿐더러 또한 각각 다른 사람들의 일을 돌보아 나의 기쁨을 충만하게 하라."

2. 주님의 겸손으로 우리의 구원이 태동되었습니다(갈 2:5~11).

본문은 예수 그리스도의 겸손을 잘 보여주고 있습니다.

첫째, 그리스도는 하나님의 본체이십니다(6절).

둘째, 그리스도는 자신을 비워 사람이 되셨습니다(7절).

셋째, 그리스도는 죽기까지 자신을 낮추셨습니다(8절).

예수 그리스도의 겸손은 가장 큰 본을 보여주신 것입니다. 예수는 하나님의 본체요. 하나님 자신이십니다. 그러나 그리스도께서 자신을 비워 사람이 되셨습니다. 죽기까지 자신을 낮추시고 비하하셨습니다.

그러나, 그리스도께서는 하나님으로부터 높임을 받으셨습니다. 모든 이름 위에 뛰어난 이름을 주사, 모든 자들이 예수 이름 앞에 무릎을 꿇게 하셨습니다. 모든 입으로 예수 그리스도를 주라 시인하도록 하셨습니다.

· 함께 읽어요 : 빌립보서 2장 11절
"모든 입으로 예수 그리스도를 주라 시인하여 하나님 아버지께 영광을 돌리게 하셨느니라."

3. 그리스도인은 자신의 구원을 숭고히[1] 받아들여야 합니다(빌 2:12~18).

그리스도인들은 은혜로 인하여 믿음으로 말미암아 구원을 받은 것입니다(엡 2:8절). 일단 여러분은 자신의 구원을 이루기 위하여 믿음을 간구하고 노력해야 합니다. 구원은 정체되어 있거나 안일하게 얻어지는 것이 아닙니다. 구원을 이루기 위하여 분투와 노력을 하고, 자신이 할 수 있는 모든 일을 해야 합니다. 그러나 모든 구원은 인간의 힘으로가 아니라 하나님의 선물입니다. 따라서 하나님 관점에서 구원이 이루어지는 것입니다.

첫째, 자신의 구원을 두렵고 떨림으로 받아들여야 합니다(12절).
둘째, 복종함으로 받아들여야 합니다. 마음속에 하나님의 감동으로 행하실 것입니다(13절).
셋째, 원망과 시비 없이 받아들여야 합니다(14절).
넷째, 순전한 마음으로 받아들여야 합니다(15절).
다섯째, 증거 함으로 받아들여야 합니다(16절).
여섯째, 희생적인 수고의 본을 따름으로 받아들여야 합니다(17~18절).

· 함께 읽어요 : 빌립보서 2장 13~14절
"13 너희 안에서 행하시는 이는 하나님이시니 자기의 기쁘신 뜻을 위하여 너희에게 소원을 두고 행하게 하시나니 14 모든 일을 원망과 시비가 없이 하라."

---

1) 숭고崇高히 라는 말은 '숭엄하고 고상함'을 의미한다. 즉 주님을 향한 전폭적인 믿음으로 내 자신을 낮추고 하나님의 뜻을 높이는 것을 말한다.

정리하는 말

성도 여러분! 하나님의 은혜로 인하여 믿음으로 구원을 받았으면 두렵고 떨리는 마음으로 구원을 이루어 가시기를 바랍니다. 주님은 십자가를 지셨습니다. 사도 바울은 예수 믿는 사람들을 섬기기 위해 자신을 제물로 드렸습니다. 그는 오직 생명의 말씀을 밝히는 일만을 위해 살았습니다. 금년 한해를 결산하면서 주님의 복음을 위해 무엇을 했는지 생각해 보시기 바랍니다. 오직 바울 사도의 헌신적인 삶을 본받으시기를 소망합니다.

평가와 결심

1. 바울은 빌립보 교회의 성장과 발달을 위해 무엇을 강조합니까?
   (빌 2:1~4 교회의 연합을 강조)
2. 그리스도의 가장 큰 겸손의 본이 무엇입니까?
   (빌 2:6~8, 자기를 비워 사람 모양으로 나타나심과 십자가 죽으심)
3. 거저 주신 은혜로 받은 구원 어떻게 이루어야 합니까?
   (빌 2:12, 항상 복종하여 두렵고 떨림으로 구원을 이루어야 함)

주간 경건의 시간 <51> · 날마다 말씀과 함께

내용 \ 요일	주일/월(Mon)	화(Tue)	수(Wed)	목(Thu)	금(Fri)	토(Sat)
찬송	21동 / 25동	147 / 136	182 / 169	197 / 178	254 / 186	314 / 511
성경	빌 1: / 빌 2:	빌 3:	빌 4:	골 1:	골 2:	골 3:
적용	착한 일 시작/ 그리스도 겸손	하늘 시민권	기뻐하라	복음의 일꾼	믿음에 굳게 서서	온전하게 매는 띠

* 결의가 인간의 힘, 용기, 지혜는 아니다. 그것은 종교적인 출발이다.
  < 마르쿠스 툴리우스 키케로, B. C. 106~43, 로마 웅변가, 정치가, 철학자 >

12단원 한 해 결산의 달

제52과

하나님을 기쁘시게 하라

찬송 / 240, 242, 250 / 통 231, 233, 182
성경 / **데살로니가전서 4:1-17**
요절 / **데살로니가전서 4:1 하반절**
"너희가 마땅히 어떻게 행하며 하나님을 기쁘시게 할 수 있는지를 우리에게 배웠으니 곧 너희가 행하는 바라 더욱 많이 힘쓰라."
목표 / 말씀을 배운 대로 하나님을 기쁘시게 하는 삶의 태도를 기른다.

시작하는 말

여러분! 오늘 말씀은 금년 마지막 공과입니다. 여러분들의 한해의 삶을 꼼꼼하게 결산해 보시기를 바랍니다. 바울은 데살로니가교회에 편지를 보내면서 오늘 요절말씀처럼 "너희가 마땅히 어떻게 행하며 하나님을 기쁘시게 할 수 있는지를 배웠으니 행하는 바를 더욱 많이 힘쓰라"고 했습니다. 여러분들을 교회나 가정 그리고 직장에서 각자의 직임을 맡은 대로 아래 교훈을 잘 지켜가기를 간절히 바랍니다.

오늘의 말씀

1. 믿는 자들은 삶의 행실과 결실을 잘 맺어야 합니다(살전 4:1~8).

바울은 데살로니가교회의 교인들에게 믿는 자의 모범적인 행실 문제를 다루고 있습니다. 믿음에는 역사가 있어야 한다고 강조한 바울은 이제 그 결실을 따지고 있는 것입니다. 사람들은 무슨 일이든 따지면 까다로운 사람이라고 가까이하기에는 너무 먼 당신이라고 꺼려합니다.

그러나 성경은 분명히 주님이 심판주로 오실 때, 여러분들의 행실에 대하여 따져 물으실 것입니다. 세상에서는 마음 착한 사람을 그렇게 반겨하지 않습니다. '그 사람 착하기만 했지 별로다…' 라고 말합니다. 세상은 능력 있는 사람을 선호합니다. 그러나 하나님의 뜻은 '거룩함'이라고 했습니다. 여러분! 부도덕한 행실에서 해방되어 성결하시기 바랍니다.

· 함께 읽어요 : 히브리서 10장 26~27절

"26 우리가 진리를 아는 지식을 받은 후 짐짓 죄를 범한즉 다시 속죄하는 제사가 없고 27 오직 무서운 마음으로 심판을 기다리는 것과 대적하는 자를 태울 맹렬한 불만 있으리라."

2. 사랑 안에서 더욱 장성해야 하나님을 기쁘시게 합니다(살전 4:9~12).

우리 믿는 자들은 하나님을 기쁘시게 하려는 열망이 있어야 합니다. 본문에서 우리가 어떻게 하면 하나님을 기쁘시게 할 수 있는지 매우 효과적인 실천 방법을 제시하고 있습니다.

첫째, 사랑 안에서 더욱 자라가야 합니다(9~10절). 사랑은 서로를 친밀하게 묶어줍니다. 연합으로 묶어줍니다. 항상 가슴 속에 깊이 품어주기 때문입니다.

둘째, 조용히 자기 일을 해야 합니다. 이는 남의 일에 참견 말고, 자신의 일에 열심히 노력하고 모든 힘을 다하라는 말입니다.

셋째, 자신의 손으로 일하기를 힘쓰라는 것입니다. 이 말은 다른 사람들에게 의지하지 말고 피해가 되지 말라는 것입니다. 그래야 아무도 궁핍함이 없을 것이기 때문입니다.

넷째, 믿지 않는 사람들에게 단정히 행하라는 것입니다. '단정히 행하라'는 말은 칭찬받을 만하고 존경받을 만한 방식으로 일을 하라는 말입니다. 그리스도인의 칭송받음은 복음의 문을 활짝 열게 할 것입니다.

· 함께 읽어요 : 데살로니가전서 4장 11절
"또 너희에게 명한 것 같이 조용히 자기 일을 하고 너희 손으로 일하기를 힘쓰라."

3. 주님의 재림과 부활을 소망 가운데 믿어야 합니다(살전 4:13~18).

본문은 '예수 그리스도의 지상 재림'과 '죽은 자들의 부활'에 대한 주제를 다루고 있습니다. 이 주제는 사람들의 흥미를 끌며 세상에 가장 영광스러운 소망을 줍니다. 우리가 주의를 기울여야 하는 주제입니다. 왜냐하면 주께서 재림하심으로써 믿는 자들에게는 축복이 오지만, 믿지 않는 사람들에게는 심판에 처해지기 때문입니다.

데살로니가교회 성도들은 이미 죽은 믿는 자들이 부활할 것인가 하는 문제가 궁금했습니다. 본문에 먼저 죽은 자들은 그리스도와 함께 재림할 것이라고 했습니다(14~15절). 주님께서 호령과 천사장의 소리와 하나님의 나팔소리로 친히 하늘로부터 강림하실 것입니다(16절).

이미 죽은 자들 곧 '예수 안에서 자는 자'들을 하나님이 그와 함께 데리고 오신다는 말씀입니다. 예수 그리스도의 재림과 믿는 자의 부활사건이 명확하게 묘사되어 있습니다. 우주의 주권자이신 예수 그리스도께서 하늘로부터 하늘의 놀라운 영광과 위용과 권능 가운데 이적적으로 나타나실 것입니다. 그 재림의 때는 하나님만 아십니다.

'주의 날'은 믿지 않는 자들이 스스로 대단히 안전하다고 느낄 때 올 것입니다. '주의 날'은 파국에 이르는 무서운 멸망과 고통의 날이 될 것입니다. '주의 날'은 피하지 못할 날이 될 것입니다. '주의 날' 심판과 멸망은 절대적으로 확실한 사실입니다. 사랑하는 성도 여러분! 주님이 곧 오십니다. 하나님을 기쁘시게 하는 일이 곧 자신의 행복인 것을 믿으시기 바랍니다.

· 함께 읽어요 : 데살로니가전서 4장 1절
"그러므로 형제들아 우리가 끝으로 주 예수 안에서 너희에게 구하고 권면하노니 너희가 마땅히 어떻게 행하며 하나님께 기쁘시게 할 수 있는지를 우리에게 배웠으니 곧 너희가 행하는 바라 더욱 많이 힘쓰라."

정리하는 말

사랑하는 성도 여러분! 여러분은 지금 말세의 끝에 살고 있습니다. 주님께서 곧 재림하신다는 말입니다. 세상에 종말이 올 것입니다. 바울 사도는 데살로니가교회 성도들에게 진솔하게 권면하고 있습니다.

배운 대로 실천하고 행하되 '하나님을 기쁘시게 하는 일을 더욱 많이 힘쓰라'고 권면하고 있습니다. 오늘 여러분들도 하나님을 기쁘시게 하는 일에 솔선수범하고 더욱 많이 힘쓰시기를 간절히 부탁하며 소원합니다.

평가와 결심

1. 말세에 주님의 백성들이 가져야 할 태도는 무엇입니까?
   (살전 4:1~8, 행실 곧 삶의 결실을 잘 맺어야 함)
2. 어떻게 해야 하나님을 기쁘시게 하는 것입니까?
   (살전 4:9~12, 가르침대로 '서로 사랑하는 일'에 더욱 자라가야 함)
3. 바울 사도가 주신 권면과 교훈은 무엇입니까?
   (고후 2:12~17, 예수 그리스도의 재림과 부활을 믿으라함)

주간 경건의 시간 <52> · 날마다 말씀과 함께

요일 / 내용	주일/월(Mon)	화(Tue)	수(Wed)	목(Thu)	금(Fri)	토(Sat)
찬송	146동 / 93동	463 / 518	549 / 431	550 / 248	524 / 313	500 / 258
성경	골 4: / 살전 1:	살전 2:	살전 3:	살전 4:	살전 5:	살후 1:
적용	전도할 문/ 사랑의 수고	자랑의 면류관	성도와 함께 강림	형제 사랑	하나님의 뜻	사랑의 수고

* 결심은 늦어도 실행은 빨라야 한다.

< 존 드라이든, 1631~1700, 영국 시인, 작가 >

13단원 교회 절기

제53과 신 년 절

보라 새것이 되었도다!

찬송 / 550, 551, 552, 554 / 통 248, 296, 358, 297
성경 / **고린도후서 5:11-21**
요절 / **고린도후서 5:17**
"그런즉 누구든지 그리스도 안에 있으면 새로운 피조물이라 이전 것은 지나갔으니 보라 새 것이 되었도다."
목표 / 민속절기인 설 새해 첫 날부터 가정예배 드리는 태도를 기른다.

◎ 설날 가정 예배(신년, 구정)

1. 개회사

새해 첫날입니다. 하나님이 사랑하시는 온 가족이 한 자리에 모여 선친의 사랑을 기억하며, 주님께 다 같이 가정 축하 예배를 드리겠습니다.

2. 찬송 : 550, 551, 552, 554 / 통일찬송가 248, 296, 358, 297

3. 성시교독은 찬송가 뒤 교독문 93, 94번 중에서 가족과 교독 합니다.

4. 기도 (가족 중 한분이 기도문을 읽어 내려가면서 기도드려도 됩니다)

새로운 한해를 주시고 복 주시는 하나님, 지난해도 우리 가족들을 사랑하시고 지켜주셨음을 감사드립니다. 또 새해를 맞이해 새 희망을 주심을 감사합니다. 새해가 시작되는 이 아침부터 올 한 해가 주님 은총 가운데 온 가족이 하나님의 말씀대로 기쁘고 즐겁게 순종하며 살게 하시고, 불안과 좌절이 엄습해 온다할지라도 믿음, 소망, 사랑으로 승리하게 해주시옵소서.

앞서가신 어르신들의 유훈과 정신을 기억하여 성실하고 믿음 생활 잘하면서, 어떤 일을 당하든지 우리 영혼 속에는 맑은 샘물이 솟아 흐르게 하옵소서. 새로운 일들을 결단할 때 주께서 인도하셔서 형통하게 해주시고, 이웃을 사랑하며 형제간에 더욱 우애하고 어르신들을 공경하며 화목한 가정 이루게 하옵소서. 가시밭 같은 세상 헤쳐 나갈 때, 지혜 주시고, 실패의 순간에도 용기 잃지 않게 하옵소서. 언제나 우리 가족들을 인도하시고 보호자가 되시며 우리는 주님의 일꾼임을 잊지 않게 하소서. 모든 사람들에게 유익한 사람이 되게 하옵소서. 금년 한 해가 형통하고 승리하는 한해! 계획을 성취하는 해! 엎드려 기도하며 살아가는 한해가 되게 하옵소서. 자손들과 사업이 잘되며 물질적으로 풍성한 한 해가 되게 하여 주옵소서. 온 가족이 죄악의 길로 접어들 때에 성령께서 바른 길로 이끌어 주옵소서. 주님께 영광과 찬송을 차고 넘치도록 드리는 한 해가 되게 하여 주시옵소서!

사랑의 주 예수님 이름으로 기도드리옵나이다. 아멘

5. 성경 봉독은 다음 성경구절 중에 한 곳을 읽습니다.
   창세기 8:13-22, 출애굽기 12:15-20; 20:12, 마가 2:18-22, 요한 2:18-22, 요한 15:1-10, 요한 19:26-27, 고린도후서 5:17-21, 에베소서 4:20-24, 빌립보서 2:1-22, 히브리서 11:24-26, 요한계시록 2:12-17

6. 성경을 읽고 설교말씀을 전하거나 성경본문만을 읽을 수도 있습니다.
   (뒤에 예시된 설교 문을 읽으시면서 예배 드려도 됩니다.)

7. 찬송은 가족들이 즐겨 부르는 찬송을 찾아 부릅니다.

8. 축복 기도 혹은 주기도문을 암송하거나 읽으면서 기도합니다.
   설날 예배는 가장이나 가족 중 한 사람이 예배를 인도하고, 예배가 끝난 후에는 가족들이 둘러앉아 친교 하면서 어르신들의 교훈이나 추억담을 나누면서 음식을 나누어 먹습니다. 히브리 민족은 유월절에는 가족들이 모여 가족 중에 "이 절기가 무슨 뜻입니까?"하고 물으면 가장家長이 그 뜻을 설명해 주었다고 합니다. 우리 민족 고유 민속명절에 가정예배를 드립시다.

* 유인물을 만들 때는 <교회소개를 간략하게 하면 전도에도 좋습니다.>

[설 교 문]

보라! 새 것이 되었도다!

(고린도후서 5:11~21)

"그런즉 누구든지 그리스도 안에 있으면 새로운 피조물이라 이전 것은 지나갔으니 보라 새 것이 되었도다"(고후 5:17절).

지난 한 해를 보내고 또 새로운 한 해를 맞았습니다. 사람마다 새해를 맞을 때 새로운 마음가짐으로 시작하거나 새 목표를 설정합니다.

바울 사도는 본문에서 '새로운 피조물'이라 표현했습니다. 전제조건은 '그리스도 안에 있으면' 된다는 것입니다. 누구나 '새로운 피조물'에 대해서는 관심이 있습니다만 '그리스도 안에' 있어야 한다는 것에는 꺼려합니다. 말하자면, 무슨 일을 하든지 그리스도와 함께 시작하고, 그리스도와 함께 진행하고, 그리스도와 함께 결실을 맺어야 합니다. 우리는 지난 한해를 뒤돌아보면서 옛것을 청산하고 새롭게 전개될 새해! 새 옷으로 갈아입어야 합니다. 지난 한 해를 뒤로 보내고, 떠오르는 찬란한 태양을 맞이하며, 그리스도 안에서 주님과 함께 밝아오는 새해를 '새로운 마음'으로 시작하기를 축복합니다.

첫째로, 새해는 '그리스도 안에서' 새롭게 시작하시기 바랍니다.

우리가 '그리스도 안에서' 시작하고 진행하고 결실하려면 바로 '나 자신'을 부정해야 합니다. 삶에서 '나 자신'을 부정하고 내려놓지 않으면 '나'라는 그물에 걸려 아무리 좋은 말씀이 있을지라도 수용하지 못한다는 사실을 알아야 합니다. 여러분! 새해를 시작하면서 '나 자신'을 내려놓는 연습을 많이 하십시오. 그러면 이웃과 화해하게 되고 모든 일들이 잘 풀려질 것입니다.

바울은 자신이 다메섹 도상에서 되어진 사건을 설득이 어려운 상황에 처할 때면 몇 번이고 신앙간증처럼 말하고 있습니다. 가장 어려운 일인, 자기 자신을 비우고 자신이 핍박했던 예수 그리스도를 만나고부터 그의 일생은 예수 그리스도의 복음을 전하고 부활을 증언하는 일에 최선을 다했습니다. 새해에는 여러분 자신들의 생각을 조용히 내려놓으십시오. 그리스도의 심장만 가지시고, 사랑하고, 믿고, 소망하시기 바랍니다. 그분이 여러분들을 대신해 변론해 주시고, 형통의 길로 인도하시고 보호해 주실 것입니다.

둘째, 성도 여러분! '옛 것'을 벗어버리기 바랍니다.

오늘날 암이라는 질병이 인류를 위협하고 있습니다. 암이 왜 무섭습니까? 우리 몸에서 정상적인 세포에 이상이 생겨 변이가 일어나 다른 정상 세포들을 위협하기 때문입니다. 인류에게 사망과 죽음의 원초적인 멸망의 씨앗을 가져다 준 것이 '불순종의 죄악'입니다. 이 죄악은 우리 몸의 암세포와 같습니다.

죄罪가 암보다도 무서운 '사망의 근원'입니다. 인류가 범죄한 순간부터 인간은 병들기 시작했습니다. 그 죄악의 독소와 잔재가 우리 인생들을 망친 것입니다. 새해를 맞으시는 이 순간 과거의 죄악된 행실을 다 버리시기 바랍니다.

여러분! 죄악의 더러운 옷을 벗어버려야 합니다. 거듭나지 못한 불신 속에서 나오는 것들, 육신의 정욕, 안목의 정욕, 이생의 자랑 등 거짓의 더러운 옷을 벗어버려야 합니다(요일 2:16). 그리스도 안에서 변화되기 전 모든 것들은 옛것입니다. 옛것을 말끔히 청산해야 됩니다. 예수 그리스도의 보혈로 씻음받고 부패한 옛것을 벗어버리시기를 간절히 부탁드립니다.

셋째, 새 시대에는 새 옷으로 갈아입어야 합니다.

새해에는 새로운 태양이 떠오릅니다. 여러분 가슴에도 새로운 의義의 태양이신 그리스도가 떠오르기를 기원합니다. 해가 떠오를 때 어둠을 물리치고 새 빛으로 비추는 것처럼, 그리스도께서 온 세상을 비추실 때 여러분들의 마음에 성령이 임하셔서 어둠이 사라지기 바랍니다. 성도는 그리스도께서 십자가에서 이루신 대속代贖의 보혈로 씻어 정결하게 만드는 것입니다.

계시록에 표현된 대로 주님을 맞으러 나갈 때 '깨끗한 세마포' 옷으로 갈아입어야 합니다. '깨끗한 세마포 옷'은 '성도들의 옳은 행실'이라고 설명해주고 있습니다(계 19:9절).

사랑하는 성도 여러분! 새로운 한해를 시작하면서 닫혀 진 마음 문을 활짝 여시어서 주님의 빛으로 거듭나시기 바랍니다. 이웃을 향해 사랑과 위로를 베풀며, 자신을 향해 철저한 회개와 자기 통찰로 주신 사명을 위해 새롭게 시작하시기를 주님의 이름으로 축복하며 간절히 소원합니다.

제54과 고난 주간

십자가의 예수 바라보라

찬송 / 364, 305, 369, 144, 145, 146 / 통 364, 405, 487, 144, 145, 146
성경 / **마태복음 16:21-28**
요절 / **마태복음 16:24**

"이에 예수께서 제자들에게 이르시되 누구든지 나를 따라오려거든 자기를 부인하고 자기 십자가를 지고 나를 따를 것이니라."

목표/ 십자가를 바라보며 진실한 신앙 생활화하는태도를기른다.

고난 주간 이렇게 실천하세요.

1. 매일 정해진 시간에 다음 성경구절을 읽고 묵상합니다.

요 16:16-24; 마 26:36-46; 시 116; 마 26:26-29;
요 18:28-38; 막 15:32-42

2. 고난 주간 특별 기간 동안 목적을 위한 금식을 합니다.

금식을 긍정적으로 하려면 가족이 금식 계획을 함께 세우는 것이 좋다. 한 주간이나 3일간, 하루 한 끼니나 금요일 하루, 혹은 한 끼는 아주 간단하고 값싼 음식을 먹는다든지 성도들의 믿음의 형편대로 금식하고 금식미를 모으거나 금식 헌금을 하여 북한 동포나 어려운 이웃이나 청소년, 소녀 가장 등을 돌아보는 기회를 삼는다.

3. 평상시보다 개인 기도를 더 많이 합니다.

따로 시간을 정하여 기도하는 시간을 갖는 것도 바람직하다. 순서를 정해서 기도하거나 끼니마다 릴레이로 금식하며 기도한다.

4. 가정예배를 드립니다.

고난 주간 동안 자녀들에게 의미 있는 교육을 하기 위해서는 온 가족이 함께 예배를 드리고 신앙적인 활동을 시도하는 것이 좋다. 이러한 교육은 예수님의 고난을 더욱 구체적으로 경험하며 신앙의 성숙을 이루는 좋은 기회가 될 것이다.

5. 성경을 읽고 말씀을 전합니다. 단 설교는 성경본문을 읽고 생략할 수도 있습니다.

성경은 다음 성경구절 중에 한 곳을 읽습니다.

· 히브리서 11:13-16, 요한계시록 22:1-5, 왕상 2:1-4, 고린도후서 1:3-4,
· 요한복음 14:18, 요한복음 16:33, 누가복음 12:36-40, 히브리서 13:7-8

6. 예배 인도자가 기도합니다.

7. 함께 찬송을 부릅니다.

492장, 496장, 359장, 377장 중에서 익숙한 찬송을 부르도록 합니다.

7. 집례 자가 축도를 하거나 다같이 '주기도문'으로 기도하고서 예배를 마칩니다.

[설 교 문] **십자가의 예수 바라보라**

(마태복음 16:21~28)

십자가상을 장식품으로, 목걸이로 애용하는 분들이 있습니다. 그러나 원래 십자가는 로마의 형법에서 중형의 처형방법으로 쓰였습니다. 십자가 위에 사람의 손과 발을 못 박아 햇볕이 쪼이는 길거리에 달아매어 고통 속에 죽어가도록 하는 극악한 처형이었습니다. 오늘날에는 교회의 철탑이나 벽에 십자가상을 세우거나 매달아 그리스도의 표로 삼고 있습니다.

이 모든 것이 십자가에서 돌아가신 예수님을 묵상하며, 그 깊은 뜻을 이해하고 예수님의 죽음을 슬퍼하고 예수님의 가르침대로 살아보려고 다짐하면서 십자가를 목에 걸고 다니는 아름다운 생각에서 비롯된 것입니다.

1. 예수님이 가신 십자가의 길은 고난의 길이었습니다(마 16:21).

보통사람과 같은 30년의 삶을 사신 후 예수께서는 요단강에서 세례를 받으시고 성령을 받았습니다. 이때부터 성육신하여 이 땅 위에 오신 목적인 인류의 구속사업을 위해 본격적으로 "회개하라 천국이 가까웠다." 외치면서 복음을 선포하셨습니다. 가시는 곳마다 복음을 전파하시며 온갖 병인들을 고쳐주시고, 귀신을 내어 쫓으시며 천국복음을 전파하셨습니다.

예수님은 가시는 곳마다 배척당하시고, 대제사장과 서기관, 그리고 당시 지식인들과 수없는 논쟁을 하셔야 했습니다. 가난하고 소외된 사람들의 친구가 되시고, 배고픈 자들을 먹이시며 하늘의 소망을 주셨습니다. 하루해가 지면 가실 곳과 안식할 처소가 없었습니다. 온 종일 복음 전파하시고, 감람산 한적한 곳에 가셔서 기도하셨습니다. 새벽에 날이 밝자마자 복음을 듣지 못한 동네를 향하여 바삐 걸음을 옮겨야 했습니다. 주님이 걸어가신 발자국마다 십자가의 고통과 고난의 발자국이었습니다.

2. 십자가의 길은 하나님의 뜻대로 사는 길입니다(마 16:22~25).

예수님께서 예루살렘에 마지막으로 올라가시기 전 예수님은 이번에 상경하면 장로들과 대제사장들과 서기관들에게 많은 고난을 받고 죽임을 당하실 것을 말씀했습니다. "베드로가 예수를 붙들고 항변하여 이르되 주여 그리 마옵소서. 이 일이 결코 주께 미치지 아니 하리이다"(22절)라고 말했습니다. 그러자 예수님은 베드로를 향하여 "예수께서 돌이키시며 베드로에게 이르시되 사탄아 내 뒤로 물러가라 너는 나를 넘어지게 하는 자로다 네가 하나님의 일을 생각지 아니하고 도리어 사람의 일을 생각하는 도다"라고 꾸짖으셨습니다.

그렇습니다. 주님이 가신 십자가의 길은 사람 좋을 대로 가는 길이 아닙니다. 하나님의 뜻을 수행하는 길입니다. 신앙을 지킨다는 것은 내가 바라고 희망하는 그 길이 아니라 하나님께서 계획하시고 인도하시는 길이요. 하나님의 뜻을 이루는 길이기에 험난할 수도 있습니다. 고난과 고통의 극한일일 수도 있는 것입니다. 십자가의 길은 하나님의 뜻대로 사는 길임을 명심하시기 바랍니다.

3. 십자가의 길은 재림의 주님과 함께 영광을 받는 길입니다(마 16:22~28).

주님 가신 십자가의 길은 고난의 길이요. 어려운 길입니다. 하지만 참고 견디면서 하나님의 뜻을 행하는 영광의 길입니다. 그래서 신앙의 선진들이 이 길을 걸어가려고 순교의 잔을 마다하지 않고 받은 것입니다. 전승에 의하면 12제자들의 순교는 처절했습니다.

베드로는 로마에서 십자가에 거꾸로 매달려 죽었고, 야고보는 예루살렘에서 목 베임을 당했으며, 사도 요한은 도미시안 황제의 박해 때 가마솥에 던져졌다가 기적적으로 목숨을 건진 후 밧모 섬에 유배되어 있다가 (거기서 계시록을 썼다) 에베소로 돌아와 연수가 다하여 죽었습니다. 안드레는 그리스의 파트레에스 오늘까지도 안드레 십자가라고 불리는 자형십자가에 달려 죽었고, 빌립은 소아시아에서 돌에 맞아 죽었으며, 바돌로메는 아르메니아에서 산체로 살 껍질을 벗기어 목 베어 죽임을 당했습니다. 마태는 에티오피아에서 칼에 찔려 살해당했습니다. 도마는 인도에서 창에 몸을 찔려 관통하여 죽었고, 작은 야고보는 예루살렘의 한 탑 꼭대기에서 던져진 후 돌에 맞고 몽둥이에 맞았으나 거기서 회복되어 후에는 결국 몸에 톱으로 베임을 당해 순교 당했습니다. 유다(다대오)는 메소포타미아에서 화살에 맞아 죽었고, 시몬(열심당)은 페르시아 만 근처에 폭도들의 공격으로 치명상을 입고 죽었습니다. 가룟 유다는 예수님을 은 30에 팔고 가책을 느껴 목을 맸으나 몸이 곤두박질하여 창자가 터져 나와 죽었습니다.

주님 가신 십자가의 길은 고난의 길이요. 어려운 길입니다. 그렇지만 끝까지 믿음을 지키고 하나님의 뜻을 배반하지 않는다면 성경에 약속한 말씀대로 받을 것입니다. 본문 마태복음 16장 27~28절을 함께 읽겠습니다.

"27 인자가 아버지의 영광으로 그 천사들과 함께 오리니 그 때에 각 사람이 행한 대로 갚으리라. 28 진실로 너희에게 이르노니 여기 서있는 사람 중에 죽기 전에 인자가 그 왕권을 가지고 오는 것을 볼 자들도 있느니라."

고난 주간을 맞으면서 금년에는 여러분들이 어떻게 지내시겠습니까? 요즘 체험학습이 많습니다. 주님께서 십자가를 지시던 당시의 역사의 현장으로 시계를 역전시켜 되돌아가 봅시다.

주님이 지신 십자가의 길은 육신을 입고 도저히 참을 수 없는 고난의 길입니다. 그러나 하나님의 뜻을 이루신 영광의 길입니다. 세상 모든 민족과 인간을 구원하시기 위한 숭고한 길입니다. 이 세상에서 하나님의 뜻이라면 십자가의 길을 가시고, 생명을 살리는 십자가를 바라보며 마지막 영광의 잔을 함께 마시는 여러분이 되시기를 간절히 소원합니다.

제55과 부 활 절

부활 신앙을 갖자

찬송 / 159, 161, 164, 165 / 통 149, 159, 154, 155

성경 / **마가복음 16:1-18**

요절 / **마가복음 16:9**

"예수께서 안식 후 첫날 이른 아침에 살아나신 후 전에 일곱 귀신을 쫓아내어 주신 막달라 마리아에게 먼저 보이시니"

목표/ 예수 다시 사심을 증거하며 부활 신앙으로 살아가는 태도를 가진다.

* 부활절에 드리는 기도 *

이 성스러운 부활절에/ 저희들의 믿음이/ 부활하게 하여 주옵소서./
저희들이/ 당신의 뜻에 순종하는/ 그 마음이 살아나게 하여 주시옵소서./
권력과 부정에 굴복하지 않고/ 정의와 사랑을 구현하는/ 그 힘을 저희에게 주시옵소서.

< 피천득 수필가, 1910~2007 >

해마다 맞는 부활절이지만 매년 부활절은 성도에게 믿음의 생동력과 승리를 맛보게 하는 환희의 절기입니다. 그러나 부활절에 이르는 동안 우리는 준비가 선행되어야 합니다. 이런 준비와 과정 없이 부활절을 맞는 것은 아무런 준비 없이 결혼 날을 맞는 신랑, 신부와 같다고 할 수 있습니다. 이렇게 볼 때 우리는 부활절에 대한 바른 이해가 필요합니다. '한 날'에 치중하기보다 '전체'를 볼 줄 아는 안목을 지녀야 합니다. 부활절 전에 전통적인 절기들을 살펴보겠습니다.

*** 사순절**

사순절, 또는 수난절이라 하는 절기는 부활절이전 46일간(주일을 제외한 40일) 기간을 의미합니다. 교회 중에서도 지키지 않는 교회도 있으나 기도의 기간으로 설정도록 합니다.

(1) 십자가를 깊이 생각하는 기간으로 삼아, 나를 위해 십자가에 달리신 예수님의 사랑과 고난을 묵상합니다.

(2) 믿음을 살피는 기간으로 삼아, 내 믿음이 현재 어디에 서 있는지 점검하는 기간입니다.

(3) 결단의 절기로 삼아, 이웃과 교회를 위한 좋은 계획을 세워 실천하는 기간으로 삼습니다. 예를 들면 구제를 계획하거나, 선교 비를 작정하여 보낸다든지, 헌혈을 계획하는 것도 좋겠습니다.

*** 종려주일**

종려주일은 고난주간이 시작되는 주일로 예수님의 예루살렘 입성을 기념하는 절기입니다. 예수께서 입성하실 때 백성들이 종려나무 가지를 길에 펴고, 한편 손에 들고 흔들어 축하했듯이 고난을 향한 예수님의 결단을 찬송하며, 감사하는 절기입니다. 종려나무는 그리스도의 승리와 사탄을 대적하는 상징이 되며, 번영과(시 92:12), 아름다움(아 7:6~7)의 상징이기도 합니다.

종려 주일에는 온 성도들이 고난을 당하는 이들을 기억하고 위하여 함께 기도하며, 고난을 기쁘게 감당하는 결단의 시간을 갖는 것이 좋겠습니다.

*** 고난주간**

종려주일로부터 시작하는 고난주간에는 예수님의 생애 가운데 마지막 한 주간에 일어난 성경기사를 중심으로 주님의 고난을 묵상하는데 전념합니다. 특히 성경봉독과 기도에 힘쓰는 일에 주력하면 좋겠습니다. 이 고난주간 동안은 한 끼 씩, 또는 금요일 하루 온전히 금식하는 것이 좋겠고, 이때 모여진 성미로 구제하거나 고아원 양로원 등에 보내도록 합니다. 수요일 밤이나, 목요일 밤에는 교회에 모여 세족식을 가지면 좋겠고, 고난주간동안 교회를 완전히 개방하고 성가를 연주하거나 고난절 찬송을 틀어 놓아 인근 주민들이 듣고 기도하게 함이 좋습니다. 토요일 밤에는 주일학교 교사들이 학생, 청년들의 도움을 받아 이웃들에게 나눠줄 부활계란들을 채색하면서 보내는 것 역시 부활절에 좋은 추억이 될 것입니다.

*** 부활주일**

유대인의 날 개념으로 금요일, 토요일과 주일 사흘을 무덤에서 지내시고, 주일 아침 새벽에 부활하신 예수님을 축하하는 절기입니다. 부활절은 기독교에 있어서 성탄절과 함께 양대 절기인데, 주후 325년 니케아회의에서 현재와 같이 춘분 후 만월 다음에 오는 첫 번째 주일을 부활주일로 정하고 지금까지 시행하고 있습니다. 2015년 금년의 경우에는 4월 5일, 2016년 부활절은 3월 27일, 2017년 부활절은 4월 16일이 됩니다.

전통적으로 부활절 새벽에는 연합새벽예배를 드려왔고, 부활절 아침예배는 기쁨으로 환희에 찬 가운데 드리도록 준비함이 좋겠습니다. 강조하고 싶은 것은 부활 감사헌금의 사용은 개 교회의 경상비로 쓰기보다 경찰병원, 원호병원, 정신병원 등의 환우들 및 장애단체들을 위해 구제비로 사용하거나, 선교비로 사용함이 좋겠습니다. 부활절 저녁에는 '부활절 음악예배'를 드려 찬송으로 영광을 돌린다면 감명 깊은 부활절 저녁이 되리라 생각됩니다.

[설 교 문]

부활 신앙을 갖자

(마가복음 16:1-18)

기독교의 복음을 크게 나누면 예수님의 **탄생**과 **죽으심**과 **부활**과 **승천**과 **재림**의 다섯 가지 복된 소식입니다. 이것이 바로 성경의 핵심이며, 구약은 예언이요, 신약은 이 예언의 성취입니다. 그 중에서도 부활의 복음이 가장 핵심적인 진리이며, 기독교인들이 크게 즐거워하며 의미 깊게 여기는 값진 것입니다. 본문에 예수께서 십자가에 달려 돌아가시고, 무덤에 묻힌 후 당시 믿는 이들은 온갖 정신이 그리스도의 무덤에 집중되어 관심이 고조 되었습니다.

1. 예수 그리스도의 부활 사건은 우리의 부활을 확증합니다(막 16:1~8).

· 마리아가 빈 무덤을 발견합니다(요 20:1~2절).
· 베드로와 요한에게로 가서 사실을 알립니다.
· 베드로와 요한이 확인하려고 무덤으로 뛰어 왔습니다(요 20:2~10절).

그 뒤 부활하신 예수께서 나타나기 시작합니다. 예수님의 나타나심을 복음서를 중심으로 차례대로 정리하면 다음과 같습니다.

① 막달라 마리아에게(막 16:9~11; 요 20:11~18), ② 빈 무덤에 관해 제자들에게 말하려고 달려온 여자들에게(마 28:8~10), ③그 다음은 베드로에게(눅 24:34; 고전 15:5), ④ 초저녁 엠마오의 두 제자들에게(막 16:12; 눅 24:13~42), ⑤ 도마를 제외한 제자들에게(막 16:14; 눅 24:36~43; 요 20:19~25), ⑥ 그 다음에 기록된 부분은 한 주 후로 추정되며, 일요일 저녁 고기 잡으러 나간 제자들에게 나타나심(요 21:1~25), ⑦ 오백여 형제에게(고전 15:6), ⑧ 사도들에게(마 28:16~20; 막 16:15~18), ⑨ 주님의 형제인 야고보에게(고전 15:7), ⑩ 승천 시 많은 제자들에게 나타나심(막 16:19~20; 눅 24:44~53; 행 1:3~12).

분명히 십자가와 부활 사이에 거기 있었던 여인들이 있습니다. 그들은 주님의 죽음과 장사를 지켜 본 산 증인들입니다. 그들은 그분이 죽으신 사실뿐 아니라 묻힌 곳도 알고 있었습니다. 그들은 장례행렬에 함께 따라갔었습니다(막 15:40~41).

그들은 예수의 시체에 향을 바르고자 갔던 이들이며, 그들은 종교적으로 율법을 엄격히 지키는 자들이었습니다. 그들은 현실적이고 분별력이 있고 사려가 깊은 여인들이었습니다. 그래서 그들은 예수님이 죽었다는 것을 알고 있었지만 슬픔과 절망 속에서도 분별력을 잃지 않았습니다. 그들은 조금도 마음이 흔들리거나 그릇되지 않았습니다. 그래서 예수님이 죽은 자 가운데서 다시 살아나셨음을 알게 되었고, 부활의 소식을 먼저 전했던 것입니다.

2. 예수 그리스도의 부활 사건은 확실한 역사적 사실입니다(막 16:9~14).

성경에 기록된 바대로 예수 그리스도의 부활의 증거는 다음과 같습니다.

① 돌이 옮겨져 있었음(마 27:65~66). ② 무덤 현장에 흰옷 입은 천사의 증언(16:5~6)은

"십자가에 못 박힌 예수를 찾는구나! 그가 살아나셨고, 여기 계시지 아니하니라하며 누웠던 자리를 보여주며, 그 제자들과 베드로에게 이르라. 먼저 갈릴리로 가시나니 거기서 뵈리라." 천사들은 돌을 옮겨 놓고, 여자들에게 확신시켜 주려옴. ③ 예수님의 시체가 없어졌음. ④ 여자들이 놀라서 떨며 무덤을 나옴. ⑤ "갈릴리에서 만나리라"는 약속을 주님께서 성취하심(16:7). ⑥ 막달라 마리아에게 나타나심(16:9~10).

4복음서에 예수 그리스도의 부활 사건을 공히 다루고 있습니다. 이 사건들은 서로 연결되어 예수 그리스도의 부활하셨다는 증언을 확실하게 하고 있습니다. 이 중에 본문에 제시된 막달라 마리아의 증언은 우리를 흥분하게 하기에 충분합니다. 그녀는 예수 그리스도께서 그녀에게서 일곱 귀신을 쫓아내주셨었습니다. 그러므로 그녀는 온통 정신이 예수 부활사건에 매어있었습니다. 향을 준비해 두었다가 안식일이 지나자 무덤을 향해 달려갔다가 사건의 중심에 서 있게 되었습니다. 베드로와 요한이 무덤을 떠난 후에도 그녀는 행여나 하고 무덤을 떠나지 않았다가 부활의 주님을 만난 것입니다.

3. 예수님 부활의 사건을 세상 만민에게 전해야 했습니다(막 16:15~20).

예수 그리스도께서 제자들에게 나타나신 것은 "얘들아! 놀랬지?" 하시면서 깜짝 쇼를 보여주시려고 한 것이 아닙니다. 예수께서는 자신이 십자가 처형에서 끝나지 않고, 부활과 함께 그리스도의 교회가 해야 될 중대한 사명을 말씀해 주시기 위해서 입니다. 그러나 제자들조차 부활 사건이 믿겨지지 않았습니다. 그러나 주님은 그들의 불신앙과 무지를 깨우쳐 주시려 백방으로 노력하고 있는 모습이 엿보입니다.

· 엠마오로 내려가던 글로바와 동료에게 나타나 길 가면서 대화를 나누시고, 같이 식사하시면서 모세와 선지자의 글로 시작하여 모든 성경에 쓴바 자기에 관한 것을 자세히 설명해 주셨습니다(눅 24:25~27).

· 도마에게 "네 손가락을 이리 내밀어 내 손을 보고, 네 손을 내밀어 내 옆구리에 넣어보라"하시면서 "믿음 없는 자가 되지 말고 믿는 자가 되라…보지 못하고 믿는 자들이 복되도다"고 말씀하셨습니다(요 20:26~29).

· 디베랴 호숫가에 물고기 잡으러 간 제자들과 베드로에게 나타나셔서 구운 생선과 떡으로 조반을 준비하시고 나눠주시면서 부활하신 자신을 나타내 보여주시면서 목양의 사명을 맡겨주셨습니다(요 21:1~14).

여러분! 지금도 살아계셔서 성령으로 말씀하시는 부활하신 주님을 확실히 믿는 부활신앙을 갖고 복된 삶을 영위하시길 간절히 소원합니다.

13단원 교회 절기

제56과 감 사 절

감사함을 넘치게 하라

찬송 / 588, 593, 591 / 통 307, 312, 310

성경 / **골로새서 2:1-7**

요절 / **골로새서 2:7**

"그 안에 뿌리를 박으며 세움을 받아 교훈을 받은 대로 믿음에 굳게 서서 감사함을 넘치게 하라."

목표 / 한 해 동안 받은 은혜에 넘치게 감사하는 태도를 가진다.

감사라는 말만 들어도

감사라는 말만 들어도/ 마음엔 해가 뜨고/ 얼굴엔 웃음꽃이 피어납니다./ 하루 내내 한 달 내내/ 그리고 일년 내내/ 감사 하며 살았지만/ 아직도 감사는 끝나지 않은/ 기도의 시작일 뿐입니다./ 받은 은혜 받은 사랑 잊지 않고 살도록 도와주십시오./ 베푼 관심, 베푼 사랑도/ 돌아보면 이기심 투성이 라./ 부끄러울 때가 많습니다./ 다시 오는 새해에는/ 더 많이 감사해서 후회 없기를/ 간절히 기도합니다. 또한/ 감사의 기쁨을 감사드립니다. <이 해인>

시작하는 말

교회에는 '믿음이 성숙'한 사람이 필요한 것입니다. '믿음이 성숙'한 사람이란 한 마디로 '감사함을 넘치게 하는 사람'이라 할 수 있습니다. 교회 안에는 불평불만을 일삼는 이들이 있는가 하면, 교회를 위해 눈물의 기도가 마르지 않고, 감사함으로 봉사하는 성도가 있습니다. 분문에서 우리가 찾아야 할 감사의 조건들을 찾아보아야 하겠습니다.

오늘의 말씀

1. '교회 위해 힘써 기도'하고 봉사하게 하시니 감사해야 합니다(골 2:1).

오늘날 우리 인간들은 참으로 바쁘게 살아갑니다. 걸어가면서 하루에 만날 사람들 통화로 다 만납니다. 지하철을 타고서 문자 따끈따끈한 메시지로 소식을 다 전합니다. 그리고 앉았다면 스마트 폰으로 방송은 물론 드라마, 음악이나 영상물까지 감상합니다.

그러면서도 친구를 만나면 재잘재잘 뭔 이야기가 그렇게 많은지 소곤거립니다. 그러나 그렇게 중요한 큐티(Q. T.)1) 시간이 점점 멀어지더니 이제는 예배조차 뜸합니다. 이러다가 결국 하나님의 사명적인 명령을 어기고 내 맘과 내 뜻대로 행하여 고난의 터널에서 고생하는 사람들도 있습니다. 사역자들은 저들을 위해 기도해 주며 잃은 양을 찾아 저들의 믿음생활을 회복시켜 주어야 합니다. 가정에서도 마찬가지입니다. 머리가 탁월한 학생일수록 세상을 빨리 알고, 세속화될 가능성이 높습니다. 교회 위해 기도한다는 것은 바로 이런 교인들을 위해, 잃어진 영혼들을 위해 관심을 갖고 눈물로 기도하며 계속 보호하고 인도해 주어야 합니다. 이런 사역자가 있는 교회는 정말 감사한 일입니다.

· 함께 읽어요 : 골로새서 2장 1~2절

"1 내가 너희와 라오디게아에 있는 자들과 무릇 내 육신의 얼굴을 보지 못한 자들을 위하여 얼마나 힘쓰는 지를 너희가 알기를 원하노니 2 이는 그들로 마음에 위안을 받고 사랑 안에서 연합하여 확실한 이해의 모든 풍성함과 하나님의 비밀인 그리스도를 깨닫게 하려 함이니"

2. 믿음이 강하고 담대하게 하여 확신을 갖게 함으로 감사해야 합니다(골 2:2~3).

여러분! 여러분에게 닥쳐오는 사건이나 일들을 견뎌낼 만큼 강하고 담대합니까? 인간의 마음은 그런 힘, 그런 종류의 확신과 담대함과 위안을 절실히 필요로 합니다. 그런 힘이 어디서 옵니까? 그런 담대함이

---

1) 큐티란 '경건의 시간'(Quiet Time, 약칭 Q. T.) 1882년 영국 케임브리지 대학의 후퍼Hooper와 도르톤Thorton등 몇몇 학생들이 시작했던 경건훈련 운동이었다.

흘러나오는 원천은 무엇입니까?

· 확신은 사랑으로부터 오고, 다른 사람들과 함께 연합할 때 옵니다.

· 확신은 하나님에 대한 믿음이 분명함을 앎으로써 옵니다.

친구가 없고, 고독하며, 사랑받지 못하고 인정받지 못하는 사람, 관심을 받지 못하는 사람은 좀처럼 강하거나 담대하거나 확신을 갖지 못합니다. 그러므로 성공적인 인생은 대인관계가 좋아야 한다고 합니다.

바로 종적으로 하나님과의 관계, 횡적으로 이웃과의 관계를 개선해 여러분들의 인생이 강하고 담대한 확신에 찬 삶이 되시길 바랍니다.

3. 지혜와 지식의 보화가 그리스도 안에 있으니 감사해야 합니다(골 2:3).

오늘 예수 잘 믿는 여러분들은 몇 백억 로또 당첨된 사람보다 행복합니다. 골로새 교회의 사역자는 에바브라였습니다. 바울은 골로새교회를 개인적으로 한번도 본 적이 없습니다. 그러면서도 손에 놓고 보듯 말을 합니다. 여러분들이 하늘 위에서 지구상의 모든 교회를 내려다보고 있다면, 세상의 모든 목회자들이 모든 교회를 위해 힘써 기도하고, 매일 성도들을 위해 기도의 후원을 하고 있다면, 얼마나 감사한 일입니까?

우리 서로가 그리스도 안에 지혜와 지식의 모든 보화를 각각 저들에게 공급해 주시도록 매일 기도할 때, 놀라운 일이 일어날 것입니다.

♬ 기도를 드리세요. 기도를 드리세요. 놀라운 일이 생깁니다. ♬

우리의 기도가 교회 내면에서 놀라운 변화의 바람이 불 것입니다. 성장·성숙·선교사역, 그리고 영혼구원의 부흥의 불길이 타오를 것입니다. 이 모든 것의 축복은 그리스도 안에 있느니 하나님께 넘치는 감사를 드려야 합니다.

· 함께 읽어요 : 고린도전서 3장 7~8절

“7 그런즉 심는 이나 물주는 이는 아무 것도 아니로되 오직 자라나게 하시는 하나님 뿐이니라. 8 심는 이와 물주는 이는 한가지이나 각각 자기가 일한 대로 자기의 상을 받으리라.”

정리하는 말

사랑하는 성도 여러분! 바울 사도는 예수 그리스도가 신성의 모든 충만함이 육체로 거하시는 분이라고 증거합니다. 따라서 우리에게 그리스도 안에 뿌리를 박고 세움을 받아 믿음에 굳게 서서 감사함을 넘치게 하라고 강조합니다. 이러한 감사가 여러분들이 섬기는 교회와 가정과 직장에 넘치시기를 간절히 소원합니다.

평가와 결심

1. 감사해야 할 이유 중 첫째가 무엇입니까?
   (골 2:1, 교회 위해 힘써 기도하고 많은 관심 기울이는 사역자가 있음을 감사)
2. 감사해야 할 이유 중 둘째가 무엇입니까?
   (골 2:2~3, 강하고 담대하여 확신을 갖게 하시니 감사해야 함)
3. 넘치게 감사해야 할 이유 중 셋째가 무엇입니까?
   (출 23:14~15, 지혜와 지식의 보화가 그리스도 안에 감춰져 있으니 감사해야 함)

주간 경건의 시간 <56> · 날마다 말씀과 함께

요일 / 내용	주일/월(Mon)	화(Tue)	수(Wed)	목(Thu)	금(Fri)	토(Sat)
찬송	73동 / 93동	292 / 415	311 / 185	313 / 352	331 / 375	333 / 381
성경	골 1: / 골 2:	골 3:	골 4:	살전 1:	살전 2:	살전 3:
적용	하나님의 뜻/ 신성 충만함	그리스도는 만유	전도할 문	사랑의 수고	하나님의 말씀으로	사랑의 기쁜 소식

* 율법에 규정되어 있는 것과 같이 무엇보다도 먼저 불멸의 신을 존경하라.
<피타고라스, B. C. 582~500, 그리스 철학자, 수학자>

제57과 중 추 절

감사함을 이렇게 하라

찬송 / 587, 588, 589, 590, 591 / 통 306, 307, 308, 309, 310
성경 / **데살로니가전서 3:6-13**
요절 / **데살로니가전서 3:9**

"우리가 우리 하나님 앞에서 너희로 말미암아 모든 기쁨으로 기뻐하니 너희를 위하여 능히 어떠한 감사로 하나님께 보답할까."

목표/ 민속절기인 중추절 가정예배를 통해 범사에 감사하는 태도를 기른다.

민속절기 중추절 예배 순서

1. 개회사

민속절기인 추석명절을 맞아 온 가족이 한 자리에 모여 선친의 은공을 기리며, 풍성한 가을을 주신 하나님께 감사예배를 드리겠습니다.

2. 찬송은 592, 593, 590/ 통찬 311, 312, 309 중 익숙한 찬송을 부릅니다.

3. 성시 교독은 찬송가 뒤 교독문 105번, 106번 감사절(1),(2)에서 선택하여 함께 교독합니다.

4. 다 같이 기도합시다(가족 대표 한 분이 기도를 인도합니다).

하나님 아버지 감사합니다. 천지를 만드시고, 사계절을 주셔서 봄에 뿌린 씨앗을 이 풍요한 가을에 열매를 거둘 수 있는 복을 주시니 감사합니다. 민속명절인 '추석'을 주셔서 온 가족들이 한 자리에 모여 기쁨과 감사의 예배를 드릴 수 있게 해 주시니 감사합니다. 늘 하나님의 말씀대로 순종하며 살게 하시고, 불안과 염려가 엄습해 온다할지라도 늘 믿음으로 승리하게 해 주시옵소서.

앞서가신 어르신들의 교훈과 정신을 기억하여 성실하고, 믿음 생활 잘하면서 어떠한 어려움을 만나든지 우리의 영혼 속에는 늘 맑은 샘물이 솟아나게 하옵소서. 우리 가족 한 사람 한 사람을 주님께서 인도해 주셔서 영 · 육간에 건강하게 하옵소서. 나약한 이웃들을 도우며 형제간에 더욱 우애하며, 웃어른들을 공경하면서 화목한 가정을 이루게 하옵소서. 가시밭과 같은 세상을 헤쳐 나갈 때 지혜와 용기를 주시고, 실패의 순간에도 희망을 주시옵소서. 언제나 우리 가족들의 인도자가 되신 주님! 우리는 주님의 도구와 연장임을 잊지 않게 하시고, 모든 사람들에게 유익한 사람이 되게 하옵소서. 한 해가 저물기 전에 믿음이 더욱 성숙하게 해 주시옵소서. 말씀으로 주님과 함께 멋진 신앙생활을 하게 하옵소서. 하나님의 성전인 우리 '몸'을 아름답게 가꾸며, 주님을 뜨겁게 사랑하며 살아가게 하옵소서. "오늘부터 복을 주리라" 하신 주님의 말씀을 믿사오니, 자녀들이 영 · 육간에 잘되며 풍성한 한 해가 되게 하여 주옵소서. 온 가족이 죄와는 멀리 떠나 은혜의 길로 가도록 성령께서 인도하옵소서. 특별히 감사와 영광과, 찬양을 주님께 충만히 드릴 수 있는 한 해가 되게 하여 주옵소서!

예수님의 이름으로 기도드리옵나이다. 아멘

5. 성경구절은 다음 구절 중에서 한 곳을 읽습니다.
· 시편 23편, · 창세기 26:12-22, · 레위기 23:15-25, · 신명기 4:25-29; 8:1-3,
· 요한복음 7:37-44, · 고전 10:23-33, · 빌립보서 4:2-9; · 살전 3:9; 5:16-24

6. 성경을 읽고 말씀을 전합니다(성경본문만을 읽을 수도 있습니다).

7. 찬송은 가족들이 즐겨 부르는 찬송가를 찾아 함께 부릅니다.

8. 축복 기도를 하거나 '주기도문'을 암송하거나 읽으면서 기도를 드림으로 예배를 마칩니다.

추석에는 가장이나 가족 중 한 사람이 예배를 인도하고, 예배가 끝난 후에는 사랑과 감사가 담긴 음식을 나누어 먹으면서, 조상들의 교훈이나 추억담을 나누는 것이 좋습니다. 히브리 민족은 '오순절'이나 '장막절'을 지키면서 감사의 절기를 지켰습니다.

[설교 문] **감사함을 이렇게 하라**

(데살로니가전서 3:6~13)

" 우리가 우리 하나님 앞에서 너희로 말미암아 모든 기쁨으로 기뻐하니 너희를 위하여 능히 어떠한 감사로 하나님께 보답할까?"(살전 3:9)

우리나라에서 추석秋夕은 한가위, 중추仲秋, 중추절仲秋節, 가배일嘉俳日로 부르기도 합니다. 음력 8월 15일에 치르는 명절로서 설날과 더불어 한국인에게 전통적으로 가장 중요한 명절입니다.

추석인 팔월대보름은 '달아, 달아 밝은 달아!' 시조를 부를 만큼 흥이 절로 납니다. 가을추수를 끝내고 햅쌀과 햇과일로 조상들께 감사의 마음으로 차례2)를 지내며, 특히 송편은 추석에 먹는 별미입니다. 추석에는 일가친척이 고향에 모여 함께 차례를 지내고 성묘를 합니다.

구약 이스라엘 백성들은 출애굽과 해방을 기념한 **유월절**, 그리고 밀을 수확한 후 **칠칠절**(오순절, 맥추감사절)을 지켰으며, 가을 추수를 마치고 **수장절**(장막절, 초막절)을 지켰습니다. 절기를 지키면서 자연스럽게 자녀들에게 민족적인 **하나님 예배**의 정신과 섬김의 태도를 길러주었습니다. 오늘 우리나라는 선교사들에 의해 전래된 맥추감사절이나 추수감사절을 지키고 있습니다. 그래서 절기상의 날짜와 농경사회의 절기와 잘 맞지 않습니다. 그러나 민속명절인 추석절기는 잘 지켜지고 있습니다.

자라는 자녀들에게 '절기 감사 예배'의 중요성과 감사절 교회절기를 잘 조화시켜 신앙생활 증진에 도움이 되도록 해야 합니다.

1. 사계절과 좋은 기후를 주신 하나님께 감사하십시오(시 136:5~9).

북유럽 같은 나라들은 겨울이면 여섯 달이나 바다가 얼고, 땅도 꽁꽁 얼어붙지만 그들은 혹설을 이겨내고, 한파를 이기면서 신앙으로 부국의 꿈을 이뤄 세계 일등국가로 살고 있습니다. 우리 선조들은 하나님께서 주신 아름다운 강산과 뚜렷한 사계절! 가을 하늘에 떠오르는 달을 보면서 노래했습니다.

"달아달아 밝은 달아/ 이태백이 놀던 달아/ 저기, 저기 저 달 속에 계수나무 박혔으니/ 옥도끼로 찍어내어 금도끼로 다듬어서/ 초가 삼 칸 집을 지어 양친부모 모셔다가/ 천년만년 살고지고 천년만년 살고지고"

---

2) 차례次例란 매월 음력 초하루·보름, 조상의 생일, 명절 등에 간단히 지내는 제사입니다. 이제는 기독교 가정에서는 이런 차례가 가정예배로 바뀌져야 합니다.

얼마나 순박하고 효심이 뛰어난 노래입니까? 우리 민족의 고유명절인 추석 명절에는 온 가족이 한자리에 모여 하나님께 감사예배 드리면서 찬송하는 그런 복된 가정되기를 간절히 소원합니다.

2. 우리들 가정에 믿음, 소망, 사랑 주셨으니 감사하십시오(살전 1:2~3).

우리가 살아갈 때에 '**믿음**'은 참으로 중요 합니다. 한 사람이 예수 그리스도를 믿을 때, 그는 사역하도록 일깨워져서 예수님을 섬기게 됩니다. 아무리 예쁘게 생긴 꽃이 있더라도 그 꽃으로 집을 지을 수 없듯이 나무도 곧은 나무로 기둥을 세우고 집을 지을 수 있습니다. 믿는 자들의 몸인 교회도 마찬가지입니다. 이렇게 교회에도 '**믿음의 역사**'가 있어야 하는 것입니다.

그리고 '**사랑**의 수고'가 있어야 교회를 일깨워 봉사하게 합니다. 여기 수고한다는 말은 땀 흘리는 것, 탈진하기까지 일하는 것, 끈기 있게 일하는 것을 의미합니다. 그리스도의 사랑에 감동되고, 그 사랑을 체험하게 되면 그리스도의 교회를 위하여 수고하는 것입니다. 교회 안에는 본체만체 구경만 하는 사람이 있는가하면 땀 흘리며 수고하여 일하는 사람이 있습니다. 그리스도의 사랑에 감동되어 교회 위해 열심히 수고하고 봉사하시기 바랍니다.

주 예수 그리스도 안에 있는 **소망**이 교회를 일깨워 인내 가운데 교회의 일에 열심을 내게 합니다. 우리는 험한 세상에서도 아름다운 천국을 바라보며, 그리스도께서 주신 믿음, 소망, 사랑을 감사하며 영광 돌려야 할 것입니다.

3. 하나님의 백성으로 택하여 주신 은혜를 감사하십시오(살전 1:4).

하나님께서는 여러분들을 하나님의 친 백성으로 예정하시고 선택하여 주셨습니다. 독생자 예수 그리스도는 우리를 위해 몸 버려 피 흘려 대속해 주셨습니다. 우리가 무엇으로 그 은혜를 보답하겠습니까? 주님이 우리 위해 생명을 주셨으니 주님을 위해 살아야 합니다. 하나님을 믿는 믿음 안에서 사시기 바랍니다. 모든 것으로 헌신하고, 우리를 만세전부터 택하신 하나님께 감사와 찬송과 영광을 돌리시기를 바랍니다.

함께 기도합시다. "오! 하나님, 사계절 주시고, 살기 좋은 기후 주시며, 우리에게 생명을 주셨으니 감사합니다. 주님이 필요하다면 몸도, 마음도, 물질도, 생명까지라도 우리 주 하나님께 드리옵니다. 기쁘게 받아 주시옵소서!

13단원 교회 절기

제58과 성 탄 절

아기 예수 탄생을 축하한 사람들

찬송 / 104, 108, 105, 115 / 통 104, 113, 105, 115
성경 / 마태복음 2:1-12; 누가복음 2:8-20
요절 / 마태복음 2:2
"유대인의 왕으로 나신 이가 어디 계시냐 우리가 동방에서 그의 별을 보고 그에게 경배하러 왔노라 하니"
목표 / 성탄절 예배를 통하여 예수그리스도를 만나는 기쁨을 누리게 한다.

◎ 성탄의 촛불 ◎

촛불을 켠다./ 눈을 실어 나르는 구름/ 위에서는 별자리가/ 서서히 옮아가는/ 오늘 밤/ 크리스마스이브에/ 눈이 내리는 지상에서는/ 구석마다 촛불이 켜진다./ 믿음으로써만/ 화목할 수 있는 지상에서/ 오늘 밤 켜지는 촛불/ 어느 곳에서 켜든/ 모든 불빛은/ 그곳으로 향하는/ 오늘 밤/ 작은 베들레헴에서/ 지구 반 바퀴의 이편 거리/ 한국에는 한국의 눈이 내리는 오늘밤/ 촛불로 밝혀지는/ 환한 장지문/ 촛불을 켠다. <박목월 시 詩>

예수 그리스도의 탄생과 어린 시절은 예사롭지 않았습니다. 실제로 모든 사건이 다 예기치 못한 전혀 뜻밖의 것들이었습니다. 몸소 동정녀의 몸을 빌려 나셨으며, 천사의 수태고지3)와 마구간에서 탄생하신 사실들이 그러합니다. 성탄전야에 세계 곳곳에서 축하의 행사가 있지만 과연 이들이 예수 그리스도의 나심을 진정으로 축하 하는 것인지 의문입니다.

성경에는 예수 그리스도의 나심을 축하하기 위해서 온 분들이 있었습니다. 하나님께서는 예견되든지 예기치 않든지 환경과 사건에 관계없이 하나님을 찾고자 하는 사람들을 예수께로 인도하십니다.

아기 예수 탄생을 축하한 분들을 살펴보겠습니다.

---

3) 수태고지受胎告知천사 가브리엘이 성령에 의한 임신을 마리아에게 알려준 일을 말함.

1. 가장 먼저 축하한 분들은 천군천사들이었습니다(눅 2:8-14).

예수의 탄생을 가장 먼저 축하한 이들은 하늘의 천군천사들이었습니다. 이들의 축하 찬송의 메시지는 이렇습니다.

첫째, '지극히 높은 곳에서는 하나님께 영광이라'고 했습니다(눅 2:14). 에덴에서부터 막혀진 죄악의 담이 예수 그리스도의 탄생으로 활짝 열렸습니다. 하나님께 영광의 찬송 소리가 울려 퍼진 것입니다.

둘째, '땅에서는 하나님이 기뻐하신 사람들 중에 평화로다'라고 했습니다(눅 2:14). 하나님의 아들 예수 그리스도가 평화의 왕으로 오신 것을 축하하는 것입니다. 전 인류의 역사는 바로 전쟁의 역사입니다. 이러한 땅 위에 평화의 왕으로 오신 것입니다. 정말 축하할 일인 것입니다.

나폴레옹의 탄생은 프랑스인들에게는 기쁨이겠지만 독일 사람들에게는 위험이요. 두려움 이었습니다. 독일의 아돌프 히틀러(Adolf Hitler)의 탄생은 독일 뿐 아니라 전 세계 인류의 불행이요. 두려움이었습니다.

그러나 '평화의 왕' 예수 그리스도의 탄생은 전 인류에게 기쁨이요. 소망인 것입니다. 유일한 예수 그리스도의 탄생을 만끽하며 축하하시기 바랍니다.

2. 땅에서 가장 먼저 축하한 분들은 목자들이었습니다(눅 2:15-20).

목자들은 밤새 양을 지키다가 천군천사들의 찬송소리에 깨었습니다.

- 목자들은 천사의 말을 들었다고 했습니다. 그들은 기쁨의 좋은 소식을 천사로부터 들은 것입니다. 예수의 나신 기쁨의 좋은 소식을 들었습니다.
- 양을 치던 목자들은 천사의 말을 믿었습니다. 천사의 말을 듣고 즉시 예수 탄생하신 곳으로 나아가기를 주저하지 않았습니다.
- 양을 치던 목자들이 탄생의 현장으로 찾아갔습니다. 목자들은 천사의 음성을 듣고 찾아가 아기 예수께 경배했습니다.

사랑하는 성도 여러분! 기쁨의 좋은 소식을 들었으면 아기 예수께 찾아가 예물도 드리고 경배 드리시기 바랍니다.

3. 동방에서 온 박사들이 예물을 드리고 경배를 드렸습니다(마 2:1-12).

복음서에서 특별히 마태는 동방 박사들의 탄생 축하를 기록하고 있습니다. 이 박사들은 점성학을 연구하는 사람들로서 바사 나라와 애굽 나라에서 별의 인도함을 받아 예수의 탄생을 축하한 것입니다. 목자는 천사의 말을 듣고 왔으나, 동방의 박사들은 열심히 별을 탐색하고 연구하다가 이상한 별을 발견하고 산 넘고 물 건너 예수께 찾아왔던 것입니다.

목자들은 귀로 음성을 들음으로, 박사들은 별을 관찰하다가 별을 따라 왕을 찾아온 것입니다.

첫째, 동방의 박사들은 하늘을 쳐다보았습니다. 그들은 하늘을 쳐다보고 살았습니다. 대부분 사람들은 땅을 쳐다보며 삽니다. 이 별은 새벽별입니다. '새벽별은 곧 예수 그리스도'이십니다. 새벽별은 게으른 사람은 볼 수 없는 별입니다. 새벽부터 부지런히 일하는 사람이 찾게 됩니다.

둘째, 동방 박사들은 열심이었습니다. 바사나 애굽에서 유대 나라까지 오려면 바다와 산, 사막 등 모든 악조건을 다 이기고 찾아온 것입니다.

셋째, 동방 박사들은 별을 따라왔다고 했습니다. 별을 연구하다가 궤도를 벗어나 가고 있는 밝은 별을 목격하고 그들은 분명히 메시야가 오셨겠다고 생각한 것입니다.

넷째, 동방 박사들은 예수께 나아갈 때 주님께 드릴 선물을 마련했습니다. 세상에서 가장 귀한 **황금**, 만병통치의 귀한 약재인 **유향**은 귀한 향 재료입니다. 유향은 신앙인의 생활과 정성을 상징하기도 합니다. 또 귀한 약재인 **몰약**을 예물로 드렸습니다. 몰약은 희생을 상징하는 것으로 주님을 위해 헌신하고 봉사하겠다는 뜻을 내포하고 있는 것입니다.

동방 박사들은 황금과 유향과 몰약 등 귀한 예물을 준비하여 예수님의 탄생을 축하한 것입니다. 사랑하는 성도 여러분! 예수 탄생의 고귀한 축하자들처럼 예물도 준비하고 "금 같은 믿음, 유향 같은 향기 나는 삶, 몰약 같은 희생"으로 아기 예수의 탄생을 성심으로 축하하시기를 간절히 부탁드립니다.

· 함께 읽어요 : 마태복음 2장 11절
"집에 들어가 아기와 그 모친 마리아의 함께 있는 것을 보고 엎드려 아기께 경배하고 보배 합을 열어 황금과 유향과 몰약을 예물로 드리니라."

정리하는 말

사랑하는 성도 여러분! 성탄절을 맞이하여 성탄절에 찾아오신 예수께 마음과 예물을 정성스럽게 준비하여 드리시기 바랍니다. 주님의 탄생을 눈 같이 깨끗한 양심으로, 축하하며 감사하고 경배 드리시기 바랍니다. 주님의 사랑과 은혜를 소리 높여 찬양하고 영광 돌리시기 바랍니다.

평가와 결심

1. 첫 번째 성탄절에 맨 처음 찬양을 드린 분들은 누구였습니까?
   (눅 2:8~14, 천군 천사들)
2. 첫 번째 성탄절에 땅에서 처음 경배를 드린 분들은 누구였습니까?
   (눅 2:15~20, 목자들)
3. 동방에서 누가 찾아와 축하하고 드린 예물은 무엇입니까?
   (마 2:1~12, ① 동방의 박사들) ② 황금, 유향, 몰약)

주간 경건의 시간 <59> · 날마다 말씀과 함께

요일 / 내용	주일/월(Mon)	화(Tue)	수(Wed)	목(Thu)	금(Fri)	토(Sat)
찬송	73동 / 93동	292 / 415	311 / 185	313 / 352	331 / 375	333 / 381
성경	말 3: / 말 4:	마 1:	마 2:	마 3:	눅 1:	눅 2:
적용	언약의 사자/ 불같은 날	그리스도의 계보	동방 박사들	세례 요한	세례 요한출생	예수의 나심

* 율법에 규정되어 있는 것과 같이 무엇보다도 먼저 불멸의 신을 존경하라.
<피타고라스, B. C. 582~500, 그리스 철학자, 수학자>

14단원 가정 의례 모범

제59과 임종 예배

성도의 복된 죽음

찬송 / 481, 483, 484 / 통 531, 532, 533
성경 / **요한복음 14:1-3**
요절 / **요한복음 14:1**
"너희는 마음에 근심하지 말라 하나님을 믿으니 또 나를 믿으라."
목표 / 주님의 말씀을 묵상하면서 서로 위로하는 태도를 가진다.

한 인간의 죽음이 가까우면 본인과 가족들은 마음을 준비하고 **임종예배**를 드려야 합니다. 임종예배를 드리고 나서 다시 살아나는 경우가 있더라도 운명하시기 전에 임종예배를 드리는 것이 바람직합니다. 목회자가 없다하더라도 당황하지 말고 구역원이나 속회의 성도들을 불러서 간단히 예배를 드리는 것이 좋습니다. 임종예배에서는 **죄의 고백**과 예수 그리스도를 **믿음으로 용서**받음을 확신하게 해야 합니다. 이때에는 **부활신앙**과 내세관을 통하여 **죽음**을 **긍정적**으로 **받아들이도록 도와주는 것**이 무엇보다 중요합니다.

시작하는 말

누구나 죽음을 맞습니다. 불신자의 죽음은 슬픔과 절망이기 때문에 두렵습니다. 그러나 신자信者의 죽음은 주님의 천국이 준비되어 있으니 평안히 눈을 감습니다. 그러나 죄와 슬픔 많은 세상에서 더럽혀진 자신의 모습을 주님 앞에 가기 위해 정리할 필요가 있는 것입니다.

오늘의 말씀

1. '성도의 죽음'은 영원한 나라에 가는 휴게소와 같습니다(요 14:1).

세상에서 똑같이 살다가 죽음을 맞지만 불신자의 죽음은 희망의 문이 닫힌 곳으로 가기 때문에 어둡고 캄캄한 세계가 기다리고, 예수 그리스도를 믿는 성도의 죽음은 믿음으로 가는 천국 길에 '광명한 문'이 열리기 때문에 '잘 있어라. 나는 간다'하면서 희망을 가지고 죽음을 맞을 수 있는 것입니다. 주님은 '내가 곧 길이요. 생명이라'고 말씀하셨습니다. 또한 주님께서는 떠난다는 소식에 두려워 떠는 제자들을 향하여 '하나님을 믿으니 또 나를 믿으라'는 말씀으로 위로하고 있는 것입니다.

· 함께 읽어요 : 요한복음 14장 1절

"1 너희는 마음에 근심하지 말라 하나님을 믿으니 또 나를 믿으라 2 내 아버지 집에 거할 곳이 많도다. 그렇지 않으면 너희에게 일렀으리라 내가 너희를 위하여 거처를 예비하러 가노니."

2. '성도'들은 갈 곳이 준비되어 있으니 평안히 눈을 감습니다(요 14:2).

예수님께서 하나님을 '내 아버지'라고 부르신 것처럼 우리 신자들에게도 하나님이 '아버지'가 되십니다. 오늘 당장 죽으셔도 걱정 없습니다. 세상에 살려면 주택구입, 전세, 사글세 집을 구하느라 걱정이죠? 우리 신자들이 갈 곳은 준비되어 있습니다. 주님이 다시 오신다고 약속했습니다. 주님 재림 전에 죽으시는 성도들을 위해 특사를 보내셔서 하늘나라로 인도해 주실 것입니다. 죽음 앞에서 걱정하지 마십시오. 단지 주님 앞에 갈 때 부끄럽지 않도록 '그리스도의 보혈'로 씻어 정결하게 된 내 자신만 준비하세요. 죽음의 사자가 당도하거든 '나 예수 믿고 신앙을 지켰으니 주님께서 맞으러 오실 것입니다'라고 분명히 답하시기를 바랍니다. 하늘나라 가는 '믿음의 시민권'만 확실히 준비하시기 바랍니다.

· 함께 읽어요 : 데살로니가전서 4장 14절

"우리가 예수께서 죽으셨다가 다시 살아나심을 믿을진대 이와 같이 예수 안에서 자는 자들도 하나님이 그와 함께 데리고 오시리라."

3. '성도'는 부활의 능력으로 다시 살기에, 소망과 기쁨이 넘칩니다. (요 14:3; 고전 15:20)

세상에 올 때에는 순서적으로 왔습니다. 그러나 세상을 떠날 때는 순서가 없습니다. 어떤 가정에서는 막내아들이 먼저 가고, 아버님이 가시고, 어머니가 가시기도 했습니다. 인간적으로는 성도의 죽음도 가족과 이별하는 것은 틀림없으니 슬퍼 보입니다. 인간적인 눈으로 볼 때에는 무덤까지 가는 데는 불신자의 죽음과 다름이 없습니다. 언제나 혼자 가게 됩니다. 그러나 그 결과는 엄청나게 다릅니다.

① 성도의 죽음은 무섭지 않습니다. 왜 그럴까요? 죽음 정거장에 이르면 하나님께서 보내신 천군천사들이 마중을 나옵니다. 천군천사는 악마가 절대 손을 대지 못하도록 호위하여 천국에 이르도록 합니다.

② 성도의 죽음은 슬프지 않습니다. 세상에 있을 때는 죄 걱정, 아들 딸 걱정, 돈과 집 걱정이 끊일 날 없었습니다. 괴로움과 죄만 있는 곳을 떠나니 걱정 없습니다. 슬픔과 괴로움이 다 떠나가 버리기 때문입니다.

③ 성도의 죽음은 귀중히 여기시니 영광입니다. 시편 기자는 "성도의 죽는 것을 여호와께서 귀중히 보시는 도다"(시 116:15)라고 했습니다.

④ 성도의 죽음은 주 안에서 죽음으로 복된 것입니다(계 14:13).

주님께서 부탁하신 일만 잘 하시다가 주님 오라 하실 때 세상을 홀가분하게 떠날 수 있다면 정말 행복할 것입니다. 예수 잘 믿는다는 것이 평소에는 잘 모릅니다. 그러나 죽음을 당할 때면 확연히 달라지는 것입니다. 아직 불신 가족들이 있으면 예수 믿고 천국 갈 수 있도록 전도하시기 바랍니다. 죽음의 길은 누구나 피할 수 없는 외길입니다. 여러분! 이 세상을 하직하고 저 하늘나라에 들어갈 때까지 힘들고 어렵더라도 믿음을 잘 지키시기를 바랍니다. 주님과 함께 영원한 천국에서 기쁨으로 살게 될 것입니다.

· 함께 읽어요 : 고린도전서 15장 52~53절

"[52] 나팔 소리가 나매 죽은 자들이 썩지 아니할 것으로 다시 살아나고 우리도 변화되리라 [53] 이 썩을 것이 불가불 썩지 아니할 것을 입겠고 이 죽을 것이 죽지 아니함을 입으리로다."

정리하는 말

사랑하는 성도 여러분! 죽음은 누구에게나 예고 없이 찾아옵니다. 그러나 생각해 보면 죽음은 '본향'으로 가는 길목인 것입니다. 죽음은 영광의 나라로 들어가는 터널인 것입니다. 길과 생명이신 예수 그리스도를 믿고 영접하여, 죽은 후에도 부활하신 주님과 함께 사망 권세를 이기고, 영원한 천국에서 영생 복락을 누릴 수 있기를 간절히 소원합니다.

평가와 결심

1. 성도의 죽음은 마치 첫째 무엇과 같습니까?
   (요 14:1, 영원한 하나님의 나라 천국에 들어가는 휴게소와 터널 같음)
2. 잘 믿는 신자와 성도들은 왜 평안히 눈을 감습니까?
   (요 14:2, 예수 그리스도께서 준비하신 아버지 집이 있기 때문)
3. 성도는 죽음이 와도 왜 걱정이 없습니까?
   (요 14:3, 예수그리스도의 부활 능력으로 다시 살아날 것이기 때문)

주간 경건의 시간 <59> · 날마다 말씀과 함께

요일 / 내용	주일/월(Mon)	화(Tue)	수(Wed)	목(Thu)	금(Fri)	토(Sat)
찬송	74동 / 87동	314 / 511	315 / 512	400 / 463	480 / 293	314 / 511
성경	요 14: / 요 15:	요 16:	요 17:	요 18:	요 19:	요 20:
적용	길 진리 생명 / 참 포도나무	성령의 일	대제사장의 기도	잡히시다	십자가에 못 박히심	살아나시다

* 인류 가운데 소문보다 빠른 것은 없다.

<플라우투스, B. C. 254~184, 로마 희극 시인>

14단원 가정 의례 모범

제60과 입관 예배

주 안에서 가치 있는 죽음

찬송 / 575, 222, 550 / 통일 302, 524, 248
성경 / **디모데후서 4:6-8**
요절 / **디모데후서 4:7**
"나는 선한 싸움을 싸우고 나의 달려갈 길을 마치고 믿음을 지켰으니"
목표 / 주안에서 가치 있는 죽음을 살다가도록 믿음을 지키는 태도를 기른다.

옛날부터 내려온 관습은 시신을 입관시킬 때까지의 절차를 염, 습, 전, 반함, 졸습, 소렴, 대렴 등이라 하여 그 과정이 복잡하고 까다로웠다. 그러나 간소하고 정중한 예식을 위해 장의사나 전문가의 도움을 받는 것도 좋다. 그 순서와 요령은 다음과 같다. ① 인도자의 지시에 따라 시신의 좌우에 두세 사람이 나누어 앉는다. ② 시신을 덮었던 홑이불을 벗기고 붕대나 백지 등을 제거한다. 버선을 벗기고 허리띠를 끌러낸다. ③ 죽은 이가 남자면 남자상주가 여자면 여자상주가 앞가리개(곤포)로 가리며 하의를 벗기고, ④ 상의를 벗긴다. ⑤ 알코올이나 향수를 깨끗한 수건에 적셔서 몸을 닦아낸 후, 다시 마른 수건으로 훔친다. ⑥ 빗으로 머리를 빗기고 긴 손톱은 자른다. 머리카락과 손톱은 주머니에 넣거나 종이에 싸서 쟁반에 담아 두었다가 입관 때 관 속에 함께 넣는다. ⑦ 다음은 수의를 입힌다. ⑧ 이상의 일들을 마치면 홑이불로 시신의 머리부터 수족에 이르기까지 전신을 덮는다.

시작하는 말

본문에 보면 바울 사도는 '선한 싸움'을 싸우고 라는 말이 나옵니다. 성직자만이 '선한 싸움'을 싸우는 것이 아닙니다. 하나님께서 성도를 귀히 여기는 것은 '믿음을 지켰다'는 사실 때문입니다. 믿음을 지켜 '주 안에서 죽음'을 맞는 다는 자체가 하나님의 엄청난 축복입니다. 이런 복된 삶을 살아가시기를 간절히 소원합니다.

오늘의 말씀

1. 죽음을 앞에 둔 사도 바울은 순교를 준비했습니다(딤전 4:6).

사람마다 죽음을 앞에 두고 대부분은 자신을 돌아보며 숙연해 집니다. 하나님 앞에 간다는 생각을 하며 인간 본연의 자세로 돌아갑니다. 바울은 그의 삶이 **전제**前際와 같이 하나님께 바쳐질 것을 말하고 있습니다.[1] 그가 죽음을 하나님께 희생적으로 바쳐지는 제물로 여기는 태도야 말로 놀랍습니다. 사람이 하나님께 제물을 드리고자 할 때, 포도주나 기름이 담긴 잔을 취하여서 하나님께 바쳐지는 제물로서 그것을 쏟아 부었습니다. 이렇게 부음으로 바쳐지는 제물은 우리를 위해서 자신의 영혼을 쏟아 부으시는 **주 예수님을 상징**하고 있었습니다. 바울은 자신의 처형순간 하나님께 생명이 바쳐지고 있다고 생각했습니다. 역시 복된 죽음을 알고 맞는 사도다운 태도였습니다.

· 함께 읽어요 : 디모데후서 4장 6절
"전제와 같이 벌써 내가 부어지고 나의 떠날 시각이 가까웠도다."

2. 바울은 선한 싸움을 위해 전력을 다했음을 고백합니다(딤전 4:7).

바울이 자신의 삶에 대하여 묘사하면서 군병의 모습, 경기장의 경주자의 모습, 그리고 청지기, 즉 관리자의 모습으로 묘사했습니다.

첫째, 자신은 충성스러운 군인과 흡사한 삶을 살았노라고 했습니다.

둘째, 자신은 경주자가 경주로를 따라 달려서 결승점에 골인한 것처럼 살았노라고 했습니다.

---

1) 전제(奠際;제사 지낼 전 또는 정할 전, 제사 제)란 포도주 4분의 1힌(hin)을 부어드리는 제사의 한 가지다(민 28:7~8). 예수께서 온 생명을 다 바쳐서 충성하신 것을 예표 한다.

셋째, 자신은 끝까지 믿음을 지켰다고 고백했습니다.

· 함께 읽어요 : 디모데후서 4장 7절
"나는 선한 싸움을 싸우고 나의 달려갈 길을 마치고 믿음을 지켰으니."

3. 바울의 순교와 죽음은 '의의 면류관'을 받는 영광이 되었습니다(딤전 4:8).

여러분! 여러분은 어떤 면류관을 쓰고 싶습니까? 바울은 의의 면류관, 즉 하나님께서 인정하는 사람이 받을 만한 면류관을 말하고 있습니다. 의의 면류관을 받아 쓸 수 있는 사람은, 예수 그리스도의 안에서 온전한 **의**義로, 즉 '**성도들의 옳은 행실**'로 온전하게 살아야 합니다. 그렇지 않으면 어느 누구도 하나님께 인정받을 수 없다는 사실을 알아야 합니다(계 19:8절).

성경은 믿음의 결국, 곧 영혼의 구원인 영생을 말하고 있습니다(벧후 1:9절). 예수를 믿는 성도들은 모두 의의 면류관을 받아 써야 하나님 앞에 설 수 있는 것입니다. 허물과 죄로 죽었던 우리가 예수님의 보혈의 공로로 살리심을 받았습니다(엡2:1절). 그러므로 누구나 죽음을 눈앞에 두었을 때 자신의 죄를 하나님께 고백했으면 용서와 함께 구원이 자동적으로 받은 것을 알아야 합니다. 우리는 사도 바울처럼 자신의 인생 여정을 뒤돌아보면서 복음 때문에 믿음으로 말미암아 구원을 받아 여기까지 왔노라고, 하나님의 선물을 받았다고 감사하고 찬송해야 합니다(엡 2:8절).

사랑하는 성도 여러분! 이제 우리가 생을 마치고 잠시 동안 관 속에 육체가 담겨 무덤에 묻힌다 할지라도 슬퍼하거나 섭섭해 하지 말아야 합니다. 우리 앞에는 하나님의 영원한 생명과 상급이 준비되어 있습니다. 불신자들에게는 멸망과 심판이 기다리고 있지만, 믿음을 지킨 성도들에게는 상급과 영원한 나라가 기다리고 있습니다.

사랑하는 성도 여러분! 여러분도 하나님의 말씀에 의지하고, 그리스도의 부활의 능력으로 죽음을 이기시고, 주님의 놀라운 은혜로 생명과 구원을 받았으니 감사하며 찬양하시기를 바랍니다.

· 함께 읽어요 : 데살로니가전서 4장 17절
"그 후에 우리 살아남은 자들도 그들과 함께 구름 속으로 끌어 올려 공중에서 주를 영접하게 하시리니 그리하여 우리가 항상 주와 함께 있으리라."

정리하는 말

사랑하는 성도 여러분! 결혼식에 참예하는 것보다 장례식에 참예하는 것이 정말 복된 줄 아셔야 합니다. 이 예배와 의식에 참예한 여러분 모두에게 하나님의 약속과 축복이 넘치시기를 간절히 축원 드립니다.

평가와 결심

1. 죽음을 앞에 둔 바울의 태도는 어떠하였습니까?
   (딤후 4:6, 전제와 같이 부어지기를 원하고 기뻐하고 담대하였음)
2. 죽음을 앞둔 바울은 자신의 모습을 어떻게 묘사했습니까?
   (딤후 4:7~8, ① 군인 ② 승리한 경기자 모습 ③ 믿음 지킨 용사)
3. 죽음 앞에 두고 기뻐 받아야 할 면류관은 무엇입니까?
   (딤후 4:8, 의의 면류관)

주간 경건의 시간 <60> · 날마다 말씀과 함께

요일 / 내용	주일/월(Mon)	화(Tue)	수(Wed)	목(Thu)	금(Fri)	토(Sat)
찬송	89동 / 25동	295 / 417	400 / 463	420 / 212	419 / 478	447 / 448
성경	딤후 1: / 딤후 2:	딤후 3:	딤후 4:	딛 1:	딛 2:	딛 3:
적용	네 눈물/ 좋은 병사	마지막 가르침	의의 면류관	감독의 자격	바른 교훈	선한 일 가르치라

* 소망을 더하게 하는 것은 무엇이나 용기를 더하게 한다.
  < 사무엘 존슨, 1709~1784, 영국 작가, 사전편집인, 담화가>

제61과 장례 예배

변화 후 영원한 세상으로

찬송 / 608, 607, 610 / 통 295, 292, 289
성경 / **고린도전서 15:50-58**
요절 / **고린도전서 15:52**
"나팔소리가 나매 죽은 자들이 썩지 아니할 것으로 다시 살아나고 우리도 변화되리라."
목표 / 변화 후에 영원한 세상 속으로 들어가는 것임을 깨닫게 한다.

장례 치름을 '치장'이라 일컫는다. 치장은 3일 만에 행함이 보통이다. 만약 상주가 먼 곳에 있어 미처 사흘 안에 돌아오지 못하는 가족을 위해서는 4일장 또는 5일장으로 해도 좋다. 장례방법은 토장, 수장, 화장 등이 있다. 토장은 우리나라에서 예로부터 시행해 오고 있는 방법으로 지장(地葬)이라고도 한다. 토장의 방법은 보통 다음 순서로 진행 한다.

① **장지**(葬地; 선산이나 공원묘지)는 집안에 노인이 계시면 미리 준비해야 차질이 없다.

② 상을 당하면 호주나 동거 가족 또는 동거인이 서둘러 사망신고와 매장신고 해야 한다.

③ **사망신고**는 주민등록지의 주민 센터나 시, 군, 구청 등 본적지의 공무원을 찾아가면 안내해 준다. 구비서류는 사망 진단서 2부(본적지 아닌 곳이면 3부), 의사의 진단서나, 시체 검안서(사고로 사망인 경우) 등을 첨부해야 한다. ④ **매장(화장) 신고**는 주소지, 사망지, 매장지, 납골당 소재지의 관할 읍, 면, 동장에게 신고할 때, 인터넷에서 다운 받아 서류를 작성해 구비서류(사망진단서 또는 시체 검안서, 사설묘지의 경우는 묘지사용 승낙서, 성인 경우 주민등록증 휴대)를 첨부 주민 센터에 신고해 신고 증을 교부받는다.

· 영결식 진행순서는 ① 개식사 ② 찬송 ③ 기도 ④ 성경봉독 ⑤ 설교 ⑥ 기도 ⑦ 고인 약력보고 ⑧ 조사나 조가 ⑨ 분향 또는 헌화 ⑩ 광고 ⑪ 찬송 ⑫ 축도 순으로 진행한다. 가능하면 장례식순을 만들어서 함께 나누어 보면서 예식을 진행하면 전도에도 도움이 된다.

시작하는 말

사랑하는 성도 여러분! 사람은 영원히 사는 존재로 지음을 받았습니다. 사람이 영원히 하나님 면전에서 그분과 함께 살려면, 인간의 몸이 본질적으로 변화되어야 합니다. 인간의 몸이 완전히 다시 만들어져야 합니다. 본문은 장차 일어날 그러한 변화에 대하여 언급하고 있습니다.

오늘의 말씀

1. 영원한 세계에 들어가려면 본질적으로 변화되어야 합니다. (고전 15:50~53)

인간의 몸은 두 부분, 즉 혈과 육으로 되어 있습니다. 우리 몸은 신령한 것이 아니라, 육적인 재료와 물질로 만들어져 육체인 것입니다. 그것은 신령한 재료와 물질로 만들어진 것이 아닙니다. 하늘에 속한 것이 아니라, 땅에 속한 것입니다. 땅에 속한 자들은 영적인 것이나 하늘의 것을 추구하는 것이 아니라, 육적이고 세상적인 것에 익숙하여 그것을 추구하며 살아가는 것입니다. 인간의 몸은 썩어질 것입니다. 인간의 몸은 **생로병사**生老病死로 늙고 병들고 죽는 것입니다. 육의 재료들은 쇠약해지고 소멸되고 기력이 다해 마지막 한줌의 흙과 재가 되기 위하여 과정을 거쳐야 합니다.

· 함께 읽어요 : 고린도전서 15장 50절
"형제들아 내가 이것을 말하노니 혈과 육은 하나님 나라를 이어 받을 수 없고 또한 썩는 것은 썩지 아니하는 것을 유업으로 받지 못하느니라."

2. 변화는 죽음에 대한 승리를 가져다 줄 것입니다(고전 15:54~56).

'변화'는 '죽음'을 삼킬 것입니다. 주 예수 그리스도께서 부활하셔서 사탄의 정수리를 깨뜨리시고 죽음에 대한 승리의 모습을 보여주신 것입니다. 밝은 햇빛이 어둠을 물리치듯이 부활이 죽음을 삼켜버릴 것입니다. 죄의 결과로 찾아온 사망의 쏘는 것은 부활과 함께 통증이 모두 사라져버릴 것입니다. 모든 눈물을 닦아주시니 더 이상 사망이나 애통이나 곡하는 것이나 아픈 것이 다시 있지 아니할 것입니다(계 21:4절).

부활은 하나님의 비밀입니다. 인간의 부활과 인간의 몸의 본질적인 변화에 대해 알 수 있는 방법은 유일하게 말씀을 통해서 입니다. 그러므로 본문에 몸의 본질적인 변화에 대해 네 가지로 가르쳐 주고 있습니다.

부활에는 산자와 죽은 자가 모두 포함됩니다. 부활은 순식간에 홀연히 일어날 것입니다. 부활은 말세, 즉 세상의 마지막 때에 있을 것입니다. 부활과 몸의 변화는 둘 다 확정된 사실임을 믿으시기 바랍니다.

· 함께 읽어요 : 고린도전서 15장 51절

"보라 내가 너희에게 비밀을 말하노니 우리가 다 잠 잘 것이 아니요 마지막 나팔에 순식간에 홀연히 다 변화되리니"

3. 주님은 부활의 첫 열매가 되셔서, 우리를 죽음 후의 영원한 세상으로 인도하셨습니다(고전 15:53~58).

여러분! 우리도 주님처럼 부활한다는 중요한 사실에 주목하시오.

믿는 자의 현재의 몸은 본질 상 썩고 죽게 될 것입니다(53절). 본문의 '반드시'라는 말은 인간의 몸이 변화되지 않으면 안 되는 불가피성을 말해주고 있습니다(53절). 인간이 하나님과 함께 살려면 그의 몸이 영적으로 변화되어야 합니다. 그것은 우리가 영원히 살기 위해 필수적이고 절대적이며 불가피한 것입니다. 믿는 자는 변화되어 죽음을 삼켜버릴 것입니다. 즉 죽음에 대한 영원한 승리를 가져다 줄 것입니다(54~56절).

죽음에 대한 영광의 승리가 그리스도에 의해 성취됩니다(15:57). '사망아 너희 승리가 어디 있느냐?'라고 외칠 것입니다. 변화에는 많은 실천이 뒤따라야 합니다(15:58). 여러분! 믿는 자는 견고하며 흔들리지 말아야 합니다. 믿는 자는 주의 일에 더욱 힘써야 합니다. 왜냐하면 믿는 자는 상급을 받게 될 것이기 때문입니다. 믿는 자의 수고는 헛되지 않습니다. 우리에게 승리를 주시는 하나님께 감사하시기 바랍니다.

· 함께 읽어요 : 고린도전서 15장 57절

"우리 주 예수 그리스도로 말미암아 우리에게 승리를 주시는 하나님께 감사하노니"

정리하는 말

사랑하는 성도 여러분! 이제 여러분은 주님 곁으로 한 발 더 다가선 것입니다. 세상과의 줄을 끊고 이제부터는 천국으로의 입장하는 환송의 순간을 보고 있는 것입니다. 우리 주 예수 그리스도의 부활 사건이 바로 믿는 성도들의 첫 열매가 되어 우리에게 소망과 희망을 줄 것입니다.

잠언 말씀에 "**지혜자**의 **마음**은 초상집에 있으되 우매한 자의 마음은 혼인집에 있느니라"(잠언 7:4)고 했습니다. 장례 예배에 참예만 해도 축복이 되는 것입니다. 오늘 말씀을 들으시는 유족 및 친족들과 여러분들의 교회와 가정 직장에 하나님의 놀라운 축복이 넘치시기를 바랍니다.

평가와 결심

1. 영원한 세계에 들어가려면 어떻게 해야 됩니까?
   (고전 15:50, 본질적으로 변화 되어야 함)
2. 죽음 이후의 변화는 궁극적으로 무엇을 가져다줍니까?
   (고전 15:51, 사탄과 죽음에 대한 승리를 가져 줌)
3. 인간의 몸은 왜 변화되어야 합니까?
   (고전 15:52~58, 하나님과 함께 살려면 필연적으로 변화되어야 함)

주간 경건의 시간 <61> · 날마다 말씀과 함께

요일 / 내용	주일/월(Mon)	화(Tue)	수(Wed)	목(Thu)	금(Fri)	토(Sat)
찬송	88동 / 89동	90 / 98	130 / 42	180 / 168	252 / 184	365 / 484
성경	고전10: / 고전11:	고전 12:	고전 13:	고전 14:	고전 15:	고전 16:
적용	피할 길 / 피로 세운 새 언약	성령의 은사	제일은 사랑	방언과 예언	그리스도의 부활	성도위한 연보

* 소망은 애인의 행복이다. 그러나 그의 생명은 될 수 없다.

<레티시어스 엘리자베스 랜던, 1802~1838, 영국 시인>

14단원 가정 의례 모범

第62과 하관 예배

낮은 곳에서 높은 곳 향하여

찬송 / 606, 438, 607 / 통 291, 495, 292

성경 / **요한계시록 14:13**

요절 / **요한복음 6:47-48**

"[47] 진실로 진실로 너희에게 이르노니 믿는 자는 영생을 가졌나니 [48] 내가 곧 생명의 떡이니라."

목표 / 장례는 낮은 곳에서 높은 곳을 향하여 전진하는 과정임을 알게 한다.

집안에서나 장례예식장에서 영원한 이별의 예식인 영결식(장례식, 발인예배)은 병풍을 치고 앞에 영정상과 향안을 배설하여 빈소를 설치하고 남자 상제는 고인 상부에 여자 상제는 하부에 서서 집례목사의 집전으로 행한다.

운구란 고인의 시신을 장지나 화장 장소까지 옮기는 것을 말한다. 운구의 방법은 대개 장의사가 있어 영구차를 이용한다. 영결예배가 끝나면 찬양대를 선두로 명정, 영정, 집례 자, 영구, 상제, 친척, 일반 조객의 순서로 찬양대의 찬송에 맞추어 제창하면서 서서히 따른다. 영구차에는 영정, 하관 제구들을 싣고 상제, 친척들을 태운다. 조객 차는 호상이 일반 조객에게 승차를 권면하여 함께 탑승하고 영결 장소나 장지로 떠난다.

시작하는 말

사람은 누구나 죽게 될 것입니다. 우리가 세상에서의 삶을 마감하고 더 이상 세상에 존재하지 않을 날이 올 것입니다. 성도들은 그것을 알고 있기에 그들이 세상으로부터 자신을 구별하여 그리스도를 위하여 헌신하기를 바라는 까닭입니다. 오직 그리스도만이 인생의 죄와 죽음을 해결하시고 영원한 나라로 인도해 줄 것입니다. 죽음은 사망 권세가 낮은 곳으로 몰아넣습니다. 그러나 영원한 생명이 지배할 때 저 높은 곳을 향하여 영원한 소망이 성취될 것입니다.

오늘의 말씀

1. '주 안에서 죽는 자들'도 낮은 곳으로 가게 됩니다(계 14:13).

사람이 산다면 몇 백 년을 살 것입니까? 여기 '주 안에서 죽는 다는 것'은 무엇을 의미합니까? 그것은 사람이 세상에 있는 동안 '주 안에서 살았다'는 것을 의미합니다. 우리가 이 세상에 사는 동안에 주 예수 그리스도를 믿고, 마음과 성품을 다하여서 주님을 사랑하고 섬겼다고 하더라도 죽음의 낮은 곳으로 갑니다. 그러나 우리는 '주 안에 있는' 것입니다. 사람이 '**진실로 그리스도**를 **믿을 때**', 하나님께서는 그를 '**그리스도 안에 두십니다.**' 바울은 자주 '그리스도 안에', '주 안에'라는 말을 자주 쓰곤 했습니다. '주 안에서' 복된 죽음을 맞이하시기를 바랍니다.

· 함께 읽어요 : 고린도후서 5장 17절
"그런즉 누구든지 **그리스도 안에** 있으면 새로운 피조물이라 이전 것은 지나갔으니 보라 새것이 되었도다."

2. 주를 믿고 살다 '주 안에서 죽는 자들'에게는 상급이 있습니다(계 14:13).

본문에 두 가지 상급이 언급되었습니다. 먼저는, 세상의 수고에서 쉬는 상급입니다. 세상에서 그리스도를 위해 흘린 땀과 수고를 의미합니다. 이는 신앙생활 때문에 받은 긴장과 중압감 때문에 더 이상 움직일 수 없는 기진맥진한 상태에서 쉬게 하는 것을 의미합니다. 세상에서 받은 환난과 핍박은 위로와 안식으로 갚으실 것입니다(살후 1:7). 천국에서의 상급은 **경배**와 **섬김**의 **사역**으로 가득할 것입니다. 천국은 또 다른 세계, 실재하는 영구한 영적인 세계입니다. 믿는 자들은 저 높은 곳인 하늘에서 왕과 제사장이 되어(벧전 2:5), 그리스도와 더불어 영원히 통치할 것입니다.

· 함께 읽어요 : 야고보서 1장 12절
"시험을 참는 자는 복이 있나니 이는 시련을 견디어 낸 자가 주께서 자기를 사랑하는 자들에게 약속하신 생명의 면류관을 얻을 것이기 때문이라."

3. '주 안에서 죽는 자'는 지상 최대의 축복입니다(계 14:13).

사랑하는 성도 여러분! 사도 바울은 신자들이 세상에서 받는 고난과 하늘나라에서 받을 영광은 족히 비교할 수 없다고 했습니다(롬 8:18).

첫째, 우리의 유업이나 부와 관련된 상급이 있습니다. '주 안에서 죽는 자'는 하나님의 후사가 됩니다(롬 8:16~17절, 딛 3:7절). 썩지 않는 유업을 물려받습니다(벧전 1:3~4절). 주님이 주시는 복인 부하게 하고 근심을 주지 않는 복을 받게 됩니다(잠 10:22절). 영구한 부와 의를 얻게 됩니다(잠 8:18절). 측량할 수 없을 만큼 풍부한 부를 얻게 됩니다(엡 3:8절). 하늘의 보화를 얻게 됩니다(마 19:21절, 눅 12:33절).

둘째, 하나님의 아들로 받아들여져 하나님을 '**아빠 아버지**'라 부르게 하셨습니다(갈 4:4~7). 성도는 흠 없고 순전하게 될 것입니다(빌 2:15). 영생을 얻을 것입니다(요 3:16). 몸의 변화와 함께 영광의 몸을 얻게 됩니다(빌 3:11, 21). 영원한 영광과 존귀와 평강을 얻게 될 것입니다(히 4:9절).

셋째, 면류관도 각 사람마다 여러 가지 종류가 될 것입니다. 썩지 않는 면류관(고전 9:25). 의의면류관(딤후 4:8절). 생명의 면류관(약 1:12절). 영광의 면류관을 각각 얻게 될 것입니다(벧전 5:4절).

넷째, 사역이나 지위나 다스림과 관련된 상급이 있습니다. 하나님의 나라를 물려받습니다(약 2:5절, 마 25:34절). 영원토록 통치하는 보좌와 특권을 얻게 됩니다(눅 19:17, 19절). 제사장이 되어 왕 노릇 할 것입니다(계 20:6절). 세상에서 아무리 어렵고 힘들어도 '주 안에 죽는 자'되어 이러한 저 높은 곳 천국백성의 유업과 복을 함께 누리는 여러분 되시기 바랍니다.

· 함께 읽어요 : 요한계시록 14장 12절

"성도들의 인내가 여기 있나니 그들은 하나님의 계명과 예수에 대한 믿음을 지키는 자니라."

정리하는 말

사랑하는 성도 여러분! 우리 주 예수 그리스도께서도 무덤에 내려가셨습니다. 하관식은 바로 이 세상과의 줄을 끊어주는 행복한 예식이요, 가장 낮은 곳으로 내려가는 시간입니다. 이제 천국을 향하여 머리를 드는 순간입니다. 예수 그리스도의 부활 사건이 있기에 우리에게는 참 소망과 희망이 있습니다. 잠언에는 "지혜자의 마음은 초상집에 있으되 우매한 자의 마음은 혼인집에 있느니라"(잠언 7:4)고 했습니다. 초상집은 예배만 참석해도 복이 되는 것입니다. 오늘 말씀을 들으시는 유족들과 여러분들의 교회와 가정, 직장에 하나님의 놀라운 복이 넘치시기를 간절히 소원합니다.

평가와 결심

1. 본문에서 어떤 자가 복되다고 하였습니까?
   (계 14:·13, 주 안에서 죽는 자가 복됨)
2. 주 안에서 죽는 자들이 첫째 어떤 복이 주어집니까?
   (계 14:13, 세상 수고에서 쉬게 하는 복, 천국 새 사역이 주어짐)
3. 주 안에서 죽는 자들이 둘째 어떤 상급이 주어집니까?
   (계 14:13, 유업 · 부의 상급, 천부와 부자관계 회복, 통치하게 하는 상급)

주간 경건의 시간 <62> · 날마다 말씀과 함께

요일 / 내용	주일/월(Mon)	화(Tue)	수(Wed)	목(Thu)	금(Fri)	토(Sat)
찬송	146동 / 144동	255 / 187	286 / 218	314 / 511	315 / 512	365 / 484
성경	계 12:	계 13:	계 14:	계 15:	계 16:	계 17:
적용	책과 어린양	일곱 봉인 심판	인 치심	어린양의 노래	진노의 일곱 대접	큰 음녀 심판

* 세상의 소망으로만 살아가는 사람은 절망으로 죽을 것이다. < 이태리 속담 >

제63과 추모 예배

부활 생명 주셨으니 감사

찬송 / 435, 438, 607 / 통 492, 495, 292
성경 / **요한복음 5:17-30**
요절 / **요한복음 5:29**
"선한 일을 행한 자는 생명의 부활로 악한 일을 행한 자는 심판의 부활로 나오리라."
목표 / 고인의 부활을 믿으며 우리에게 부활 생명 주실 믿음 갖도록 한다.

가정 추모 예배는?

◆ **추모(追慕)예배의 의의** ◆

추모(追慕)라는 용어가 바람직합니다. 추도(追悼)라는 용어는 죽은 이를 생각하며 슬퍼해 한다는 뜻입니다. 이 말속에는 다분히 불신자적인 인상이 짙습니다. 추모(追慕)라는 용어의 뜻은 죽은 사람을 기억하고 그리워함입니다. 이렇게 보면 기독교에서 사용되어야하는 바른 용어는 추모(追慕)가 되어야 할 것입니다. 추모예배는 고인이 된 가족 몇 분들을 함께 묶어 드리는 것이 좋을 것입니다.

[추모 예배 순서]

(전주 Prelude) ♬

1) 개 회 사 …♪(   )성도〈19 . . . 소천〉(   )주기…사 회 자
이 시간…♪(   )성도〈19 . . . 소천〉(   )주기를 맞아
하나님께서 사랑하는 우리 가족! 추모예배를 드리겠습니다.

2) 묵상 기도 ……………<사도신경 암송>…………………다 같 이

3) 기　　원 …………………………………………… 인 도 자

오늘도 살아계셔서 우리에게 생명을 주시고 만물을 선물로 주신 하나님 아버지의 크신 은혜를 감사드립니다. 오늘 가족이 한자리에 모이게 하심을 감사드립니다. 이 시간 우리의 찬송과 예배를 받으시옵소서! 예수님 이름으로 기도드리옵나이다. 아멘

4) 찬　　송……[559장(통305), 478장(통78장)]……다 같 이
5) 신앙 고백 ……………………………………………다 같 이

6) 기　　도…………<기도문 읽으면서 기도함>…………(　　)장로(집사)

하나님 아버지, 하나님께서 사랑하시는 우리 가족들 오늘까지 지켜주시고 베풀어주신 은혜 감사드립니다. 지나온 시간들을 뒤돌아보면 모든 것이 하나님의 은혜였습니다. 우리 가족들을 건강하게 하시고, 믿음을 지키게 하여 주시며, 오늘 이 시간 혈육들이 기쁨으로 만나 예배드리게 하심을 감사드립니다. 우리 가족들, 앞으로 여생을 하나님을 기쁘게 할 수 있게 하시며, 우리 가정을 통해 주님의 뜻을 이루게 하여 주옵소서.

아직도 우상을 섬기며 미신숭배에서 헤어 나오지 못하는 이들을 불쌍히 여겨주시고, 신앙의 눈을 뜨게 하셔서, 주님만 의지하며 살아갈 수 있게 하옵소서. 우리 형제, 자매와 혈육간 화목을 이루게 하시며, 이 세상 살아갈 동안 앞서가신 부모 형제의 유훈을 따라 하나님 사랑을 나누며 우애하며 살아갈 수 있게 하옵소서! 예수님의 이름으로 기도드리옵나이다. - 아멘 -

7) 성경 봉독………………(요 5:27-29)…………………인 도 자

"[26] 아버지께서 자기 속에 생명이 있음 같이 아들에게도 생명을 주어 그 속에 있게
하셨고 [27] 또 인자됨을 인하여 심판하는 권세를 주셨느니라. [28] 이를 기이히 여기지
말라 무덤 속에 있는 자가 다 그의 음성을 들을 때가 오나니 [29] 선한 일을 행한 자
는 생명의 부활로, 악한 일을 행한 자는 심판의 부활로 나오리라."

8) 설 교 …………부활 생명 주셨으니 감사……………… 설 교 자

9) 찬 송 ……………… 380장(통찬 424장)…………… 다 같 이

10) 축복 기도 ……………………………………………… 다 같 이

11) 성묘 결과 보고…….<20　　.　　.　　성묘)………(　　)장로(권사)

<오늘의 말씀> **부활 생명 주셨으니 감사**

첫째, 불신 지옥에서 믿음 천국을 주셨으니 감사해야 합니다(24절).

아직도 우리나라 가정들은 유교문화에 젖어 명절 때만 되면 우상에게 제사를 지내는 어리석음을 범하고 있습니다. 그러나 하나님께서는 우리 민족에게 복음의 큰 빛줄기를 주셔서 구원과 생명의 은총을 주셨습니다. 구속함을 입은 우리들은 이제 죄의 종노릇하다 사망에 이르는 것이 아니라 하나님의 자녀로 영생을 얻게 된 것입니다. 24절에 "보내신 이를 믿는 자는 영생을 얻었다" 고 했으니 감사드려야 하겠습니다.

둘째, 아들에게 주신 생명력을 우리에게도 주셨으니 감사해야 합니다(26절).

본문 25절에 "죽은 자들이 하나님의 아들의 음성을 들을 때가 오나니 곧 이 때라 듣는 자는 살아나리라." 그렇습니다. 듣는 자는 부활해 재림의 주님을 영접하게 될 것입니다. 먼저 죽은 자들은 주님과 함께 올 것입니다. 하나님께서 오늘 우리 가정도 여러 번 시련 속에서 온 가족을 구원해 주신 것입니다. 악의 세력에서 건져 주셨음을 감사드리시기 바랍니다. 그러므로 형제간에 더욱 우애가 있고 주의 사랑으로 묶여져 하나님의 참된 평안 가운데 살아가도록 해야 할 것입니다.

생명력이란 무서운 것입니다. 식물을 길러보면 맨 위에 싹이 나와 잎이 피고 자라 가는데 싹을 잘라버리면 뿌리도 썩고 점점 식물도 썩어갑니다.

마귀가 뿌려 놓은 죄악의 씨앗과 뿌리가 우리 인생들에게 죽음이 오게 했습니다. 사망 권세가 짓눌러 치명적인 상태에서, 예수 그리스도의 십자가의 보혈로 죄악의 근원부터 치유해 주신 것입니다. 십자가를 통해 주신 생명력으로 만민이 생명을 얻어 살아가는 것을 감사하시기 바랍니다.

셋째, 선한 일 행하므로 생명의 부활을 주신 것 감사하시기 바랍니다(29절).

본문 29절에 "선한 일을 행한 자는 생명의 부활로, 악한 일을 행한 자는 심판의 부활로 나오리라"고 말씀하셨습니다. 이 말씀은 중요한 내용입니다. 믿지 않고 지옥에 떨어진 자들도 부활한다는 사실입니다. 그들은 심판을 받기 위해 심판 주 앞에 서야 할 것입니다. 여기서 '선한 일을 행한다'는 것은 구원을 얻는다는 사실과 다를 바 없습니다. 인간들은 모두 죄인입니다. 우리의 힘으로 구원이나 생명을 얻을 수 없습니다. 다만 한 길! 유일한 길이 있습니다. "예수께서 가라사대 내가 곧 길이요 진리요 생명이니 나로 말미암지 않고는 아버지께로 올 자가 없느니라"(요 14:6)고 말씀했습니다. 그러므로 우리는 제대로 길을 찾아 구원의 감격을 누리고 있으니 감사해야 합니다.

하나님께서 오늘 우리에게 때를 따라 양식을 주시고, 살아가기에 넉넉하게 영 · 육간의 양식을 주셨으니 감사드려야 합니다. 세계 곳곳에 재앙과 질병과 저주가 가득한데 우리들의 생명을 안전하게 지켜 주셨으니 감사하시기 바랍니다.

때를 따라 풍성한 수확을 얻게 하신 하나님께 감사드리기 바랍니다. 믿음은 감사할 때 더욱 성장합니다. 감사할 때 우리의 삶도 더욱 풍성해집니다. 요한 웨슬리는 "성숙한 그리스도인의 모습은 감사하는데 있다"고 했습니다. 우리 민족에게 구원을 베풀어주시고 우리 가정을 지켜주시고 일용할 양식으로 채워주신 하나님께 감사하는 자가 되시기 바랍니다. 가정마다 행복해지는 비결은 힘써 감사하는 것입니다. 과거와 현재, 매일 매일 감사하고, 범사에 감사한다고 고백하며, 살아가시기를 주님의 이름으로 축원합니다.

[추모 예배(追慕 禮拜)의 의의(意義)]

1) 불신자에게는 올바른 죽음의식을 주는데 있습니다. 죽음은 죄 값이며 하나님을 향한 반역에서 비롯되었습니다. 성경은 '죽음'을 '잠잔다'는 말로 표현하고 있습니다. 이것은 죽음은 끝이 아니라 주님께서 재림하실 때 영혼이 깨어난다고 하는 것을 전제한 것입니다. 영혼은 사람들의 생각처럼 다시 돌아오거나 혹은 정처 없이 세상을 방황하는 것이 아닙니다. 또한 죽음 이후에는 심판과 부활이 있습니다.

2) 믿는 가족들에게는 부활신앙이 다시 한번 확인되는 시간입니다. 먼저 신앙 안에서 위로를 받고 부활을 확신해야 합니다. 그것은 신자들이 부활신앙이 없는 불신자들 같이 슬퍼하지 않게 하기 위해서 입니다.

3) 조상과 부모를 주신 하나님께 감사하는 시간입니다. 성경은 하나님을 아브라함과 이삭과 야곱의 하나님으로 부르고 있습니다. 조상의 경건한 행위는 자손을 지키고 구원을 얻게 하는데 도움이 됩니다. 추모예배는 조상과 부모를 주신 하나님께 감사하면서 드려야 합니다.

4) 신앙상속을 인식하는 특별한 기회입니다. 추모예배는 '신앙상속'에 대한 감사가 수반되어야 합니다. 부모를 주신 하나님께 감사드리고 부모님을 통해서 믿음을 상속받고 구원받은 하나님의 자녀로서 살아가게 됨을 다시 한번 하나님께 감사드리면서 고인을 기릴 수 있는 시간이 되어야 합니다.

5) 그리스도의 구속적 사랑을 나누는 친교의 시간입니다. 가장 슬플 때에 사람들과 그 슬픔과 고통을 함께 나누는 친교는 그리스도인이 할 수 있는 가장 좋은 친교라고 할 수 있습니다.

※ 추모일이나 한식 절기나, 설날이나 추석 때마다 목회자가 와서 의식을 집행한다는 것은 불가능합니다. 그러므로 중요한 때에만 목회자가 집행하고 그 밖의 다른 경우에는 가장이나 가족대표가 진행합니다. 예배 인도자는 구습이나 미신적 요소가 나타나지 않도록 주의해야 합니다. 그리고 의문점이 있으면 담임목사께 상의 드려서 지도를 받아야 합니다.

◆ 추모 예배를 드릴 때 주의할 점 ◆

① 음식 준비 / 음식은 조상이 와서 먹는 것이 아니므로 제사상으로 차리면 안 된다. 그러나 간편한 음식을 준비했다가 추모 예배 후에 가족들이 둘러 앉아 함께 나누는 것은 좋은 일이다.

② 사진이나 영정 / 고인의 사진을 준비하는 것은 좋으나 향이나 촛불은 켜지 않는다.

③ 절하는 문제 / 고인의 사진이나 영정 또는 음식물을 향하여 절을 하는 것은 우상 숭배를 금한 계명을 범하는 것으로 죄가 되므로 절대로 하지 않아야 합니다. 부모공경은 살아계실 때 최선을 다해서 해야 하고, 살아계신 부모님께 절하는 것은 당연한 일로 죄가 되지 않는다.

④ 불신 가정에서의 문제 / 가족 전체가 불신 가정으로 제사를 드려야 하는 입장에 있을 때는 그 자리를 피하지 말고 절하는 대신 가족의 구원을 위해 하나님께 기도를 드리면 된다. 이 때 분명하게 신앙상의 이유로 절은 할 수 없지만 가족들을 위해 하나님께 기도드리겠다고 가족 앞에 태도를 분명히 밝히는 것이 좋다.

⑤ 산소 성묘 갔을 때 / 음식을 차리고 절을 한다든지 묘지에 술을 붓는 행위는 비 신앙적인 것이다. 대표자가 간단히 기도하고 묘에 묻힌 조상에 대한 이야기를 서로 나누고 묘지의 상태를 점검하고 돌아보면 된다. 불신 가정일 경우에는 다른 가족이 절할 때에 함께 서서 기도하고 가족들을 그리스도 앞으로 인도할 수 있도록 여러모로 힘써야 한다.

⑥ 기타 / 우리도 언젠가는 조상들처럼 육신은 한줌의 흙이 되어 하나님 품으로 돌아간다는 것을 깨달아야 하며, 조상들이 볼 때에 부끄럼 없는 삶을 살기 위해 다짐해야 하고, 형제자매들 간에 더없는 우애와 사랑으로 살기 위해 하나님 앞에서 결심하는 시간이어야 하며, 조상들이 남겨 놓고 가신 훌륭한 뜻을 받들어 교훈을 받는 시간이 되어야 할 것이다.

주님으로 새 힘을 얻는 구역

구역부흥은 교회부흥

제 1 학기 출석부

번호	성 명	1월					2월					3월					계	
		1	2	3	4	5	1	2	3	4	5	1	2	3	4	5		
1																		
2																		
3																		
4																		
5																		
6																		
7																		
8																		
9																		
10																		
11																		
12																		
13																		
14																		
15																		
16																		
17																		
18																		
19																		
20																		

제 2 학기 출석부

번호	성 명	4월					5월					6월					계	
		1	2	3	4	5	1	2	3	4	5	1	2	3	4	5		
1																		
2																		
3																		
4																		
5																		
6																		
7																		
8																		
9																		
10																		
11																		
12																		
13																		
14																		
15																		
16																		
17																		
18																		
19																		
20																		

M/E/M/O 구역부흥은 교회부흥 M/E/M/O

제 3 학기 출석부

번호	성 명	7월					8월					9월					계	
		1	2	3	4	5	1	2	3	4	5	1	2	3	4	5		
1																		
2																		
3																		
4																		
5																		
6																		
7																		
8																		
9																		
10																		
11																		
12																		
13																		
14																		
15																		
16																		
17																		
18																		
19																		
20																		

M/E/M/O 구역부흥은 교회부흥 M/E/M/O

제 4 학기 출석부

번호	성 명	10월					11월					12월					계	
		1	2	3	4	5	1	2	3	4	5	1	2	3	4	5		
1																		
2																		
3																		
4																		
5																		
6																		
7																		
8																		
9																		
10																		
11																		
12																		
13																		
14																		
15																		
16																		
17																		
18																		
19																		
20																		

M/E/M/O 구역부흥은 교회부흥 M/E/M/O

창세기와 출애굽기

"모든 성경은 하나님의 감동으로 된 것으로 교훈과 책망과 바르게함과"(딤후 3;16)

JongSuk Kim, 1978.
rev. Shin, So-seop, 2012

BIBLE CONTENTS: 13.10.13.12.8.12.11.10
Shin, So-seop, 1978

• 설문지 : 독자 앙케이트 •

구역공과를 다루고서

〈각 교회에서 설문지를 그대로 보내주셔도 좋겠고, 통계치만 보내셔도 됩니다 〉

1. 구역공과를 다루고 나서 어떤 방법이 가장 좋았는가?
   (　　) 1 기존의 방법대로 구역장이 혼자 가르치는 것이 좋겠다.
   (　　) 2 문답지를 나누어주고 미리 풀어 오도록 하여 토론하는 것이 좋겠다.
   (　　) 3 성경 문제지를 나누어주고 그날 함께 풀어 가는 방법이 좋겠다.
   (　　) 4 문답지를 나누어주고 구역장이 설명해 가는 방법이 좋겠다.
2. 성경 공부 문제지를 다루는데 그 정도가 어떠했는가?
   (　　) 1 문제가 어려워서 손대기가 어려웠다.
   (　　) 2 문제지는 그런대로 쉬웠으나 묵상과 적용이 잘 안되었다.
   (　　) 3 문제지도 어려웠고 묵상과 적용도 어려웠다.
   (　　) 4 문제지는 보통이고 묵상과 적용도 할만했다.
3. 성경 공부 문제의 양이 어떠했는가?
   (　　) 1 문제가 너무 많았다.
   (　　) 2 문제가 너무 적었다.
   (　　) 3 문제가 적당했다.
4. 성경공부 진행 및 내용의 배열은 어떻게 하는 것이 좋겠는가?
   (　　) 1 시작하는 말, 오늘의 말씀, 정리하는 말, 평가와 결심의 순서대로가 좋겠다.
   (　　) 2 오늘의 말씀, 정리하는 말, 평가와 결심으로 줄였으면 좋겠다.
   (　　) 3 성경본문을 읽고 각자가 느낀 점을 이야기하고 적용하는 방식이 좋겠다.
   (　　) 4 성경 본문만 읽고 중보(합심)기도를 길게 하는 것이 좋겠다.
5. 구역 모임시간에 대하여 어떻게 했으면 좋겠는가?
   (　　) 1 찬송을 많이 불렀으면 좋겠다.
   (　　) 2 성경 공부에 중점을 두었으면 좋겠다.
   (　　) 3 합심기도에 시간을 많이 할애했으면 좋겠다.
   (　　) 4 구역원들 간에 이야기하는 시간을 많이 두어야 좋겠다.
6. 성도의 교제 시간 운영 방안에 좋은 방법은 무엇인가?
   (　　) 1 민속놀이를 했으면 좋겠다(윷놀이 등).
   (　　) 2 음식 나누어 먹기가 좋겠다.
   (　　) 3 가정을 위해 특별기도를 해주는 것이 좋겠다.
   (　　) 4 성경 퀴즈를 했으면 좋겠다.
   * 보기에 없으면 적 으시오(　　　　　　　　)
7. 구역공과교재나 교재출판위원회에 하고 싶은 이야기를 적으시오.

절 취 선

< 보내주시는 교회 선물을 받으실 분 > (우편번호) 주소는 정확하게, 담임목회자 명	< 보내 주실 곳> 156- 094 서울 동작구 사당4동 254-9 도서출판 아가페문화사 교재편찬위원회 앞

구역공과 편찬위원회

대표 신소섭 목사

세상을 변화시키는 52주 구역공과

주님으로 새 힘을 얻는 구역

2014. 11. 25 초판 인쇄
2014. 11. 30 초판 펴냄

지은이 교재편찬위원회
발행인 김영무

발행처 도서출판 아가페문화사
156-094 서울 동작구 사당4동 254-9
전화 3472-7252, 7253 팩스 523-7254
등록 제3-133호(1987. 12. 11)

보급처 : 아가페문화사
156-094 서울 동작구 사당4동 254-9
전화 3472-7252, 7253 팩스 523-7254
우 체 국 011791-02-004204 (김영무)

값 6,500원

ISBN 978-89-8424-137-4 03230